JN450445

남북한관계와 한반도안보

김주홍 저

UUP.

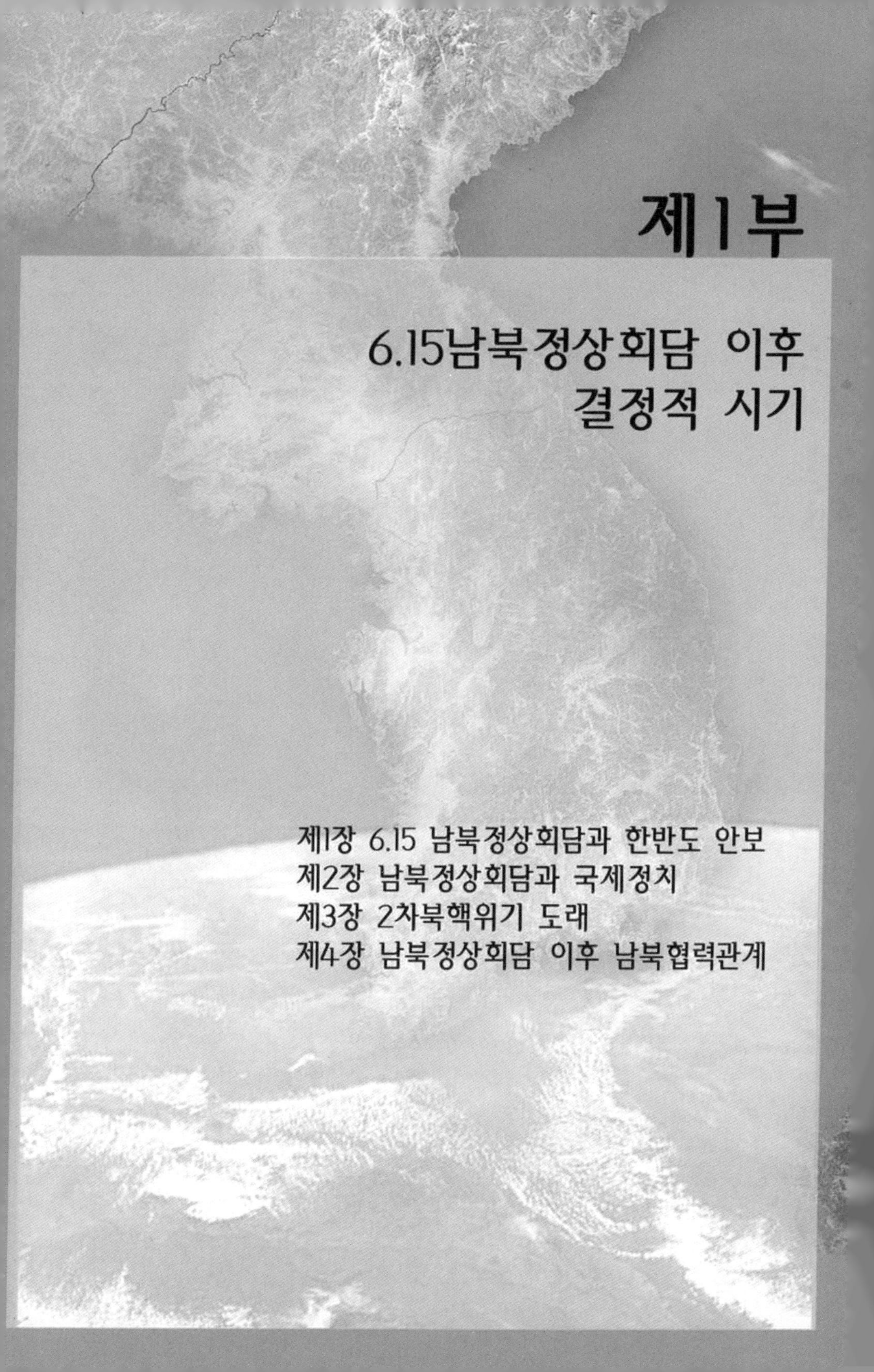

제1부

6.15남북정상회담 이후 결정적 시기

제1장
6.15 남북정상회담과 한반도안보

I. 6.15 남북공동선언의 내용과 의미

1. 남북공동선언의 파장

2000년 6월 15일 역사적인 남북한 정상회담에 이어 6.15 남북공동선언이 발표되었다. 많은 시선들이 바야흐로 남북한의 반세기 적대관계와 한반도의 군사적 긴장이 종식될 것인가 하는 기대마저 걸면서 평양에서 벌어지는 만찬장의 건배장면을 감상했었다. 그러나 한국 사회 내부는 공동선언문의 내용을 둘러싸고 엄청난 혼란에 빠져들게 되었다.

김대중 대통령과 김정일 국방위원장은 6.15 남북공동선언 그 1항 "남과 북은 나라의 통일문제를 그 주인인 우리 민족끼리 서로 힘을 합쳐 자주적으로 해결해 나가기로 하였다"라는 내용과 제2항 "남과 북은 나라의 통일을 위한 남측의 연합제 안과 북측의 낮은 단계의 연방제 안이 서로 공통성이 있다고 인정하고 앞으로 이 방향에서 통일을 지향시켜 나가기로 하였다"라고 합의하였다. 당시로서 이 공동선언의 내용은 한국 정부의 공식적 통일정책과는 상당한 거리가 있는 것이었고, 양측 안에 존재한다고 한 '공통성'이 무엇인지에 관한 언급도 없었다.

예상대로 남북정상회담 공동선언에서 발표된 내용이, 분단 이후 최초의 남북한 정상회담에서 합의된 내용으로는 너무 지나칠 정도로 앞서 나아간 합의라는 평가와 함께, 즉각적으로 한국 사회 내에 이 공동선언과 관련하여 혼란을 야기하게 되었다. 문구를 객관적으로 볼 때, 남북공동선언의 제1항과 제2항은 통일에 관한 쌍방의 입장을 나열한 것에 불과하며 합의된 바는 없었다. 남북관계에서 중요한 정치적 과제를 열거하면서 남북공동선언에 담는 것이 자연스러운 것인데, 오로지 통일에 관한 사항만을 적시하고 있을 뿐이었다. 이러한 문서는 기정사실화 전략을 추구해 온 북한에게 남북간에는 기타의 정치적 과제는 없다는 뜻을 강조하는 것으로 앞으로 이러한 문제는 제기할 수 없다는 것을 확인한 결과가 되는 위험도 있는 것이었다.

자주적 해결원칙이라는 자명한 원칙사항을 선언에 포함하려면 평화적 통일, 통일의 전제로서 상호불가침, 평화공존, 평화의 정착, 군사적 긴장완화, 남북 정치관계의 정상화 등등 보다 더 현실적으로 중요한 원칙과 내용의 선언적 의미를 지닌 사항이 많다. 그런데 하필 자주성의 원칙만 지적한 것은 문제가 있는 것이다.

또한 6.15 남북공동선언 이후 많은 관심은 바로 연방제와 연합제 간의 유사성에 쏠렸다. 사실 김대중 대통령은 남북정상회담 이전에는 자신의 지론이던 공화국연합제[1]를 내세워 주장하지 않고

---

1) 김대중 대통령의 통일론은 3단계안으로서 1단계가 1연합2정부로서 공화국연합제에 해당하고, 2단계가 1연방 2지역 자치정부이며, 3단계가 1국가 1정부의 완전통일단계이다. 이에 관해서는 김대중, 『공화국연합제』(학민사, 1991), pp. 202-204 참조.

역대 정부의 통일정책을 수용하는 입장이었다. 그런데 남측의 연합제가 어떠한 내용인지가 여전히 불투명한 상태인데, 남북정상회담에서 북 측의 연방제안을 받은 것이었다. 따라서 김대중 대통령의 지론이었던 공화국연합제가 이에 가장 근접한 것으로 해석될 수 밖에 없었으며, 자연스럽게 김대중 대통령의 3단계 통일론이 국가시스템에 의한 승인 없이 대한민국 정부의 공식통일론으로 될 가능성이 농후했다.[2)]

이 문제와 관련하여 청와대 박준영 대변인은 2000년 10월 25일 정례 브리핑에서 김대중 대통령의 평양 방문 시 통일방안에 대한 언급이 나와 연방제는 수용할 수 없다는 의견을 밝혔고, 이 때문에 북한이 낮은 단계 연방제를 제기한 것이라면서 "중앙정부의 국방·외교권을 지방정부가 갖는 이 안은 우리의 남북연합과 공통점이 있어 이를 연구키로 한 것일 뿐이며, 낮은 단계 연방제를 하기로 합의한 적이 없다"고 밝혔다.[3)] 김대중 대통령은 지난 2000년 3월 베를린선언에서 "가장 현실적이고 합리적인 정책은 당장 통일을 추구하기보다는 한반도에 아직도 상존하고 있는 상호위협을 해소하고 남북한이 화해·협력하면서 공존공영을 추구하는 것이다"라고 했던 바 있다.[4)]

하지만 북한의 의도는 달랐다. 북한 평양방송은 12월 5일과 6일 6.15 남북공동선언이 "연방제통일에로 나가는 길을 명시하고 있다"고 연이어 주장했다. 또한 북한은 12월 19일에도 평양방송을 통하여 미국 등 일부 주변국가들이 한반도의 통일이 아직 멀었다

---

2) 이시형·정현수, 『화해협력시대의 남북한관계론』(인간사랑, 2004), p. 315.

3) 『조선일보』(2000. 10. 26).

4) 베를린선언의 상세한 내용은 다음을 참조함. 통일부, 『김대중 대통령 베를린선언: 한반도 평화와 통일을 향한 남북 화해·협력 선언』(통일부, 2000. 3. 9).

는 여론을 유포시키고 있지만 남북은 연방제 방식으로 반드시 통일될 것이라고 주장했다.[5] 북한은 연방제에 집착하고 있었고, 김대중 정부는 이러한 북한의 의도를 제대로 파악하고 있었는지 의문이 드는 대목이다. 김대중 대통령이 당시 전략적 판단을 한 것인가? 김정일 위원장과의 대화에서 김대중 대통령은 진정한 자주는 배타적인 자주가 아니고, 주변국과 좋은 관계를 유지해 협력하면서 독자적 입장을 관철하는 것이라고 했다고 한다.[6] 김대중 대통령은 남북정상회담 이후 처음으로 영국 파이낸셜 타임스지와 기자회견을 갖고 통일전망에 대하여 남북정상회담의 성공으로 돌파구가 열렸음에도 불구하고 완전한 통일에 이르는 데는 20년 내지 30년이 걸릴 수도 있을 것이라고 말했다.[7]

김대중 대통령은 통일이 달성되기까지 20년~30년 동안에는 군사적 대결과 정치적 관계 등 평화 및 안정과 관련하여 무엇을 할 것인지와 같이 남북관계의 중요현안에 관하여는 하등 언급이 없었다. 또 적어도 임기 중에 어떻게 할 것인지 하는 구상도 남북공동선언에는 표현되지 않았다. 이는 정치 및 군사문제는 남한 측과 논의하지 않겠다는 북한 측 입장이 반영된 것으로 볼 수 있으며, 그러한 의미에서 김대중 대통령의 한반도 평화와 안정에 대한 뜻은 남북정상회담에서는 이루어지지 못하였다고 하겠다.

남북정상회담은 반세기에 걸친 남북분단과 대립을 종식시킬 수 있는 첫걸음이라는 기대를 온 민족으로부터 받았지만 그 이후의 사태전개에 따라서 그 본래의 의미가 퇴색해 갔다. 그것은 김정일 위원장의 서울 답방문제에서부터 시작되었다.

---

5) 『일일북한방송』(통일부, 2000. 12. 19).

6) 『朝日新聞』(2000. 8. 9).

7) *Financial Times* (July 17, 2000).

<u>남북공동선언(전문)</u>

조국의 평화적 통일을 염원하는 온 겨레의 숭고한 뜻에 따라 대한민국 김대중 대통령과 조선민주주의인민공화국 김정일 국방위원장은 2000년 6월 13일부터 6월 15일까지 평양에서 역사적인 상봉을 하였으며 정상회담을 가졌다.
남북정상들은 분단 역사상 처음으로 열린 이번 상봉과 회담이 서로 이해를 증진시키고 남북관계를 발전시키며 평화통일을 실현하는데 중대한 의의를 가진다고 평가하고 다음과 같이 선언한다.

1. 남과 북은 나라의 통일문제를 그 주인인 우리 민족끼리 서로 힘을 합쳐 자주적으로 해결해 나가기로 하였다.
2. 남과 북은 나라의 통일을 위한 남측의 연합제 안과 북측의 낮은 단계의 연방제 안이 서로 공통성이 있다고 인정하고 앞으로 이 방향에서 통일을 지향시켜 나가기로 하였다.
3. 남과 북은 올해 8.15에 즈음하여 흩어진 가족, 친척 방문단을 교환하며, 비전향 장기수 문제를 해결하는 등 인도적 문제를 조속히 풀어 나가기로 하였다.
4. 남과 북은 경제협력을 통하여 민족경제를 균형적으로 발전시키고, 사회, 문화, 체육, 보건, 환경 등 제반분야의 협력과 교류를 활성화하여 서로의 신뢰를 다져 나가기로 하였다.
5. 남과 북은 이상과 같은 합의사항을 조속히 실천에 옮기기 위하여 빠른 시일 안에 당국 사이의 대화를 개최하기로 하였다.

김대중 대통령은 김정일 국방위원장이 서울을 방문하도록 정중히 초청하였으며, 김정일 국방위원장은 앞으로 적절한 시기에 서울을 방문하기로 하였다.

2000년 6월 15일

대 한 민 국	조선민주주의인민공화국
대 통 령	국 방 위 원 장
김 대 중	김 정 일

2. 김정일 위원장 서울 답방문제

남북공동선언에서 "김대중 대통령은 김정일 국방위원장이 서울을 방문하도록 정중히 초청하였으며 김정일 국방위원장은 앞으로 적절한 시기에 서울을 방문하기로 하였다"고 하여, 김정일 위원장의 서울 답방 여부에 주의가 집중되었다. 김정일 위원장의 서울 답방이 이루어지면 남북관계의 획기적 진전을 이룰 수 있는 계기가 될 수 있었지만, 이는 또한 여러 가지 여건, 즉 한국 사회 내의 분위기에서부터 대북지원의 내용에 이르기까지 북한 측에게 광범위한 실리와 명분을 줄 수 있는 것이어야 했다. 정상회담 당시 김정일 위원장의 약속과 김대중 대통령의 강한 요청에도 불구하고, 2000년 8월 15일 경에 성사될 것으로 예상되던 서울 답방이 2005년 말 현재 남북정상회담 5주년이 넘어가도록 이루어지지 않고 있는데, 이는 6.15 공동선언 당시 북한 측이 기대하였던 분위기와 조건이 성숙되지 않았기 때문일 것이다. 그 중요한 대목만 추려보면 다음과 같다.

김정일 위원장의 답방과 관련하여, 북한이 환영인원 규모는 김대중 대통령의 평양방문 당시 환영 나왔던 60만 명이 평양시 인구 200만의 30%정도라는 점을 상기시키면서 김 위원장의 방문 시 서울에서의 환영인원도 이에 상응하는 규모가 되어야 한다는 요구를 전달해 왔다는 정보가 있었다.[8)] 이 문제와 관련하여, 한국 정부는 매우 곤혹스러워 하면서도 나름대로 환영방안을 강구하고 했던 것으로 알려졌다.

북한은 또한 김정일 위원장의 답방 시 제기될 가능성이 있는 6.25 한국전쟁에 대한 사과요구에 대하여 민감하게 반응하였다. 2001년 2월 12일 국회의 외교통일안보분야 대정부질문에서 야당

---

8) 『조선일보』(2001. 2. 11).

의원들이 김정일 국방위원장의 서울 답방에 앞서 북한이 6.25 한국전쟁, 아웅산 테러, KAL기 폭파사건 등 과거사에 대하여 사과해야 한다고 요구한 반면, 여당의원들은 과거사의 미래지향적인 해결을 주장했다. 당시 이한동 총리는 답변을 통해 김정일 위원장 답방을 앞둔 "지금 시점에서 과거문제의 책임을 거론하기보다는 민족의 미래를 향해 장기적 안목에서 대처해야 한다"고 말하였다.[9)]

북한은 2001년 2월 19일, 남한에서 제기되고 있는 김정일 국방위원장 서울 답방 반대 주장 또는 답방 시 6.25 전쟁 등 과거사에 대한 사과요구 등에 강한 불쾌감을 표시하면서 이를 당장 중지하라고 평양방송을 통하여 요구했다. 또한 조선중앙방송에서는 '주적론'까지 공격하면서 부정적 여론으로 답방이 무산될 경우, 이를 '묵인한 자들'도 책임져야 한다고 하였다.[10)]

그 후 김정일 국방위원장의 서울 답방 시기와 관련한 한국 정부 당국자들의 예상은 2월~3월에서 시작해 4월~5월, 다시 봄, 상반기 등을 거쳐 2001년 연내로 점차 늦춰지고 있었다. 미국에서도 두 번째 남북정상회담을 기대하고 있었다.[11)] 북한에 대한 압력성 정보도 있었다. 김대중 대통령이 2001년 5월 24일 6.15 남북공동선언 1주년을 기한 답방계획을 밝혀 주기를 촉구하기도 하였고, 한국 정부의 고위당국자가 김정일 국방위원장의 서울 답방이 실현되지 않을 경우 남북협력기금 등을 통한 실질적인 대북지원이 어렵다[12)]는 입장을 밝히기도 했다. 여기에는 정부의 햇볕정책을 비판하는 사람들이 늘어나고 있는 이유가 김정일 위원장이 서울 답방에 대한

9) 『조선일보』(2001. 2. 13).

10) 『일일북한방송』(통일부, 2001. 2. 20).

11) 미 국무부의 바우처(Richard Boucher) 대변인은 5월 4일 "미국은 2차 남북정상회담이 이뤄지기를 고대하고 있다"고 언급했다.

12) 『연합뉴스』(2001. 6. 20).

일정을 밝히지 않고 있는 데 대한 실망감도 작용하고 있다고 하는 명분성 압력도 있었다.

그런 가운데 김정일 위원장의 서울 답방 지연에 대한 김정일 위원장 스스로의 이유가 전해졌다. 김정일 위원장이 8월 4일 푸틴 대통령과의 정상회담에서 서울답방에는 여건이 필요하다고 밝힌 것으로 알려져 그의 서울답방이 당분간 실현되기 어려울 것이라는 소식이었다. 8월 7일 이러한 정보를 전한 한 외교 소식통은 김정일 위원장이 부시 행정부 출범 이후 미국의 대북 강경정책을 최대의 난관으로 인식하고 있어, 미・북 관계개선을 비롯한 여건이 성숙되어야만 서울답방을 비롯한 남북 간 현안도 풀릴 수 있음을 시사한 것으로 볼 수 있다고 설명했다.13)

김정일 위원장의 서울 방문에 관한 기대는 김용순 북한 노동당 비서가 김정일 위원장의 특사자격으로 9월 11일부터 14일까지 서울을 방문하면서 다시 살아났다. 김용순의 방문에는 박재경 인민군 총정치국 선전담당 부총국장(대장), 림동옥 당 통일전선부 제1부부장, 권호웅 당중앙위 지도원, 박성철 당중앙위 과장, 김광렬 당중앙위 지도원 등 군부와 당의 실세들이 포함되어 있었다. 박재경 대장은 김정일의 최측근이면서 군부 고위급인사 가운데 한 사람으로서 이번 방문길에 양측이 군사문제를 논의할 수도 있을 것이라는 기대를 불러 일으켰으나 '본래 방문목적인 송이 전달'14)을 마치자마자 곧바로 평양으로 귀환하여 그러한 기대가 무산되었다.

김용순 당 비서는 9월 14일 공동보도문을 통하여 김정일 위원장

13) 『조선일보』(2001. 8. 8).

14) 당시 북측은 300명분의 송이를 남측 대표단에게 전달하면서, 6월 정상회담 대표단과 8월 언론사 방북단 267명 외에 나머지 33명분은 전직 대통령과 각 정당 및 정부 요인에게도 전달됐으면 좋겠다는 의견을 제시했다.

이 “가까운 시기에 서울을 방문하며, 이에 앞서 김영남 최고인민회의 상임위원장이 서울을 방문하기로 하였다”는 남북의 합의사항을 발표하였다. 물론 이 공동보도문에는 국방장관회담 개최, 이산가족 상봉, 경제협력을 위한 제도적 장치, 경의선 철도 및 도로 연결, 10월 중 경제시찰단 파견, 임진강유역 수해방지 등과 관련된 사항들이 포함되어 있었지만, 김정일 위원장의 서울 답방에 관한 합의였기에 주목을 받았다. 그러나 이러한 합의도 결국 지켜지지 않았다.

II. 흔들리는 안보구조

1. 주적개념

2000년 6.15 남북공동선언 이후 북한은 여러 가지 측면에서 한국의 국내문제에 관하여 시비를 걸어왔다. 여기에는 국내법인 국가보안법 문제나 적십자사 총재의 발언을 문제 삼은 경질문제 등이 있는데, 한국의 ‘주적개념’에 관한 것도 그 중의 하나였다. 한국정부에서는 국방백서를 발행하면서 ‘주적’이라는 개념을 설정하여 사용해 오고 있었다.[15]

2000년 12월 10일 북한의 조국평화통일위원회(통칭 조평통) 대변인은 평양방송을 통한 성명에서 “남조선당국은 있지도 않은 우리의 전력증강을 걸고 들면서 ‘북의 현실적 군사위협이 해소될 때까지 주적개념을 유지할 것’이라고 했다”고 비난하면서 국방장관도 “남북관계와 안보상황이 변해도 군의 기본임무와 사명은 변함이 없다고 해 전쟁열을 고취하고 있다”고 주장했다.[16] 또한 북한

15) 국방부, 『국방백서 2000』(국방부, 2000)까지의 각호 참조.

노동당 기관지 로동신문은 12월 12일 논평을 통해 한국이 공식적으로 대화와 화해의 상대방인 북한을 주적으로 선포하고 '북의 체제를 걸고 든 것은 6.15 남북공동선언 정신에 대한 배신이며 노골적인 대북 선전포고와 같은 것으로 남북관계를 대결의 시작점으로 몰아가는 용납 못할 반민족, 반통일적 범죄행위'라고[17] 주장했다. 노동신문은 12월 15일에도 "지난 6개월 동안 남조선에서 북남공동선언 이행에 제동을 걸려는 일부 정치세력들의 책동은 매우 심하였다"며 대규모 군사연습 강행, '테러 사건' 언급, 국군포로와 납북자송환 주장, 북한을 주적으로 규정한 국방백서 등을 예시하면서 한국 정부를 비난하였다.[18]

북한은 주적개념 문제를 자체적 비난에서 그치지 않고 이러한 비난을 남북관계에 직접 적용하기 시작하였다. 북한은 2001년 2월 8일 판문점에서 열린 제5차 남북 경의선 군사실무회담에서 북한 노동당과 북한군을 주적으로 하는 남한의 주적개념을 바꾸지 않으면 2차 국방장관회담을 열 수 없다는 입장을 공식 표명했다.[19] 이 문제와 관련하여 2월 12일 국회의 외교・통일・안보분야 대정부

---

16) 당시 조평통 대변인의 성명은 국방백서 2000이 발표되자 곧 이어 비난 성명을 발표하였다. 여기서는 조성태 국방장관의 의례적인 전군지휘관 회의에서의 발언까지 문제 삼았다. 이에 관해서는 『일일북한방송』(통일부, 2000. 12. 11) 참조.

17) 『로동신문』(2000. 12. 12).

18) 『로동신문』(2000. 12. 15).

19) 정부 고위소식통은 11일 경의선 군사실무회담 북측대표가 8일 오후 회담이 끝날 무렵 갑자기 남한 측이 주적개념을 바꾸지 않으면 앞으로 국방장관회담은 없다는 요지의 '종결선언문'을 낭독했다고 말했다. 이와 관련하여 러시아의 이스베스챠 신문의 2월 13일 보도에 의하면 북한은 2월 8일 5차 남북 군사실무회담에서 합의한 비무장지대(DMZ) 내 경의선 복원과 남북 간 도로연결 공사를 하는 데 필요한 지뢰제거작업을 "행정적 이유"로 연기했다고 발표하였다. 이는 한국의 주적개념과 관련하여 압력수단을 강구한 결과일 수도 있었다.

질문에서 주적개념과 관련한 북한의 입장에 대하여 야당은 그 대책을 집중 추궁한 반면, 여당인 민주당의 이창복 의원은 주적개념의 삭제를 주장했다. 이에 대하여 조성태 국방장관은 "북이 우리군은 원쑤, 인민군의 과녁 등 극단적인 용어를 사용·표현하고 있고, (남북관계에) 많은 진전이 있었으나 북한의 군사력 전진배치 등 위협의 실체에는 변화가 없다"면서 군사적으로 북한이 여전히 '현존하는 위협'이라며 북한이 대남 군사전략을 수정하는 등 명백한 조치를 취하지 않고 있는 당시 시점에서 '주적개념'의 변경은 적절치 않다고 판단하고 있다고 답변했다.[20)]

이렇게 우여곡절을 겪은 주적개념은 드디어 국방백서의 출판을 수년간 중단케 하였고 급기야 2005년에 한국 국방부에 의하여 국방백서를 출간하면서 포기되게 되었다. 결국 김대중 대통령 때부터 시작된 북한의 한국국가체제 흔들기 전략은 부분적으로 성공을 거둔 셈이었다.

2. 주한미군

2000년 남북정상회담 이전까지 주한미군에 대한 북한의 입장은 한 마디로 철수하라는 것이었다. 북한은 '외세'의 개입 때문에 분단의 비극이 빚어졌고 통일의 가장 큰 걸림돌은 외세라면서 기회 있을 때마다 주한미군을 대표적인 외세로 거론해 철수를 요구해 왔다. 주한미군은 북한이 언제나 위협의 대상으로 간주하고 문제로 삼아 왔던 대상이었던 것이다. 그런데 남북정상회담을 지나면서 이에 대한 북한의 태도가 바뀌었다는 정보가 빈번하게 나타났다. 정상회담 이후 북한도 미군 주둔을 용인하는 쪽으로 입장이 바

20) 『조선일보』(2001. 2. 13).

III. 위기의 한 · 미공조

1. 한 · 미 간 인식의 차이

한반도에서 미국이 안보의 실질적 책임을 지고 있다는 엄연한 사실은 민족공조만으로 한반도 문제가 해결될 수 없음을 뜻하며, 따라서 한 · 미 공조가 남북한 평화에 있어서 긴요하다는 점을 인정해야 한반도 문제가 풀려나갈 수 있을 것이다. 그런데 남북정상회담 이후 한 · 미 공조에 균열의 조짐이 나타나게 되고 시간이 지나면서 이것이 확대되어 우려를 자아내게 되었다. 한 · 미 공조는 쌍방적인 개념이다. 남북한 관계와 북 · 미관계가 균형되게 이루어져야 한다. 그러나 남북정상회담 이전에는 북 · 미관계에서의 불균형이 있었던 것이 사실이며, 남북정상회담 이후에는 남북한 관계에서의 불균형이 나타나게 되었다.

2001년 2월 7일 이정빈 외교통상부 장관이 미국에서 파웰(Colin Powell) 미 국무장관과 회담하였다.[49] 파웰 장관은 한 · 미 양국의 긴밀한 공조가 가장 중요하며 북 · 미관계가 남북한관계를 앞서는 일은 없을 것이라고 말했으며 미국으로서는 북한이 미사일 문제에서 어떻게 나오느냐가 북 · 미관계에서 제일 중요한 요인이라는 입장을 밝혔다고 이정빈 장관이 전했다. 이정빈 장관은 2월 8일 워싱턴에서 열린 미국평화연구소(USIP)주최 조찬간담회에서 대북정책에서 상호주의는 융통성 있게 적용해야 한다고 말했으며, 귀국 후 2월 10일 대북정책 조율을 위해 차관보급 협의체를 가동할 방침을 밝혔다.

그런데 김대중 대통령의 워싱턴 방문을 앞두고 한국에서 미국의

49) 『조선일보』(2001. 2. 8).

한반도정책 변화 가능성에 대한 우려의 분위기가 커지고 있었다. 한 보도에 따르면[50], 부시 행정부의 많은 외교안보보좌관들이 당시 전임 클린튼 정부의 전략과는 매우 대조적인 대북정책을 언급해 왔다는 점을 상기시키면서, 한국 관리들이 사적인 자리에서 부시 행정부가 북한의 중·장거리 미사일 프로그램 포기의지를 신중히 타진하기 보다는 국가미사일방어체제(NMD) 구축에 주력하는 데 대해 경계를 표시했다고 한다. 부시 미국 행정부가 다른 사안에 대해서도 북한에 포용정책을 펴지 않고, 특히 한국의 대북 경제원조 확대를 단념시킬지 모른다는 우려가 실제 한국 정부로부터 제기되었고, 김대중 대통령의 햇볕정책 하에서 대북원조가 너무 관대했다는 비판을 반박하는 데에 한국정부 관리들이 열중해 온 것도 사실이었다.

김대중 행정부는 부시 행정부의 경직된 대북관을 조금이나마 완화하기 위해 이정빈 외교부장관 방미 이틀 뒤 비밀리에 임동원 국가정보원장을 워싱턴에 파견했다. 임동원 국정원장은 2001년 2월 20일 국회 정보위원회에 출석하여, 2월 11일부터 17일까지 미국 CIA 초청으로 미국을 방문해 미 CIA 북한 분석관 등과 토론회를 가진 결과를 설명하면서, 북한에 대한 판단에 있어서 한국과 미국 간에 의식의 차이가 있음을 밝혔다.[51] 임동원 원장은 비공개회의에 앞서 기자들이 지켜보는 가운데 북한에 관한 정보에는 공개정보와 인간이 수집하는 비밀정보, 영상 및 통신 등과 관련된 기술정보 등 3가지가 있는데, 기술정보는 미국이 압도적이지만 공개정보와 비밀정보는 한국이 미국에 못지않다는 점을 지적하면서, "미국은 서양의 잣대로 북한을 분석하고, 우리는 동족으로 북한의 사고

50) *New York Times*(Feb. 19, 2001).
51) 『조선일보』(2001. 2. 21).

방식과 정서를 잘 안다"고 한·미 간에 인식의 차이가 나는 이유를 설명했다.

2. 2001년 한·미 정상회담

이렇듯 인식의 차이가 분명하게 존재하는 상황에서 김대중 대통령의 미국 방문과 한·미 정상회담이 진행되었다. 김대중 대통령의 미국 방문은 3월 6일~11일에 이루어졌으며, 정상회담은 현지시간 3월 7일에 개최되고 공동발표문이 발표되었다. 공동발표문의 내용은 다음과 같았다.

- 양국 정상은 한·미 안보동맹이 근본적으로 중요하고 강력하다는 점을 재확인하였다. 양 정상은 안보·정치·경제 및 문화 분야에서의 협력강화를 통해 한·미 간 포괄적 동반자관계를 더욱 심화시켜 나갈 것을 다짐했다.
- 양 정상은 남북한 간 화해·협력이 한반도의 평화와 동북아시아의 지속적 안정에 기여하고 있다는 데에 의견을 같이했다. 부시 대통령은 한국정부의 대북포용정책에 대한 지지와 함께, 남북문제 해결에 있어서 김대중 대통령의 주도적인 역할에 대한 지지를 표명했다. 양 정상은 제2차 남북정상회담이 남북관계 및 동북아시아의 안보에 긍정적으로 기여하게 될 것이라고 기대했다.
- 양 정상은 1994년 미·북 제네바 합의를 계속 유지한다는 공약을 재확인하고, 동 합의의 성공적 이행을 위해 필요한 제반조치를 취하는 데 있어 북한이 동참할 것을 촉구했다. 양 정상은 북한이 국제사회의 우려를 해소하기

위한 조치를 취하도록 권장하기로 하였으며, 대북정책에 있어서 한·미 양국 간, 그리고 한·미·일 3국 간 긴밀한 협의와 공조 유지의 중요성에 동의했다.

- 김대중 대통령과 부시 대통령은 세계안보환경이 냉전 시와는 근본적으로 달라졌다는 데에 의견을 같이 하였다. 대량살상무기 및 운반수단으로서의 미사일로부터 비롯되는 위협을 포함하는 새로운 형태의 위협이 대두됨에 따라 억지와 방어에 대한 새로운 접근이 요구되고 있다. 양 정상은 이러한 위협에 대처하기 위해서는 광범위한 전략이 필요하다는 데에 인식을 같이 했다. 양 정상은 세계평화와 안보를 강화하기 위하여 미사일 방어를 포함한 이러한 조치들에 관하여 동맹국과 기타 이해당사자들 간에 협의하는 것이 중요하다는 데에 의견을 같이 했다.
- 김대중 대통령과 부시 대통령은 한·미 간 경제·통상관계가 보다 성숙하고 상호 유익하게 발전되고 있는 데에 주목했다. 양 정상은 한국의 경제개혁노력을 지지하고 양자 통상현안들을 협의해 나가기 위해 긴밀히 협력하기로 합의했다. 또한 양 정상은 세계무역기구(WTO) 뉴라운드 조기출범을 지지했다.

이러한 공동발표문의 내용에 대한 보다 상세한 설명은 3월 7일의 양국 정상의 공동 기자회견 문답에서 잘 나타나 있다. 이 공동 기자회견 문답에서는 한·미 간의 입장차이가 분명하게 드러났다. 그 내용은 다음과 같다.[52)]

---

52) 자세한 내용은 『조선일보』(2001. 3. 9) 참조.

- 부시: 나는 한반도평화를 위해 긴밀하게 협력할 것을 김 대통령에게 확약했다. 나는 북한의 지도자에 대해 약간의 회의가 있으나, (이것이) 우리가 공동의 목표를 추구하는데 장애가 되지는 않을 것이라는 점을 명확히 했다.
- 부시: 어떤 협상이든 검증이 필요하다고 말했다. 미국의 외교정책은 김 대통령의 노력을 강화하는 방향으로 추진될 것이다. 북한의 대량살상무기 개발 및 수출은 중단돼야 하고, 북한이 중단하더라도 검증을 해야 한다.
- 김대중: 남북관계의 진전에 관한 모든 것을 미국과 협의하고 격의 없이 상의해서 양국에 이익이 되도록 할 것을 합의했다. 부시 대통령은 북한에 대한 생각을 솔직하게 말했다. 매우 중요한 참고의 말씀이 됐다.
- 김대중: 우리의 의견은 결코 미국이 추진하고 있는 NMD에 반대표시를 한 것이 아니고, 러시아가 '반대'요구를 했으나 우리정부는 확실히 거부했다.
- 부시: 북한을 대할 때 발생하는 문제는 투명성이다.

한편 익명을 요구한 백악관의 고위관리는 3월 7일 정상회담에 대한 배경을 설명했다. 그 내용은 미국이 김대중 대통령에게 NMD를 지지하도록 요구를 한 일이 없었다는 것, 한·미 간에 정책 상의 차이는 없다는 점, 미국은 한국이 대북정책 추진과정에서 미국과 협의하기를 원하고 있고 실제로 김대중 대통령이 '단계마다 협의할 것'이라고 기꺼이 밝혔다는 것 등이었다. 특히 남북한 평화선언에 대한 논의는 없었으며, 다만 회담에서는 긴밀한 공조가 절대 필수적이라는 점에 양측이 합의했다는 점이 더 강조되었다.

이러한 한·미정상회담에 대한 해외여론의 반응은 부정적으로 나왔다. 뉴욕 타임스는 3월 8일 "당장은 북한과 미사일 협상을 재개하지 않겠다는 부시 대통령의 발언은 비록 한·미 동맹관계를 재확인하는 성명에서 나왔지만, 김대중 대통령의 대북 접근방식에 대한 분명한 거절(a clear rebuff)"이라고 보도했다. 백악관은 남북한 평화선언과 같은 비전의 구체적 내용과 부시 대통령 입장 간에 거리를 두었으며, "김대중 대통령이 회담을 마친 후 부시 대통령과의 대화 결과에 대해 미온적인 평가를 내렸으며, '솔직한 의견교환을 통해 상호이해를 높였다'는 그의 표현은 종종 외교에서는 실질적인 불일치(substantive disagreement)를 말할 때 쓰인다"고 이 신문은 보도했다.[53]

한편 워싱턴 포스트도 3월 8일 부시 대통령이 북한과의 미사일 회담 장래에 의문을 표명했으며, 북한의 합의이행 여부를 어떻게 검증할 것인지에 대해 우려를 표시함으로써 김대중 대통령과 입장 차이를 보였다고 보도했다.[54] 또한 월스트리트 저널은 3월 8일 '부시, 매를 들다(Mr. Bush Picks Up a Stick)'라는 짤막한 촌평을 통해 "일부에서 새로운 대북 강경노선이라고 부르는 것이 사실은 상식(common sense)"이라면서 북한의 전체주의체제에 미사일·핵무기 프로그램을 중단했다는 분명한 검증도 없이 2개의 경수로와 공짜 중유 등 당근을 수북하게 제공하는 클린턴 정책을 중단할 것임을 부시는 분명히 했으며 이 노선은 클린턴의 북한 구슬리기에 비하면 '강경노선'이라고 간주될 수 있으나, 좋은 외교정책이라고 보도했다.[55]

CNN 방송은 "대북 미사일 협상의 조속한 재개를 바랐던 한국

53) *New York Times*(Mar. 8, 2001).
54) *Washington Post*(Mar. 8, 2001).
55) *Wall Street Journal* (Mar. 8, 2001).

측의 희망은 부시 행정부에 의해 부서져버렸다"고 보도했다. 부시 대통령은 김대중 대통령과의 회담에서 클린턴 전 행정부의 정책을 계승하기 보다는 북한을 위협(threat)으로 본다는 견해를 분명히 했다고 CNN은 전했다. 또한 영국의 더타임스는 "한·미정상회담이 대북정책 이견으로 빛을 잃었다"[56]고 보도하였다.

이렇게 한·미정상회담의 결과에 대한 비관적인 평가가 나오고 있는 가운데, 일본의 반응도 비슷한 맥락이었다. 일본 외무성의 고노 요헤이(河野洋平) 일본외상은 3월 8일 참의원 답변에서 북한에 대한 부시 정권의 자세에 대해 그 동안의 클린턴 정권과는 달리 흑백을 분명히 가리겠다는 입장을 취하고 있다고 평가했다. 또한 니혼게이자이신문은 3월 8일 사설을 통해 한·미 양국정권의 대북정책은 "지향하는 목표는 같으나 그 방법에는 큰 차이가 있다"면서 한·미 양국의 대북정책을 둘러싼 공동보조가 흐트러지면 한반도를 둘러싼 정세가 복잡해져 일본도 대응이 어려워진다고 지적했다.[57]

이렇게 세계언론은 한·미 간 이견을 확인하고 있었다. 한편 김대중 대통령은 3월 9일 미국기업연구소(AEI)와 미국외교협회(CFR)가 공동 주최한 오찬 간담회에서 부시 행정부의 지도자들에게 포괄적 상호주의를 제의하였다. 그 내용은 북한으로부터 제네바 합의준수, 미사일 문제해결, 남한에 대한 무력도발 포기보장 등 세 가지를 받고, 한·미 양국이 북한에 안전보장, 적정한 경제협력, 국제사회진출 및 차관지원 등 세 가지를 주는 '포괄적 상호주의'였다. 이에 대해 김하중 청와대 외교안보수석은 "우리는 하나를 주고 하나를 받는 방식이 아니라 포괄적으로 상호주의를 적용해야 한다는 것"이라면서 '포괄적'은 '신축적'과 같은 말이라고 설명했다.[58]

---

56) *The Times*(Mar. 8, 2001).

57) 『日本經濟新聞』(2001. 3. 8).

또한 김대중 대통령은 시카고 에서 3월 10일 북한에 대해 환상을 갖고 있지도, 유화정책을 취하려고도 하지 않는다고 밝히면서, 다시금 포괄적 상호주의를 주장하였다. 김대중 대통령은 북한이 제네바협정을 지키고 미사일을 완전히 포기하고 남한에 무력도발도 하지 않는다는 것을 믿게 하면 그 반대급부로 한국도 북한에 합리적 경제지원을 하고 국제사회의 일원으로 참여하는 것을 지원해 줄 수 있는 것이라고 말했다. 이것은 종전의 무조건적 경제원조를 지양하고 앞으로는 반대급부를 요구할 것이라는 의미에서 중요한 정책변화를 의미하는 것으로 간주되었다.59)

김대중 대통령은 시카고에서 3월 10일 김정일 국방위원장의 서울 답방 시 평화협정이나 평화선언 대신 남북기본합의서 이행문제를 논의할 뜻을 거듭 밝혔다. 김대중 대통령이 2차 남북정상회담에서는 평화선언과 평화협정보다 1992년 체결한 남북기본합의서에서 합의됐던 불가침 등 안보관련 조항들을 복원하도록 추진하겠다고 한 것은 미국의 반발로 평화협정에서 한발 후퇴한 것으로 보였다.

2001년 김대중 대통령과 부시 대통령 간의 한・미정상회담은 중요한 부분에서 긴장과 오해의 요소를 가지고 있었고 정상회담에서도 그러한 요소들이 풀려지지 않았다. 한국 정부는 해명하기에 급급했다. 김대중 대통령은 3월 9일 미기업연구소(AEI)와 외교협회(CFR)가 공동주최한 오찬간담회에서 미국의 한반도문제 전문가 160여명과 미국의 저명한 언론인들 앞에서 "한・러 정상회담 이후 NMD 체제에 대한 문제가 제기된 것을 유감스럽게 생각한다"고

---

58) 포괄적 상호주의의 개념과 김대중 대통령의 정책에 관해서는 『조선일보』(2001. 3. 14) 참조.

59) 이는 2000년 남북공동선언 체제에서 후퇴한 입장으로, 한국 내 좌파들은 이 국면에서 김대중 정부의 자주노선에 제동이 걸린 것으로 파악하였다.

말하여 사실상 공개적으로 사과했다.[60] 김대중 대통령은 조지프 시스코 전 미 국무부 차관보로부터 워싱턴을 놀라게 한 한·러 정상회담의 ABM조약 지지 공동성명합의를 설명해 달라는 질문을 받고 "그것은 한국이 러시아 편을 들어 미국이 추진하는 NMD 체제에 반대해서 그런 것이 아니다"라면서 이같이 말했다.

김하중 청와대 외교안보수석이 3월 6일 콘돌리자 라이스 백악관 외교안보 보좌관에게 2차 해명 및 유감 표명을 했고, 3월 7일에는 김대중 대통령이 부시 대통령과의 회담에서 직접 해명을 했다. 거기에 덧붙여 이번엔 김대중 대통령 자신이 직접 공개석상에서 유감 표명을 하기에 이른 것이었다. 미국은 김대중 대통령에게 NMD를 지지하도록 요구를 한 일이 없었다는 배경 설명을 한 바 있었다.

한·미 정상회담의 결과를 종합적으로 평가하자면 다음과 같다고 할 수 있다. 우선 부시 대통령의 대북포용정책에 대한 지지와 남북문제 해결에 있어서 김대중 대통령의 주도적 역할에 대한 지지가 표명되었으며, 대북정책에 있어서 한·미 양국 간, 그리고 한·미·일 3국 간 긴밀한 협의와 공조 유지의 중요성에 대한 동의가 있었다. 또한 미사일 방어를 포함한 조치들에 관하여 동맹국과 기타 이해당사자들 간에 협의하는 것이 중요하다는 데에 의견을 같이 했다. 이러한 점들은 한국과 미국 간에 상호입장을 인정하는 교환이 이루어져 상호 불화에 관한 추측을 불식시켰다고 할 수 있었다.

한편 김대중 대통령이 남북관계의 진전에 관한 모든 것을 미국과 협의하고 격의 없이 상의하여 양국에게 이익이 되도록 할 것을 합의했다고 한 점이나, NMD에 반대표시를 한 것이 아니고 러시아가 '반대' 요구를 했으나 한국 정부가 확실히 거부했다고 언급한 것은 미국의 입장이 관철된 결과였다. 그러나 북한의 김정일에 대

60) 『조선일보』(2001. 3. 10).

하여 약간의 회의가 있다거나 어떤 협상이든 “완전한 검증”을 요구하겠다거나 북한을 대할 때 발생하는 문제의 투명성을 지적한 부시 대통령의 입장과 부시 행정부의 지도자들에게 포괄적 상호주의를 제의한 김대중 대통령의 입장은 거리를 좁히지 못한 것으로 나타났다.

부시 대통령이 김대중 대통령과의 정상회담을 계기로 북한과 체결하는 어떠한 협정에 대해서도 “완전한 검증”을 요구한 것은 부시 행정부가 앞으로 북한에 대하여 강경노선을 펴나갈 계획임을 분명히 시사하는 것이었다.[61] 그런데 그 과정에서 김대중 대통령에게 대한 부시 대통령의 냉대가 노골적으로 나타나기도 하였다.[62] 결국 부시 대통령의 태도로 인하여 김대중 대통령이 정치적으로 후퇴하게 되었다[63]는 것이 옳은 평가였다.

3. 한 · 미 정상회담 이후의 상황전개

김대중 대통령이 한 · 미 정상회담에서 크게 실망하고 돌아와 새

61) 워싱턴 타임스는 “부시, 대북협정 검증요구”라는 제목의 1면 머리기사를 통해 부시 대통령의 발언으로 미국과 오랜 동맹국인 한국이 불화한 것처럼 비쳐졌다고 지적했다. *Washington Times*(Mar. 9, 2001).

62) 부시 대통령은 회담 중 김대중 대통령의 햇볕정책을 지지하지 않으려고 하였으며 일부러 몸짓으로 김대중 대통령에게 불쾌감과 무관심을 표시하였다. *Washington Post*(Mar. 15, 2001).

63) 미국이 북한에 대한 포용정책을 일시 중지키로 한 결정은 김대중 대통령에게는 정책차원을 떠나 개인적으로나 정치적으로 큰 후퇴가 되었으며, 한 · 미 정상회담에서 보인 부시 미국 대통령의 태도가 신중하게 경의를 표하기는 했지만 한국인들에게는 지난 2년 가까이 대북포용정책으로 동북아지역의 외교적 상황을 결정해 온 한국 측에 대해 고삐를 확고히 조인 것으로 인식되고 있고, 한국의 정치분석가들은 부시 행정부의 결정이 김대중 대통령을 수세에 몰리도록 돕는 뜻밖의 결과를 가져온 것으로 지적했다. *New York Times*(Mar. 25, 2001).

로운 파트너로 택한 것이 유럽연합(EU)이었다. 김대중 대통령은 부시 행정부의 주저가 햇볕정책의 종식으로 이어질지도 모른다는 우려를 표시하면서 EU가 역할을 강화해 줄 것을 요청했다는 정보가 있었다.64) 그 내용은, EU의 고급관리에 의하면 김대중 대통령이 노벨상 수상식 참석을 위한 유럽 방문 시부터 EU의 개입을 제안하였으며 한·미 정상회담에 실망한 김대중 대통령이 회담 2주일 후 적극적으로 EU의 역할을 호소하였다는 것이다.65)

EU에서 순회의장국인 스웨덴의 페르손(Goran Persson) 총리를 비롯한 대표단을 남북한에 보내기로 결정한 것은 유럽연합이 한반도 및 기타 아시아 분쟁지역문제와 관련하여 미국의 주도에 따르던 과거의 관행에서 벗어난 것 이라는 지적도 있었다. 마치 미국과 EU 간에 입장의 차이가 있고 또한 한반도에서 주도권 다툼이 있는 것인 양 비쳐질 수도 있는 상황이었다.

2001년 3월 27일 청와대 대변인은 위와 같은 보도가 사실무근이라고 발표하였다. 또한 한승수 외무장관은 3월 28일 한국이 EU에게 한반도평화추진을 요청한 일이 없다고 말하면서, 그러나 EU의 그러한 움직임은 지지한다고 하였다.66) 김대중 정부는 부시 행정부에게 오해를 살 수 있는 상황을 적극적으로 회피하고 있었다. EU 대변인도 3월 30일 중재단의 파견은 미국과 협의를 거처 결정된 것이라고 하면서 "우리는 같은 목적을 가지고 있다"고 하였다.

한·미 정상회담 이후 어색한 양국관계는 당분간 계속되었다. 아미티지(Richard Armitage) 미 국무부 부장관은 5월 9일 김대중 대통령에게 부시 행정부의 새로운 세계전략과 미사일방어(MD)체

---

64) *Washington Post*(Mar. 25, 2001).

65) *Washington Post*(Mar. 26, 2001).

66) 『조선일보』(2001. 3. 29)

제 추진방침을 설명하면서, 자신의 당시 방한이 MD에 관한 미국의 최종입장 통보가 아니라 동맹국 및 관련국과의 협의과정의 시작임을 강조했다고, 청와대 대변인은 말했다. 이에 대하여 김대중 대통령은 미국이 새로운 국제안보 위협에 대처하기 위해 MD를 추진하는 데 대해 이해하고 "동맹국 및 관련국들과의 긴밀한 협의를 기대한다"고 말한 것으로 전해졌다. 결국 김대중 대통령은 외교적으로 미국의 노선을 따라가지 않을 수 없었던 것이다.

또한 부시 행정부는 앞으로 대북협상에서 북한 측이 먼저 성의를 보이지 않는데도 한국이 적극적 태도를 보이는 것은 바람직하지 않다는 뜻을 정부에 전달한 것으로 5월 29일 알려졌다. 미국은 5월 26일~27일 하와이 호놀룰루에서 열린 한·미·일 대북정책조정그룹(TCOG) 회의에서 대북정책 검토결과를 한국 측에 설명하면서 이 같은 뜻을 전하고 그 대표적인 사례로 한반도 4자회담 재개에 대한 한국의 태도를 거론한 것으로 전해졌다. 즉, 미국 측은 이 자리에서 "4자회담처럼 북측이 먼저 성의를 보이지 않는데도 한국 정부가 이를 자꾸 거론해 북측이 회담에 나오는 것 자체를 '카드'로 삼도록 하는 것은 바람직하지 않다"고 말했다[67]는 것이다.

미국 정부는 특히 3월 5차 남북장관급회담을 일방적으로 무산시키고 그 후 북·미관계를 이유로 남북대화에 나서지 않고 있는 북한의 태도를 비판한 것으로 알려졌다. 정부 고위관계자는 이에 대해 아쉬운 쪽은 북한인데 한국정부가 먼저 아쉬운 소리를 할 필요가 없다는 의미였다며 "현실주의 외교노선을 펴는 공화당의 기본인식을 그대로 드러낸 것"이라고 말했다. 이 관계자

67) 『조선일보』(2001. 5. 28).

는 "부시 행정부가 일단 조건 없이 북·미대화에 나서기로 했지만 북한이 성의 있는 자세를 보이지 않는 한 앞으로 미국 측은 대북협상에 부정적인 태도로 일관할 가능성이 높다"고 말했다.

IV. 황장엽 전 비서의 미국방문 문제

황장엽 전 노동당비서는 귀순인사로는 최고위급 인사로서 1997년 베이징 주재 한국대사관을 통하여 망명하였다. 황장엽 전 비서는 김일성 주체사상을 확립하는 데 있어서 핵심적 역할을 해 온 인사로서, 그의 망명은 북한 김정일 측으로서는 이념적, 정치적 타격일 수 밖에 없었다. 망명 이후 황장엽 전 비서는 줄곧 강연이나 글을 통해 지속적으로 김정일 체제의 모순과 폭압성을 폭로하면서 김정일 체제의 문제점들을 적나라하게 조목조목 비판해 왔으며,[68] 2000년 남북정상회담 전후에도 김정일 정권의 붕괴를 하루라도 빨리 앞당기는 것이 북한 주민들을 살려내는 길이라고 주장했다.

이러한 황장엽 전 비서의 행보는 김대중 정권의 성립과 함께 제동이 걸리기 시작하였다. 북한과의 관계개선을 추구하는 김대중 정부로서는 황장엽 전 비서의 행동방향이 대북정책 수행에 부담이 될 수 밖에 없었고, 그렇기 때문에 국가정보원을 통하여 황장엽 전 비서를 대외접촉에서 차단하고 있었다. 이러한 상황에서 미국 의회가 황장엽 전 비서의 미국 방문을 추진하게 됨으로써 한·미 간에 마찰이 일어나게 되었다.

---

68) 황장엽 전 비서는 당시 자신의 경험을 바탕으로 김정일 체제를 비판하는 저서를 냈었다. 그 저서는 다음을 참조. 황장엽, 『개인의 생명보다 귀중한 민족의 생명』(시대정신, 1999).

황장엽 전 비서는 2001년 2월 12일 인편을 통해 비밀리에 미국 상원 외교위원회의 헬름스 위원장(Jesse Helms)에게 편지를 보내 방미 초청에 기꺼이 응할 수 있다고 밝혔고, 헬름스 외교위원장이 황장엽 전 비서를 초청하여, 이르면 2001년 4월 그가 증인으로 출석하는 북한청문회를 개최할 예정인 것으로 알려져 있었다. 하지만 국가정보원은 3월 5일 보도자료를 통해 "황 씨의 편지는 '한·미 정부차원에서 협의하면 갈 수 있다'는 의례적인 회신이었다"고 주장했으며,[69] 황 전 비서와 함께 귀순한 김덕홍 탈북자동지회 회장도 "한·미 정부가 합의하면 갈 수 있을 것"이라고 황 전 비서 편지에 없던 '단서'를 달았다. 국정원이 이렇게 반응한 이유는 황 전 비서가 미 의회청문회에 출석하면 북한을 자극할 것이며, 또한 그 청문회 이후에 황장엽 전 비서가 '귀국'하지 않고 미국에 계속 체류할 경우 김대중 정권에 커다란 부담이 될 것이기 때문이었다.

상황은 김대중 정부에게 편하게 전개되지 않았다. 상원 외교위원회가 5월 23일 부시 행정부 출범 후 첫 북한문제 청문회를 개최할 예정이며, 여기에는 황장엽 전 비서와 함께 북한에서 구호활동을 하다 2000년 12월 추방당한 독일의사 폴러첸(Norbert Vollertsen) 씨도 증인으로 선정된 것으로 4월 24일 전해졌다.[70] 하지만 황장엽 전 비서의 미국 방문은 한국 정부 측의 소극적인 태도와 한·미 정부 간의 신변안전문제 관련 협의 등이 불충분하여 성사되지 못했다.

2001년 7월 미국 의회가 의회관계자들을 서울에 파견하여 황장엽 전 북한 노동당비서가 7월 22일을 전후해 미 의회에 출석, 북한문제와 관련한 연설과 증언을 해달라는 공식 초청장을 황 전 비서에게 직접 전달하려 했다. 그러나 한국정부 당국은 면담주선을 거

69) 『조선일보』(2001. 3. 6).

70) 『조선일보』(2001. 4. 25).

부했고, 이에 따라 미 의회관계자들이 공식초청장[71])을 7월 3일 국정원 측을 통해 간접적으로 황 전 비서에게 전달한 것으로 확인됐다. 이에 대하여 황장엽 전 비서 측은 7월 4일 김덕홍 씨와 함께 초청을 기꺼이 수용하고 늦어도 2001년 7월 20일 전까지 워싱턴에 도착하고자 한다고 밝혔다.

그러나 국가정보원은 7월 4일 황 전 비서의 방미문제가 그 특수성을 고려하여 한・미 정부 차원의 신변안전보장 등 사전에 충분한 검토와 준비기간이 필요하며, 앞으로 한・미 양 정부 간에 협의할 사항이라고 밝히고, 황 전 비서의 방미를 사실상 허락하지 않을 뜻임을 밝혔다. 이와 함께 국정원 고위관계자는 황장엽 전 비서에게 미국방문 시기를 김정일 국방위원장의 서울답방 이후로 연기해 줄 것을 요청한 것으로 알려졌다. 하지만 미 의회 소식통은 이날 황 전 비서 일행의 방미기간 중 신변안전문제를 맡게 될 미국 국무부 실무책임자 2명이 신변보장문제의 전담요원으로 지정됐다고 밝혀 미 의회 측이 황 전 비서 신변안전문제에 만전을 기하고 있음을 밝혔다.

따라서 미국이 황장엽 전 비서를 초청하고 황 전 비서가 이를 수락했으나, 한국정부가 이를 막고 있는 상황이 생겨남으로 인하여 황장엽 전 비서의 미국 방문은 한・미 간 외교문제로 비화될 가능성이 높아지게 되었다. 신변보장문제는 한국 정부가 내세우는 옹색한 구실에 불과하고, 탈북자의 미 의회 연설도 황 씨가 처음이 아니라는 점에서 신변안전보장 때문이란 한국 정부의 설명은 설득

---

71) 이 공식초청장은 헨리 하이드(Henry Hyde) 미 하원 국제관계위원장, 제시 헬름스 전 상원 외교위원장, 방위포럼재단(DFF)의 숄티(Suzanne Scholte) 회장 명의로 된 것 등 모두 4장인 것으로 전해졌으며, 미 의회 소속인 짐 도란(Jim Doran) 헬름스 전 외교위원장의 보좌관 등 2명과 미 하원의 콕스(Christopher Cox) 공화당 정책위원장의 보좌관 척 다운스(Chuck Downs)가 2001년 7월 1일 한국으로 가져왔다. 『조선일보』(2001. 7. 5).

력이 약했다.[72]

당시 황장엽 전 비서와 김덕홍 씨는 거처를 이전하고 외부와의 접촉을 차단하였다. 이것이 김대중 정부에 의한 조치 때문인지 확인할 수는 없지만, 정부의 불허방침이 지속되는 가운데 벌어진 일이라 많은 억측이 가능했다. 초청장을 갖고 방한한 척 다운스(Chuck Downs) 전 공화당 정책위원회 보좌관은 한국정부가 북한의 입장을 도와주기 위해 황장엽 전비서를 침묵시키고 있다고 비판하면서 "한국정부의 태도를 전해들은 미국 의원들은 큰 충격을 받았고 끝내 황 씨의 방미를 허락하지 않는다면 한국의 입장이 매우 어려워질 것"이라고 말하기도 했다. 미 의회에서는 한국 정부의 햇볕정책에 대한 기존의 의구심을 재확인하고 있는 분위기였다.

한편 북한 외무성은 7월 7일 평양방송을 통하여 황장엽 전 비서가 미국을 방문할 경우 악화되고 있는 북・미관계를 더욱 냉각시킬 뿐이라고 하면서,[73] 황장엽 전 비서를 "일신의 안락을 위해 자기의 정치적 신조는 물론 처자까지 다 저버린 인간쓰레기"로 매도하기도 하였다. 미국에서는 이러한 북한의 입장과 김대중 정부의 정책이 중첩되면서 김대중 정부의 정체성 문제까지 거론되었다.[74]

황장엽 전 비서가 미국 방문 길이 계속 막히면 중대결심을 하겠

72) 미 국무부의 바우처 대변인은 7월 5일 정례 브리핑에서 미 의회가 황 전 비서의 신변안전 조치를 요구한 사실을 확인하면서 미국 정부가 연방・지방정부 차원의 관련기관 협조를 얻어 적절한 신변보호수단을 제공하기로 합의했다고 밝혔다. 『조선일보』(2001. 7. 6).

73) 『일일북한방송』(통일부, 2001. 7. 9).

74) 다운스(Chuck Downs) 전 미 하원 공화당 정책위원회 보좌관은 "우방인 한국정부가 황 씨 면담조차 허용하지 않는 것은 현 정부의 정체성을 의심케 하는 것"이라고 비판했다. 그는 또 한국정부의 신변안전문제 주장은 말도 안 되는 핑계라며, "황 씨 문제를 계기로 미국 조야에서 김대중 정부에 대한 회의론이 팽배해 질 것"이라고 주장했다. 『조선일보』(2001. 7. 9).

다는 입장을 밝힌 가운데, 한·미 정부 간에는 선협의·후추진이라는 한국 정부의 입장을 미 의회가 이해하는 선에서 황 전 비서의 방미를 조용히 추진하게 되었다. 그리고 디펜스포럼과 미 상원에서 2001년 9월 내지 11월에 미국 방문을 추진하겠다는 의사를 밝혔지만 이루어지지 않았다.

황장엽 전 비서의 방미를 불허하는 한국정부와 그의 증언을 요구하는 미 의회 사이의 갈등은 어려운 외교적 문제를 자아내게 되었다. 한국 정부의 부정적 태도는 한·미 정부 간의 신뢰성과 협력관계에 중대한 균열을 만드는 계기가 될 수도 있었다. 2001년 3월의 한·미 정상회담에서 김대중 대통령이 남북관계의 진전에 관한 모든 것을 미국과 협의하고 격의 없이 상의한다는 약속의 기본정신을 어긴 것으로 미국 의회와 행정부가 생각한다면 앞으로 한·미 공조 특히 미 의회와의 협력이 어려워질 상황이었다. 한국 정부가 황 전 비서의 여행의 자유, 언론의 자유 등 기본인권을 유린하고 있고, 미국의 대북정책 수립에 관건이 되는 중대한 정보가 미국 정부나 의회에 건너가는 것을 막고 있다는 인상을 줌으로써, 햇볕정책의 정체성에 대하여 의구심마저 심을 우려도 있었다.

황장엽 전 비서의 방미를 허가하면 김정일 위원장의 서울 방문을 포함하여 북한과의 교섭이 상당 기간 어려울 것으로 보고 한국 정부로서는 황 전 비서의 미국 방문허용을 결심하기 힘들었을 것이다. 하지만 북한의 반발이 무서워서 황장엽 전 비서의 방미를 허가할 수 없다면, 남북관계가 타결될 때까지 기다려야 한다는 의미인데, 그 때까지는 황장엽 전 비서 문제가 항상 시한폭탄으로 남을 수 밖에 없다는 의미가 된다. 김대중 정부로서는 황장엽 전 비서의 방미를 허가할 수도 없고 불허하기도 곤란한 진퇴양난의 처지에 놓였던 것이다.

제2장
남북정상회담과 국제정치

I. 막후에서의 영향력

남북정상회담이 반세기가 넘는 시기의 반목과 긴장을 극복하고 한반도에 평화를 가져오는 계기가 될 수 있을 것이라는 기대가 있었다. 그러나 남북정상회담에 관해서는 여러 가지의 중요한 의문점이 남아 있다. 남북정상회담이 주변강국들의 개입 없이 남북한만의 독자적 힘에 의하여 이루어진 것인가, 아니면 중국의 강력한 관여에 의하여 북한이 나서게 된 것인가, 그것도 아니면 미국과 중국 간의 모종의 이해에 의하여 협력이 이루진 결과인가, 그리고 한국과 미국 간에 사전협의가 있었는가 등등의 문제들은 남북정상회담 이후 한반도와 동북아의 국제관계의 구도에 직결되는 것들이며, 그렇기 때문에 한국의 안보와 한민족의 장래에 중대한 영향을 미칠 문제들이다.

외관상 남북한만의 힘에 의하여 남북정상회담이 개최된 것 같으나 정상회담의 전후 상황을 보면 사전에 중국의 작용이 있었던 것으로 보인다. 한반도의 행위자들은 과거에는 미국을 포함한 남북한 3자로 2+1이던 것이 4자회담 이후 중국을 포함한 형식적 2+2로 되었다가 남북정상회담 개최 실현으로 실질적 2+2가 된 것이다. 그리고 이는 곧 미국과 중국 간에 한반도에서의 주도권 경쟁이 시작된 것을 의미하였다.

미국은 표면적으로는 한국 측과 사전 협의가 전혀 없었던 것으로 되어 있으나 미국과 중국은 4자회담의 구성원이며 한반도문제 해결에 커다란 이해관계를 가지고 있는 입장에서 막후에서 긴밀한 협의를 했을 가능성이 높다. 이는 주한미군에 관한 김정일 위원장의 언급에서 짐작될 수 있다. 즉 김정일 위원장은 김대중 대통령에게 주한미군이 통일 때까지 한반도에 주둔하는 것을 반대하지 않겠다고 했다는데,[1] 바로 이 부분이 사전에 어떠한 조절이 있을 수밖에 없다는 판단을 가능케 하는 것이다. 미국 측이 일련의 과정에서 침묵을 지키고 있는 것은 매우 부자연스럽고 비정상적인 현상이지만, 이것은 미국이 간섭하고 있다는 인상을 주지 않으려는 배려인 듯하며 또한 관계국들과 물밑에서 긴밀한 연락을 하고 있다는 뜻도 될 수 있었다.

II. 남북정상회담과 미국

남북정상회담 이후 북・미관계는 고위급 인사들 간의 교환방문이 시도되고 또한 정상회담이 추진되는 등 상당한 진전을 보였던 것이 사실이다. 그런데 이러한 양국 간 관계발전이 결국 대결구도 고착화로 나아가게 되었다. 여기에는 어떠한 문제점들이 있는 것인가?

---

1) 김대중 대통령의 언급으로 제1장 II의 2. 주한미군 부분 참조.

한반도문제에 있어서, 특히 북한 문제에 있어서 미국의 현안은 핵 개발 동결, 미사일 개발 및 수출 중단, 인권문제, 미군유해 발굴 및 송환, 북한 병력의 후방철수 등이었다. 물론 미군유해 발굴은 당시 진행 중에 있었고 군 병력의 후방철수는 부시 대통령 정권에서 추가된 것이기는 했다. 이에 반해서 북한이 미국에 대하여 가지고 있는 시급한 현안은 미국의 대북한 경제제재의 완전 해제, 테러지원국 해제, 평화협정 체결, 외교관계 수립, 주한미군 철수, 미사일 방어망 계획 중단 등이었다. 이러한 문제들에 관하여 1999년 5월 평양에서 윌리엄 페리(William Perry) 미국 대북정책조정관이 북한 당국과 회담을 갖고 포괄협상의 세부내용에 관하여 협의를 진행했던 적이 있다.[2)]

1. 북・미 접근

미국 행정부는 2000년 8월 15일 북한이 공식적으로 테러행위를 반대하고 테러용의자들을 추방한다면 테러 지원국 지정을 해제할 것이라고 언급한 바 있다. 이것은 테러지정해제의 조건을 제시한 것이었다. 이어서 미국 정부는 2000년 10월 6일 북한과 '국제테러

2) 그 결과가 페리보고서로 정리되었다. 페리보고서는 기본적으로 비밀보고서로서 중요한 부분은 공개되지 않았다. 공개된 부분에서 중요한 것은 기본인식으로서 페리는 대북억지력은 강력하고 안정되게 유지되고 있으나, 북한의 핵 및 미사일, 특히 미사일 능력보유는 한반도의 안정을 손상시킬 것으로 보고 있었다. 그리고 북한의 핵 및 미사일 계획의 종식에 주안점을 둘 필요가 있음을 강조하고 한국의 포용정책 및 평화공존정책과 공동보조를 유지할 것과 북한 핵동결 유지를 위한 제네바 합의를 유지해야 한다는 인식을 가지고 있었다. 이는 다음의 자료를 참조. *Review of the United States Policy Toward North Korea: Findings and Recommendations*, unclassified Report by Dr. William J. Perry, U. S. North Korea Policy Coordinator and Special Reporter to the President and the Secretary of State(Washington D. C.: U. S. G.P.O., Oct. 12, 1999).

에 대한 미・북 공동성명'을 발표하고, 향후 북한을 테러지원국 명단에서 해제하는 절차를 밟아 나가겠다는 입장을 밝혔다. 미국 정부는 이 공동성명에서 "미국은 북한이 테러지원국 지정해제를 위한 미국의 법적 요건을 충족시키기로 하고 국제테러에 반대하고 있음을 고려, 앞으로 북한을 테러지원국 명단에서 해제하기 위해 북한과 공동 협력해 나갈 것"이라고 밝혔다.[3)]

이러한 분위기에서 북한과 미국은 북한 고위급 인사의 미국 방문을 추진하게 되었다. 주UN 북한 대표부 김명길 참사관은 2000년 1월 17일 고위급인사의 방미조건으로서 약속된 중유의 공급과 테러지원국 해제를 제시한 바 있었다. 김정일 위원장이 문명자 기자와의 대담에서 대미관계 수립을 원하며 "가까운 장래"에 고위급 인사와 고위장성을 미국에 파견할 계획이라고 하면서, 미국이 2000년 6월 19일 경제제재를 일부 해제한 것을 "바람직한 징후"라고 언급하였다.[4)]

그런데 김영남 북한 최고인민회의 상임위원장이 유엔 밀레니엄 정상회의에 참석차 미국행 비행기에 탑승하는 과정에서 문제가 발생하였다. 그는 뉴욕에서 김대중 대통령과 모리 일본 총리, 클린튼 미국 대통령 등 각국 수뇌들과 면담할 예정이었다. 하지만 2000년 9월 5일 그의 일행이 프랑크푸르트 공항에서 뉴욕행 아메리칸에어(AA) 항공편에 탑승하기 전 통상적인 신체검사에 대하여 과격한 거부반응을 보이게 되어 그 길로 평양에 되돌아가는 사건이 발생했다.[5)] 물론 우발적인 것으로 해석할 수도 있지만, 당시에는 상당한 파장을 불러 일으켰다.

---

3) 『조선일보』(2000. 10. 8).

4) *South China Morning Post* (Jul. 12, 2000).

5) 미국 정부는 이에 대하여 유감을 표시하였다. 『조선일보』(2000. 9. 8).

2. 북・미 공동성명

김영남 위원장 사건이 있은 지 한 달 후, 북한 김정일 국방위원장의 특사 자격으로 미국을 방문하는 조명록 북한 국방위원회 제1부위원장은 강석주 외무성 제1부상과 함께 2000년 10월 9일부터 12일까지 미국을 방문하였고, 김정일 위원장의 친서와 북・미관계에 대한 그의 의사를 클린튼 미국 대통령에게 직접 전달하였다. 그리고 그는 올브라이트(M. Albright) 국무장관과 코헨(W. Cohen) 국방장관을 비롯한 미 행정부의 고위관리들과 면담하였고, 10월 12일 미・북 공동성명[6]을 발표하였다. 그 내용은 다음과 같다.

- 북・미 양국은 쌍무관계를 근본적으로 개선하는 조치들을 취하기로 결정하였다.
- 한반도에서 긴장상태를 완화하고 1953년의 정전협정을 공고한 평화보장 체제로 바꾸어 한국전쟁을 공식적으로 종식시키는 데 있어서 4자회담 등 여러 가지 방도들이 있다는 데 견해를 같이 하였다.
- 과거의 적대감에서 벗어난 새로운 관계를 수립하기 위하여 모든 노력을 다할 것이라는 공약을 확인하였다.
- 호혜적인 경제협력과 교류를 발전시키기 위하여 협력하기로 합의하였다.
- 미사일 문제의 해결이 북・미 관계의 근본적인 개선과 아시아・태평양지역에서의 평화와 안전에 중요한 기여를 할 것이라는 데 대하여 견해를 같이 하였다.
- 미사일 문제와 관련한 회담이 계속되는 동안에는 모든

6) 공동성명 전문은 『조선일보』(2000. 10. 14) 참조.

장거리 미사일을 발사하지 않을 것이라는 데 대하여 북한은 미국 측에 통보하였다.

- 양 국은 2000년 10월 6일 공동성명에서 지적된 바와 같이 테러를 반대하는 국제적 노력을 지지·고무하기로 합의하였다.
- 클린튼 대통령의 의사를 직접 전달하며 클린튼 대통령의 방북을 준비하기 위하여 올브라이트 국무장관이 가까운 시일 내에 북한을 방문하기로 합의하였다.

이상의 내용은 다음과 같은 특징을 가지고 있었다. 즉, 새로운 관계를 수립하기 위해 클린튼 대통령의 북한 방문을 위하여 올브라이트 국무장관이 가까운 시일(10월말)에 북한을 방문한다는 것 이외는 새로운 구체성 있는 안건에 대한 합의는 없었다. 하지만 주한미군의 거취에 관하여 거론되지 않았다는 것은 주목할 점인데, 미국과 북한 간에 상당한 이해가 전제되지 않으면 불가능한 것이었다. 이것이 북한의 전략적 변화를 의미하는지 전술적 변용에 지나지 않았는지는 확실하지 않았다.

그러나 긴장상태를 완화하고 정전협정을 평화보장 체계로 바꾸는 것을 미국만을 상대로 결정하겠다고 해 온 종전의 입장에서 한국과 중국을 포함한 4자회담을 하나의 방안으로 고려할 수 있다는 견해를 밝힌 것은 북한이 기존의 입장에서 진일보한 것으로 평가될 수 있었다. 따라서 이 공동성명을 계기로 4자회담이 실질적으로 공식화되었다고 할 수 있다.

3. 북・미 정상회담 문제

올브라이트 미국 국무장관이 2000년 10월 23일~24일 북한을 방문하여 김정일 북한 국방위원장과 장시간 회담하였는데, 주로 미사일의 개발중단과 제3국 수출금지 등에 관하여 논의하였다. 그러나 이 회담에서 확고한 합의 없이, 그리고 클린튼 대통령의 북한 방문에 관한 발표도 없이 올브라이트 장관은 평양을 떠났다. 2일간의 회담을 끝내고 올브라이트 국무장관은 "중요한 진전이 있었으나 많은 교섭이 남아있다"고 말하였다. 미국과 북한의 미사일 전문가들은 그 다음 주에 세부사항에 관한 교섭에 들어가도록 지시받았다. 올브라이트 국무장관은 10월 25일 귀로에 서울을 방문하여 김대중 대통령과 면담 후[7] 한국과 일본의 외무장관과 회담하였으나 평양회담의 구체적인 내용은 알려지지 않았다.

올브라이트 장관의 북한 방문 이후 미국과 북한의 미사일 전문가들은 2000년 11월 1일~3일 말레이시아의 쿠알라룸푸르에서 협상을 가졌다. 하지만 성과는 없었다. 미국 측 대표의 말에 의하면 회담에서 북한 측의 의도를 좀 더 구체적으로 파악하는 데 도움이 되었다는 의미에서 진전은 있었으나 중요한 안건에 관하여 더 자세한 규명과 해결이 필요하다고 하였다.[8] 사실 쿠알라룸푸르 회담은 북한으로서는 클린튼 행정부 기간 중 북・미 관계를 획기적으로 개선할 수 있는 마지막 기회였다. 만일 클린튼 미국 대통령이 평양을 방문할 수 있는 조건이 충족된다면 북한이 국제사회로 나오는 길이 열리고 미국 및 일본과의 외교관계를 정상화하면서 경

---

7) 올브라이트 미 국무장관은 대외비로 김대중 대통령에게 평양방문 결과를 전달하였다. 『조선일보』(2000. 10. 26).

8) 『조선일보』(2000. 11. 5).

제적 지원을 얻을 수 있는 가능성이 매우 높아질 수 있었다. 하지만 클린튼 대통령의 북한 방문 여부가 달려있는 이 회담에서 북한 측은 타협에 응하지 아니하였던 것이다.

그 이유는 부시 행정부가 2기를 맞고 있는 지금도 수수께끼로 남아있다. 짐작컨대, 여기에는 미국 측에서 제시한 북한의 미사일 포기에 대한 대가가 북한의 입장에서 보면 미흡했을 수 있으며, 또한 클린튼 대통령이 북한을 방문한 이후 사태의 진전에 대한 불안감이 컸을 수 있다는 등의 이유가 있을 수 있다. 하지만 곧 이어 당시 유력한 입장이었던 공화당의 부시 대통령 후보가 북한과의 관계진전에 제동을 걸게 되는 국면을 맞이하게 되는 북한의 입장에서는 미국의 대통령 선거를 이용하여 보다 많은 양보를 얻으려다 좋은 기회를 놓쳤던 것으로 보인다.[9)]

미국 내 여론과 공화당은 클린튼 대통령의 북한 방문에 대하여 비판적이었다.[10)] 백아관도 이러한 비판적 견해들을 수용하여 11월 4일 클린튼 대통령이 부르네이와 베트남을 방문한 이후 북한을 방문하지는 않을 것이라고 발표하였다. 올브라이트 미 국무장관은 북한 방문 후 글라이스틴(W. Gleysteen) 전 주한대사, 그레그(D. Gregg) 전 주한대사, 알렌(R. Allen) 전 레이건 대통령 안보보좌관, 캔터(A. Kantor) 부시 외교고문, 언론인 해리슨(S. Harrison) 및 해

9) 당시 미국의 대통령 선거가 박빙이어서 그 결과를 예측하기 어려웠으며, 선거후 소송이 벌어지는 등 미국 정계가 혼란한 상황이었다. 이와 관련해서는 김주홍, “미국의 2000 대통령 선거 이후 대한정책,” 『미국과 한반도 평화: 미국 대선 이후 남북한 관계전망』(선문대학교 제4회 통일세미나, 2000. 11. 15) 발표 논문 참조.

10) 이와 관련하여 다음과 같은 예를 들 수 있다. 1) Clinton 대통령은 북한을 방문해서는 안 된다(*Los Angeles Times*, 11월 1일), 2) 성급한 방문은 위험하다 (Heritage Foundation의 Larry Wortzel, 10월 25일, Robert Zoellick, 공화당대통령후보 정책보좌관, 11월 2일), 3) 방문을 말도록 권고한다 (Dov Zakheim, Council on Foreign Relations 고위고문, 11월 2일).

밀턴(L. Hamilton) 전 하원의원 등과 만찬협의를 하였는데, 이들은 신중하게 대응하도록 의견을 개진했던 것으로 알려졌다.[11)]

한편 김대중 대통령은 11월 15일 부르네이에서 개최된 APEC 정상회담에서의 단독회담에서 클린튼 미국 대통령에게 북한 방문을 권고하였다. 전술한 바와 같이 관건은 미 국무부의 방침대로 미사일 문제였는데, 클린튼 대통령은 2000년 12월 28일 북한과 미사일 문제를 해결할 충분한 시간적 여유가 없다는 이유로 임기 중에 북한을 방문하지 않겠다고 발표하였다.[12)]

북한은 2001년 1월 1일 발표한 공동사설[13)]에서 대외관계 개선에 대한 의지는 피력하고 있지만 대미, 대일관계에 관하여 언급하고 있지 않았다. 이어 공화당의 조지 W. 부시 대통령 정부가 집무를 시작하면 미・북관계는 냉각될 가능성이 높았다. 김정일 정권은 클린튼 정부와는 미사일 문제의 해결에 실패하여 미・북 수교를 이루지 못하였고 부시 정권은 대북강경책을 예언하고 있어 미・북관계 개선이 희망이 없는 것으로 판단했던 것 같다.

4. 부시 신행정부 출범과 북・미 관계

집권하기 전부터 공화당은 클린튼 행정부의 지나친 대북 유화태도에 대하여 비판적이었다. 부시 공화당 후보의 고위선거보좌관

---

11) *Washington Post*(Nov. 14, 2000).

12) 『조선일보』(2000. 12. 30).

13) 『일일북한방송』(통일부, 2001. 1. 2). 북한은 1월 1일에 발표된 공동사설 '고난의 행군에서 승리한 기세로 새 세기의 진격로를 열어나가자'에서 사회주의의 우월성을 더욱 높이 발양하여 강성대국 건설에 박차를 가하자는 주장을 하였다. 또한 통일부, 『2001년 북한신년 공동사설 분석』(통일부, 2001. 1. 1) 참조.

인 쇼(Daron Shaw)는 신행정부가 '고립주의 외교정책'을 따르지 않을 것이라고 하면서, 미국은 한국 및 일본을 포함한 동맹국의 정책을 강력히 지지할 것이며 부시 후보는 테러를 지지하는 '불량국가'의 억지와 대량살상무기의 비확산에 주력할 것이라고 말하였다. 조지 W. 부시 미 대통령 당선자는 1월 14일자 뉴욕 타임스와의 회견에서 새 행정부의 대북정책과 관련하여, "곤궁한 나라를 돕기 위해 식량을 주는 생각은 좋으나, 북한과의 어떠한 협상도 북한 자신이 지켜야 할 합의사항을 준수하고 있음을 미국이 검증할 수 있도록 해야 한다"고 밝혔다.[14]

한편 파웰(Colin Powell) 미 국무장관 지명자는 1월 17일 상원 인준청문회에서 부시 행정부의 대북정책은 클린턴 행정부와 같이 대북 포용정책을 계속 추진하되, 상호주의와 현실주의를 대폭 강화하겠다고 밝혔다.[15] 이는 북한의 개방과 변화가능성에 대해 문을 열어두지만, 경계하는 자세로 임하겠다는 의미였다. 그는 또한 북한의 미사일 개발 및 수출과 관련된 협정은 확고한 검증수단이 동반돼야 한다고 강조했으며, 외교관계 정상화 조건으로 미사일문제 해결 뿐만 아니라 재래식 군사위협 축소도 제시했다. 인도주의적 관점에서 제공하는 식량 이외에는 어떤 것도 '무상으로' 주지 않겠다는 것이 그의 확고한 태도였다. 이 같은 정책은 북한체제에 대한 근본적 불신에서 비롯되었다. 파웰 지명자는 김정일 국방위원장을 독재자(dictator)라고 표현했고, "한 사람에 의해 지도되는 북한정권의 성격에 관해 분명한 현실주의적 자세로 포용해 나가야 한다"고 강조했다. 이와 관련하여 북한 외무성 대변인은 중앙통신을 통하여 파웰 장관의 "독재자" 발언에 대해 "시대착오적인 행위"

14) *New York Times*(Jan. 14, 2001).

15) 『조선일보』(2001. 1. 20).

라고 비난하였다.[16]

부시 행정부가 출범한 이후 북한은 부시 정권에 대한 비난공세를 강화하였다. 북한 외교부 대변인은 2001년 2월 5일, 파웰 국무장관 지명자가 지난 1월 17일 김정일 국방위원장을 독재자(dictator)라고 표현한 데 대해 "말도 안되는 소리"라고 비난하고, "미국에 대해서 칼에는 칼로 대응할 것"이라고 말하였다. 로동신문[17]과 북한 중앙방송은 미국이 군사적인 위협을 가중하고 있다고 비난하였다. 또한 북한 외무성 대변인은 2001년 2월 21일 부시 미 행정부가 지금까지 양측 사이에 이뤄진 합의사항을 지키지 않는다면 미사일문제와 제네바 기본합의문 이행에 매우 심각한 문제가 발생할 것이라고 경고했다.[18] 미사일 시험발사 유예약속과 관련하여, 북한의 외무성 대변인은 미국의 새 행정부가 이에 대해 신중히 알아보려고도 하지 않고 있다고 하면서 "조·미 사이에 그 어떤 합의도 없는 것인 만큼 이제 우리는 이전 행정부시기에 내놓은 미사일 문제와 관련한 우리의 제안에 구태여 구속되지 않을 것"이라고 경고했다.

한편 부시 행정부는 북한의 군사경계선 병력철수 등 재래식전력 감축을 '즉각, 그리고 명확히 실현해야 할 과제'로 추진해 나가기로 방침을 정했다.[19] 미국 행정부의 이 같은 방침에 따라, 3월에 열리는 한·미 정상회담이 한반도평화체제 구축과 관련한 북한의 병력철수 문제 등을 어떻게 다룰지, 그리고 김정일 위원장의 서울

16) 『일일북한방송』(통일부, 2001. 1. 26); 『주간북한동향』, 제523호(통일부, 2001. 1) 참조. 한국정부 당국자는 1월 26일 기존 대미비난 논조에 비해 수위가 낮은 것이라고 평가했다.
17) 『로동신문』(2001. 2. 22).
18) 『주간북한동향』, 제527호(통일부, 2001. 2) 참조.
19) 『조선일보』(2001. 2. 23).

방문에 어떠한 영향을 미칠지에 관심이 집중되었다.

라이스(Condoleezza Rice) 미 백악관 국가안보담당보좌관은 2001년 2월 22일 부시 행정부가 강경으로 치닫고 있다는 북한의 주장에 대하여, 미국이 북한의 미사일 위협을 우려하기 때문에 북한을 주의 깊게 관찰할 뿐, 아직 구체적인 대북정책도 형성되지 않은 단계에서, 북한이 이렇게 나오는 것은 역효과를 볼 수 있다고 정면으로 반박했다.[20] 라이스 보좌관은 북한의 위협을 용인하지 않겠다는 원칙론을 일단 강조하고 나선 것이었다. 한편 미 국무부 바우처(Richard Boucher) 대변인은 브리핑을 통해 기본적으로 북한의 성명을 '대화촉구용 엄포'로 해석하면서, 향후 건설적으로 핵과 미사일 문제가 해결되기를 바란다는 원칙론을 되풀이했다. 하지만 미국은 북한을 테러지원국 명단에서 제외하지 않을 방침이라고 토머스 허버드(Thomas Hubbard) 미 국무부 아시아·태평양담당 차관보 직무대행이 2월 26일 밝혔다.[21]

III. 남북정상회담과 중국

1. 중국역할론

남북정상회담 이전에 남북한 간의 비밀접촉이 북경에서 진행되었다는 것은 바로 그것이 중국 정부에게 비밀이 될 수 없고 오히려 중국 측으로부터 적극적 알선 내지 거중조정의 역할이 있었다고 보는 것이 합리적 판단일 것이다. 우다웨이(武大偉) 주한 중국대사

20) 『조선일보』(2001. 2. 24).

21) 『조선일보』(2001. 2. 28).

가 남북정상회담 10일 전인 6월 6일에 손주환에게 근일 중 남북간에 중대한 일이 일어날 것이라 했던 적이 있었는데, 이러한 사실이 중국역할론에 설득력을 더하는 것이다.

중국이 개입한 동기와 목적은 여러 가지로 분석될 수 있다. 이를 정리하자면, 우선 중국의 북한에 대한 영향력과 통제력을 과시하기 위한 목적이 있었을 것이며, 한반도에 있어서 미국과 동등한 지위가 있음을 표명하고 미국과 북한의 과도한 접근을 견제하며 한국을 끌어들여 중국이 지고 있던 북한에 대한 경제적 부담을 경감키 위한 목적도 있었을 것이다.

2. 김정일의 2000년 중국방문

김정일 북한 국방위원장은 남북정상회담 직전인 2000년 5월 29일부터 31일까지 2박 3일 간 비밀리에 중국을 방문하였다.[22] 이 방문은 김정일에게 있어서는 17년 만의 중국 방문이며 김일성 사후 처음 있는 외국방문이었다. 김정일 위원장은 장쩌민 중국국가주석과 후진타오 부주석과 회담하였다.

김정일 위원장의 방중목적은 일차적으로는 북한에 대한 경제원조에 피로감을 느껴온 중국에게 경제원조 삭감을 유보시키고 원조협정을 연장하기 위함이었을 것이다. 그러나 더 중요한 맥락은 6월에 있게 될 남북정상회담에 관한 중국의 입장을 파악하고 북한 측의

22) 원래 이 방문은 비밀로 하기로 한 것이었는데 중앙일보가 특종기사로 보도함으로써 밝혀지게 되었다. 비밀방문을 택한 이유는 중국·북한 간에 김정일의 공식방문에 관해 현안 중에 있던 의전상의 문제가 해결되기 전에 김정일 측에서 갑자기 방중해야 할 사연이 발생하여 비공식 업무방문이 이루어진 것으로 보였다. 방중기간 중 인도대통령이 공식 방중하고 있었으며, 김정일 일행은 국가주석이 유숙하는 제18호루에 투숙하지 못하였다.

입장을 설명하는 등 중국과의 의견조율이 필요했었을 것[23]으로 판단된다.

중국 측이 김정일 위원장에게 남북정상회담에 관하여 어느 정도로 영향력을 행사했는지 명백하게 드러난 것이 없어서 정확한 경위를 알 수는 없다. 다만 전후의 맥락에 비추어 여러 가지 의제에 관하여 포괄적인 협의가 이루어졌을 것으로 짐작된다. 예컨대 남북정상회담을 차질 없이 진행하기 위한 전략이라든가, 중국의 대북한원조를 일정한 기한 내에 감축하는 방향에서 한국의 협력을 얻을 수 있도록 교섭하고 한국과 더 긴밀한 교류협력관계를 수립하기 위하여 정치, 군사 및 기타 문제에 관한 의제를 설정하는 방안이라든가, 특히 핵 및 미사일 문제에 관한 해결방안에 관련되는 것 등이 이에 해당될 수 있다. 중요한 것은 중국 측에서 장쩌민 국가주석과 후진타오 부주석이 김정일과의 회담에 함께 참석함으로써 북한에 대한 중국의 국가적 보호 의지를 확약하는 동시에 남북한 간 정치·군사문제의 해결과 한반도정세 안정을 촉구하려는 의도가 있었을 것이라는 점이다. 실제로 북한 측이 남북정상회담 시 날짜를 하루 연기하게 된 사정[24]이 중국 측으로부터 의제 확대 요구를 받았기 때문인 것으로 보는 견해들이 많았다.

중국은 가능하면 개혁·개방을 통하여 경제발전을 이룩하면서 성과를 거두고 있기에 주변정세를 안정시켜 중국의 경제발전에 문제가 없기를 바라는 입장이었다. 그런가 하면 한반도가 만주와 전통적으로 입술과 이의 관계(脣齒之間)로 여겨질 만큼 안보적으로 매우 긴밀한 관계에 있고 북한의 현 상황이 중국에게 부담이 되는

23) 『조선일보』(2000. 6. 1).

24) 북한 측이 정상회담을 하루 연기했던 것은 김정일 위원장의 중국 방문 후 특히 의제 확대에 따른 기본전략의 전환으로 인하여 입장조정과 군부강경파에 대한 설득 때문이었다고 볼 수 있다.

현실에서 한국을 끌어들이려는 전략은 중국으로서도 부담스럽지 않은 상황이었을 것이다. 즉 이러한 중국의 전략과 김대중 행정부의 대북정책의 방향이 남북정상회담의 성사를 가능케 했을 것으로 보인다.

3. 김정일의 2001년 중국방문

김정일 국방위원장은 2001년 1월 15일부터 20일까지 중국을 비공식방문하고 장쩌민 중국 국가주석과 회담한 것으로 중국 외교부가 1월 20일 확인하였다.[25] 김정일 위원장의 일정을 보면 1월 16일부터 나흘 간 상하이를 방문하고 1월 20일 북경 인민대회당에서 장쩌민 주석과 정상회담을 가졌다. 김정일 북한 국방위원장은 이 정상회담에서 중국의 개혁・개방노선이 옳은 것으로 평가했다고 중국의 외교부 대변인이 발표했다.

김정일 위원장이 주로 방문한 곳은 상하이 푸동지구의 첨단기술단지였으며,[26] 그 수행원으로는 인민군 총참모장 김영춘, 국무위원 연형묵, 당 중앙서기 김국태, 당 중앙선전부장 정하철, 외무 제1부수상 강석주, 당 국제부장 김양건, 당 중앙제1부부장 박송풍, 조선인민군 대장 현철해, 박재경, 그리고 주중 북한대사 최진수 등이었다.

2001년은 북한이 공동사설을 통하여 신사고와 종자론을 내세우

---

25) 『조선일보』(2001. 1. 17). 김정일의 움직임은 항상 비밀리에 이루어지는 경우가 많다. 이번 김정일 위원장의 중국 방문도 비밀리에 진행된 것이었으나 한국신문이 중국 소식통을 인용하여 1월 15일 보도함으로서 알려졌고 중국 외교부 대변인이 1월 20일 김정일 위원장이 특별열차편으로 북경을 출발하고 난 후 이를 발표하였다.

26) 『조선일보』(2001. 1. 18).

있었다. 하지만 보다 근본적으로는 북한이 향후 부시 행정부와의 게임에서 '벼랑끝전술'을 마다하지 않겠다는 강경자세와 미국에 대한 대결노선을 천명한 것이었다.

북한은 러시아와의 관계강화를 이뤄냄으로써, 북·중·러 3자 동맹관계의 복원을 위하여 한걸음 더 나아갔다. 또 푸틴 대통령으로부터 본격적인 경제지원에 대한 합의를 이끌어 냈으며, 특히 전력의 '우선 지원' 약속을 보장받았다. 이상에서 미루어 볼 때, 김정일 위원장의 2001년 러시아 방문목적은 강경한 부시 정부와 당분간 대화의 문을 닫은 채, 러시아의 외교적·경제적 지원을 확보해 힘을 비축하겠다는 데 있었음을 짐작할 수 있다. 러시아의 입장에서는 이처럼 안보문제에 있어서 북한에게 상당히 양보한 측면이 없지 않으나, 시베리아 횡단철도와 한반도 종단철도와의 연결사업의 본격적인 추진과 한반도에 대한 영향력 회복이라는 실리를 얻었다고 할 수 있었다.44)

하지만 미·북대화는 당분간 답보상태를 면치 못할 전망이었으며, 남북관계에도 부정적인 영향을 미칠 것으로 예상되었다. 또한 김정일 위원장의 이런 접근도 결국 한계에 직면하게 될 것이라는 전망도 가능했다. 당시 한국 정부의 한 당국자는 북한의 체제보장이나 경제회생에 실질적인 도움을 주기에는 러시아와 중국이 한계가 있다고 밝히기도 했다.

한국 정부는 8월 5일 북·러 공동선언이 남북대화 재개 등에 긍정적 기여를 할 것으로 평가했다. 하지만 한국은 북한과 러시아가 특히 주한미군 철수와 ABM 협정 지지를 명시적으로 언급한 데 대해 북한이 그동안 해오던 얘기를 반복한 것일 뿐이라면서도, 앞으

44) 모스크바 선언에 관한 상세한 분석은 『주간북한동향』, 제551호(통일부, 2001. 8) 참조.

로 미・북대화 등에 미칠 부정적 영향을 우려하기도 했다.[45] 한국 정부 당국자는 공동선언에 주한미군철수 표현이 들어간 것과 관련하여, 러시아 정부 측이 "'북한의 입장을 이해했다'는 것은 동감, 동조의 의미가 아니며, 북한이 그렇게 얘기할 수 밖에 없는 상황을 이해해 달라는 얘기를 해 왔다"고 소개해, 가급적 그 파장을 축소하려 했다.[46]

한편 북한과 러시아 철도부는 김정일 국방위원장과 블라디미르 푸틴 러시아 대통령 간의 합의에 따라 8월 14일 협력협정을 체결하였다. 이로써 한반도 종단철도(TKR)와 시베리아 횡단철도(TSR) 연결 작업의 물꼬가 트이게 된 셈인데, 러시아 철도부는 이 협정이 무엇보다 남북한 간 철도연결을 위한 구체적인 작업을 가능케 하는 것이라고 평가했다. 러시아 철도부는 이어 TSR과 연결될 북한 측 철도는 판문점에서 평양-원산-두만강에 이르는 총연장 930km의 루트가 될 것이라고 밝혔다. 러시아가 참여하게 될 작업은 북한 내 철도 현대화 작업과 철도운영, 그리고 북한 측 기술자 양성 등이 될 예정이었다. 이번 협정은 기술적 문제에 관한 협정이고 투자나 재정에 관한 협정은 아니었다.[47]

---

45) 미국의 워싱턴 포스트는 북·러 정상회담 결과를 자세히 보도하면서, "김정일 국방위원장이 2003년까지 미사일 발사 시험을 동결하겠다는 그의 이전 약속을 재확인했다"고 전하고, "이는 부시 대통령의 미사일 방어 제안의 근거를 허물기 위한 움직임"이라고 보도했다. *Washington Post*(Aug. 5, 2001).

46) 『조선일보』(2001. 8. 6).

47) 니콜라이 악쇼넨코 러시아 철도장관은 2001년 2월 말 한국을 방문하여, 러시아가 TKR과 TSR 연결작업을 위해 5억 달러 가량을 투자할 수 있을 것이라고 말한 바 있다. TKR와 TSR이 연결돼 정상 운영될 경우, 한국과 유럽 간 화물수송에 걸리는 시간은 해상운송의 약 35일에 비해 크게 줄어든 13일 가량으로 단축되며, 운임 역시 대폭 낮아질 것으로 기대된다.

북한과 러시아가 회담을 하는 경우 무기판매에 관한 보도가 항상 따라 다니는 경향이 있다. 2001년 김정일 위원장의 러시아 방문에서도 이에 관한 보도가 있기는 하였지만,[48] 일리야 클레바노프 러시아 부총리는 8월 8일 러시아 지도부가 김정일 위원장과 무기 및 에너지 분야에 관하여 어떠한 구체적 계약도 체결하지 않았다고 밝혔다.

V. 유럽연합(EU)과 한반도

유럽연합(EU) 의장국인 스웨덴의 페르손(Goran Persson) 총리가 남북한 연쇄방문의 형식으로 서방 정상으로는 처음으로 2001년 5월 2일부터 1박2일 간 평양을 방문하였다. 이는 물론 앞 장에서도 언급하였듯이 김대중 대통령의 부탁을 받은 결과였다. EU 방북대표단은 하비에르 솔라나 EU 공동외교안보정책 고위대표, 크리스토퍼 패튼 EU 대외관계담당 집행위원 등 15명의 공식수행원을 비롯하여 23명으로 구성되었다. 페르손 총리의 방북은 EU가 한반도 문제해결을 위해 중재자로 직접 나섰다는 점에서 주목을 받았다.

2001년 5월 3일 회담에서 페르손 총리는 김정일 위원장의 조속한 서울 답방을 통한 2000년 6월 남북정상회담 공동선언 합의의 이행이 남북관계 진전을 위해 매우 긴요하다는 입장을 피력하고,

---

48) 김정일 국방위원장이 탱크와 미그 전투기 단거리 방공시스템, 정찰기, 레이더 등과 같은 첨단무기 구입을 희망한 것으로 알려졌으나 푸틴 러시아 대통령은 4억2천만 달러 상당의 방어용 무기제공에만 합의했으며, 러시아는 또 북한군의 현대화를 지원하고 북한을 위해 핵원자로를 건설키로 합의할지 모른다는 보도가 있었다. *Sunday Times* (Aug. 5, 2001).

북한이 남북대화를 통한 한반도의 평화정착에 적극적인 자세로 임하고 대외 경제개방 및 개혁을 지속적으로 추진할 경우 EU가 이에 상응하는 대북 경제지원에 적극 나서겠다는 뜻도 전달했다.49) 페르손 총리는 또한 북한의 미사일문제에 대해서 미사일발사 중단약속의 유지, 미사일 및 미사일 개발기술 수출중단, 핵확산금지조약(NPT)의 성실한 이행 및 국제원자력기구(IAEA)와의 협력 등 원칙적인 입장을 피력했다. 뿐만 아니라 북한의 인권상황에 대한 EU의 입장을 전달하고, 인권상황 개선과 관련하여 대화를 갖기로 했으며, 북한에서 활동하는 비정부기구(NGO)들의 활동여건 개선 필요성도 제기했다고 페르손 총리는 밝혔다.

여기서 중요한 점은 김정일 국방위원장이 1999년 9월 미국과 북한 간에 합의한 북한의 미사일 발사유예가 2003년까지 지속될 것으로 밝혔다는 점이다. 이는 페르손 총리가 회담 후 가진 기자회견에서 확인되었다.50) 페르손 총리가 5월 4일 서울에서 김대중 대통령과의 공동회견에서 EU는 그 누구의 역할을 대신할 생각은 없고 미국 정부가 EU대표단의 북한 방문에 대해 전적으로 지지하였다고 말하였다. 5월 14일 보도에 의하면, EU는 북한과 외교관계 수립을 결정하였다고 하면서, 이로써 한반도의 화해를 촉진하고 북한의 경제개혁과 급박한 식량 및 보건문제를 완화하는 데 지원할 것이며, 북한의 인권에 관한 대화를 조속히 개시하게 될 것이라고 하였다.

---

49) 당시 북한은 페르손 총리 관련 동정을 북한 언론을 통하여 신속하게 보도하였다. 이는 EU를 이용하여 김정일의 기존 이미지를 쇄신하고자 하는 의도가 있었던 것으로 보인다. 북한의 보도는 『로동신문』(2001. 5. 2) 참조.

50) 『조선일보』(2001. 5. 4).

제3장
2차 북핵위기 도래

I. 9.11 테러와 미국의 대외정책 변화

2001년 9월 11일 아침 767급 여객기 4대 중 3대가 자살납치범에 의해 각각 뉴욕의 세계무역센터 두 건물과 워싱턴 교외의 국방부 펜타곤 건물에 충돌하여 5,000명 이상이 사망으로 추정되는 행방불명이 되는 대참사가 발생하였다. 나머지 1대는 피츠버그 부근에서 추락하였는데, 백악관 내지 미국 대통령 전용기를 목표로 했던 것으로 보였다. 미국 사회는 제2차 세계대전까지도 공격받은 적이 없는 미국 본토가 공격을 당했다는 사실에 커다란 충격을 받았으며, 미국 전체가 패닉상태로 빠져들었다.

이러한 급박한 사태가 전개되는 과정에서 한반도에 관한 미국의 전략이 변화할 가능성에 이목이 집중되었다. 미국은 테러의 주범으로 알 카에다(Al Qaida)를 지목하고 알 카에다가 정권을 잡고 있는 아프가니스탄을 공격하여 정권을 교체하였다. 아프가니스탄 다음의 공격대상국으로 북한을 택할 가능성이 점쳐지기도 하였는데, 대테러 전쟁의 대상국이 이슬람 국가들에 국한되지 않고 전세계적이기 때문에 이를 보이기 위한 정치적 명분이 동원될 수도 있었다. 또한 북한이 알 카에다 등 테러단체와 연계가 있다는 과거의 증거가 있고 요도호 납치범과 납치된 일본여성을 아직도 비호하고 있었기 때문에 공격이유는 충분히 있는 것으로 보였다. 다만, 중국의 반발이 예상되어 유엔 결의, 중국과의 교섭 또는 타협 등의 조치는 필요할 것이었다.

북한 외교부 대변인은 9월 12일 모든 테러에 반대하며 이러한 행위에 관여하는 것을 거부한다고 말하였다.[1] 그러나 김정일은 침묵을 지켰다. 북한이 모든 테러에 반대하고 이런 행위에 관여하는 것을 거부한다고 하였으나 당시 아직도 일본의 테러범을 비호하고 있고 중동테러분자와 접촉하고 있는 혐의가 있으므로 앞으로 사건의 발전에 따라서는 미국의 공격대상이 될 수도 있었다.

9.11 테러로 인하여 북한문제는 이제 미국의 의제에서 후순위로 밀려나고 있었다. 2001년 6월 미국이 핵, 미사일, 재래식군사력을 의제로 대화를 제기하였으나 북한이 거부하였다. 그리고 2001년 9월 이후에는 아프가니스탄에서 알 카에다와 전쟁을 벌이면서 대테러전쟁을 수행함으로써, 북한에 대한 관심은 상대적으로 줄어들었다. 그러면서 북한은 이란, 이라크와 함께 국민들을 도탄에 빠뜨리면서 대량살상무기를 개발하는 존재로서 미국에 의하여 정책적 전략을 강요당하였다. 그 결과가 '악의 축'(an axis of evil)이었다.[2]

---

1) 『주간북한동향』, 제556호(통일부, 2001. 9).

2) 같은 논지는 정옥임, "미국의 안보전략과 대한반도 정책," 이승철 외 공저, 『21세기 동북아 국제관계와 한국』(나남, 2004), p. 119.

II. 부시의 '악의 축' 발언과 미·북한 관계

1. '악의 축' 발언과 북한의 반발

부시 대통령은 2002년 1월 29일 대테러전쟁과 관련한 국정연설을 통해 북한을 이란·이라크와 함께 '악의 한 축'(an axis of evil)이라고 규정했으며, 이들 나라들이 테러리스트들에게 무기를 제공하거나 미국과 동맹국을 공격 또는 위협할 가능성에 대해 미국이 무관심하게 있다가는 '재앙적인 대가'를 치르게 될 것이라는 말로, 확실한 예방 대책의 필요성을 강조했다.[3] 부시 대통령의 발언은 당장 이들 3개국으로 확전하겠다는 뜻은 아니었다. 하지만 이는 부시 미국 대통령이 2001년 6월 3대 대북 의제로 제시한 핵과 미사일 등 대량살상 무기와 재래식 군사력 문제에 대하여 '당근'보다는 '채찍'을 동원할 수 있다는 단호한 의지를 표시한 것이었다.

부시 행정부가 이 같은 자세를 갖고 있는 한, 미·북 대화가 재개되어도 북한이 과거의 입장에서 대폭 변화를 보이지 않을 경우 양국이 관계진전을 이루기는 어려울 것이었다. 예를 들어 북한이 미사일 발사 또는 핵개발 재개 등을 모색할 경우 1993년~94년과 같은 전쟁위기가 재연될 가능성도 배제할 수 없었다.

부시 대통령이 3개국 중 북한을 첫 번째로 지목한 점도 예사롭지 않았다. 부시 대통령은 9.11테러 이후 몇몇 국가들은 매우 조용했지만 그들의 진정한 속성을 안다면서 "북한은 주민들을 굶주리게 하면서 미사일과 대량살상무기로 무장하고 있는 나라"라고 말했다. 미 국방부 관계자들은 핵과 미사일, 화생방무기 등 3박자의 위험 요소를 모두 갖추고 있는 북한이 최고 경계 대상이라는 말을

3) 『조선일보』(2002. 1. 31).

흘러왔었다.

한국 정부는 부시 대통령이 북한을 '악의 축'으로 표현할 만큼 대북 강경 인식을 드러내자 당혹감을 감추지 못했다. 일단 정부 관계자들은 2001년 1월 출범 후 부시 행정부가 보여 온 대북 인식을 그대로 보여준 것이라 특별한 의미를 둘 필요는 없다고 하면서도, 이번 연설이 북한을 자극하여 어렵게 시작되고 있는 북한과의 대화 분위기에 찬물을 끼얹지 않을까 우려했다. 한국 정부 관계자들은 2월 19일로 예정된 부시 대통령 방한 때에는 대북 대화에 대한 한·미 정부의 보다 조율되고 진전된 입장이 나올 수 있을 것이라고 전망했다.

한·미 정부는 북한 문제에 관한 심각한 인식의 차이를 보이고 있었다. 북·미 대화 추진이라는 말 하나를 놓고도, 어떻게 대화하고 무엇을 다룰 것인가 하는 각론에 들어가면 한·미 정부의 생각은 제각각이었다.

우선 한국과 미국은 북·미 대화에 거는 기대가 달랐다. 2001년 6월 6일 대북정책 검토를 끝내면서 부시 대통령이 "북한과 언제 어디서든 조건 없이 대화할 준비가 되어 있다"고 밝힌 후, 미국 측은 줄곧 같은 말만을 되풀이해 왔다. 하지만 한국 정부는, 단지 말뿐만이 아니라, 실제로 대화가 시작되고 성공적으로 운영될 수 있도록 미국이 적극 나서주길 원했다. 특히 김대중 대통령은 2002년 1월 14일 연두회견에서 북한의 체면을 세워주는 자세가 필요함을 언급하였지만, 허버드 주한 미국대사는 1월 31일 체면을 살려주는 개념은 없다고 잘라 말했다.[4)]

북·미 대화의 목표에도 큰 차이가 있었다. 한국 정부는 북·미 대화가 빨리 열려 최소한 클린턴 행정부 말기인 2000년 가을의 북·

4) 『조선일보』(2002. 2. 1).

미 관계 수준까지 회복되길 희망하고 있었지만, 미국이 북한과의 대화에 관심을 보이는 까닭은 핵과 미사일 등 북한이 보유한 대량살상무기(WMD) 문제 때문이었다.[5] 이러한 상황의 흐름 속에서 북한 외무성은 1월 31일 부시 미국 대통령이 국회 연두교서에서 북한을 '악의 축'을 이루는 나라라고 비난한 것은 "선전포고나 다름없다"고 주장했다.[6]

북한에 대한 한·미 양국의 대응은 2002년 2월 20일의 정상회담에서 다루어졌다. 김대중 대통령과 부시 미국 대통령은 정상회담에서, 북한의 대량살상무기(WMD)와 미사일 문제가 대화를 통해 조속히 해결되는 것이 긴요하다는 데 인식을 같이하고, 이를 위해 양국이 공동 노력을 기울여 나가기로 했으며, 북한에 대하여 조속히 대화에 응할 것을 촉구했다. 부시 대통령은 정상회담 후 김대중 대통령과 가진 공동기자회견에서 한·미 양국이 북한을 공격할 의사가 전혀 없다는 점을 강조하고, "북한 당국과 직접 대화할 용의가 있으며, 북한과의 대화가 조속히 재개되기를 바란다"고 말했다.[7]

그러나 부시 대통령은 북한이 미국의 대화 제안을 수용하고, 전 세계를 상대로 북한 주민들에게 애정을 갖고 있음은 물론, 미국을 위협하지 않는다는 것을 증명해 보일 책임이 있다면서 김정일과

5) 북한의 WMD 관련 상황은 심각했다. 국제원자력기구 (IAEA)는 당장에라도 북한 영변 일대에 있는 과거 북한핵 시설에 대한 사찰이 실시되어야 한다는 입장이었고, 북한의 미사일 발사 유예 조치도 2003년이면 끝나게 되어 있었다. 미국은 북한 WMD 문제 해결 수단으로, 1차적으로는 북·미 협상을 선택했으나, 부시 행정부 내에 강경론자들이 잔뜩 포진하고 있어 2002년 말 또는 2003년쯤 93년~94년과 유사한 한반도 위기 상황이 재연될 수도 있다는 전망까지 나오는 상황이었다.

6) 『일일북한방송』(2002. 2. 1). 또한 『주간북한동향』, 제576호(통일부, 2002. 2) 참조.

7) 『조선일보』(2002. 2. 21).

북한정권에 대한 인식에 아무런 변화가 없음을 분명히 했다. 부시 대통령은 자신의 '악의 축' 발언이 "북한정권과 지도자들을 겨냥한 것이지 북한 주민을 향한 것은 아니다"라며, "북한정권은 주민들의 굶주림을 방치하고, 투명하지 않으며 폐쇄된 정권"이라고 지적하면서 김정일 체제를 비판했다.

한・미 정상회담의 핵심은 북한에게 대한 대화제의였는데, 북한은 2월 22일 부시 미국 대통령이 한・일・중 아시아 3국 순방기간 중 북한에 대하여 언급한 것과 관련한 외무성 대변인 담화를 발표, "부시가 우리 제도의 '변경'에 대해 운운하고 (심지어) 우리 최고 수뇌부를 악랄하게 중상 모독하는 망동까지 부렸다"면서 미국과 상대하지 않겠다고 밝혔다.[8] 이어 3월 5일 조선중앙통신에 의하면, 북한은 미국의 대화제안에 응하기 전에 부시 행정부가 북한의 정치제도를 승인하고 전 클린턴 행정부와 북한 사이의 합의사항을 준수하여야 한다고 하였다. 이러한 전제조건에 관한 언급은 구체성은 없었으나 나름대로의 협상의사 표명이었다고 할 수 있다.[9]

그럼에도 불구하고 북한에 대한 미국의 태도는 확고했다. 토머스 허버드 주한 미국대사는 3월 21일 미국 하와이대 동서문화센터 한국동문회 초청 강연회에서, 북한이 1994년의 제네바 핵 합의를 준수하는 한 미국도 이를 지킬 것이며, 매년 50만톤에 이르는 대북 중유 지원도 계속 되겠지만, IAEA가 제시하는 의무를 이행해야 한다는 점을 분명히 하고, 특히 북한이 IAEA가 제시하는 요건을 충족시키지 못한다면 경수로는 건설되지 않을 것이라는 점을 강조하였다.

---

8) 『조선중앙통신』(2000. 2. 22). 『주간북한동향』, 제579호(통일부, 2002. 2) 참조.

9) 북한이 클린턴 행정부와의 합의내용을 밝힌 적은 없다. 다만 전제조건으로 주한미군의 철수를 주장하는 것이 일반적인데, 조선중앙통신 보도에는 이에 관한 언급이 없었다.

2. 북한의 태도 변화

이즈음 북한의 태도에 변화가 생겨나기 시작하였다. 2002년 1월 29일 부시 미국 대통령의 '악의 축' 연설 이후 미·북 대화 및 남북대화 재개를 거부해 온 북한은 2002년 3월 13일과 20일 뉴욕에서 미국과 대사급 접촉을 가진 데 이어, 3월 22일에는 일본인 납치문제 등을 다루기 위한 북·일 적십자회담을 제의했고, 3월 24일 김대중 대통령의 특사 자격으로 임동원 대통령 외교안보통일특보가 방북하는 데 합의하였다.

뿐만 아니라 김정일 북한 국방위원장이 미국의 잭 프리처드(Jack Pritchard) 대북협상 대사의 방북을 수용함에 따라 작년 초 부시 행정부 출범 이후 중단됐던 미·북 대화가 돌파구를 찾는 듯 보였다. 북한은 3월 13일과 20일 뉴욕 접촉에서 미국에게 긍정적인 신호를 보낸 데 이어, 무기한 불참 방침을 통보했던 한반도에너지개발기구(KEDO) 사무국과의 협의도 곧 재개하겠다고 4월 3일 밝혔다.[10) 또 2002년 2월 전직 주한 미국대사들의 방북을 추진했던 도널드 그레그(Donald Gregg) 전 대사가 4월 6일 평양에 들어갔다. 프리처드의 방북은 일단 양국 대화의 물꼬를 튼다는 상징적인 의미를 갖고 있지만, 양국관계가 얼마만큼 실질적인 진전을 이룰지는 불투명했다. 때문에 북한이 프리처드의 방북 수용 등 화해 제스처를 보이는 것은 대량살상무기 개발 논쟁을 희석시키기 위한 의도일 수도 있다는 분석이[11) 설득력이 있었다.

북한이 태도를 바꾼 배경에 관하여 어느 누구도 명쾌한 해답을 내놓지 못하였다. 다만 북한이 대화에 나설 수밖에 없는 정황을 들

10) 『조선중앙통신』(2002. 4. 3). 『일일북한방송』(2002. 4. 4) 참조.

11) *Los Angeles Times*(Apr. 5, 2002).

며, 여러 가지 추측이 나왔다. 가장 설득력이 있는 것은 북한의 경제난이었다. 부시 대통령의 '악의 축' 연설로 감정이 격앙돼 일시적으로 대화를 거부했지만, 식량난과 외화 부족 앞에서 결국은 대화에 나설 수밖에 없었을 것이라는 분석이었다. 당시 세계식량계획(WFP)의 대북 식량지원 호소에 동참을 밝힌 나라는 한국과 미국뿐이었다. 다른 나라들이 아프가니스탄 재건을 돕느라 북한을 지원할 여력이 없어진 게 큰 이유였다. 또한 '아리랑 축전'이라는 대규모 행사를 계획하고 있는 상황에서 북한도 대화분위기 조성이 시급했을 수도 있었다. 문제는 북한이 대화에 나선 것이 단기적·전술적 변화인지, 아니면 현안인 핵·미사일 문제까지 풀려는 근본적인 방향 전환인지를 확신하기 어려운 상황이라는 점이었다. 한·미 양국은 모처럼 복구된 대북 대화의 통로를 이용하여 북한 핵 및 미사일 문제와 북·미 관계정상화 및 대북 지원책 등을 담은 포괄협상을 통해 이 문제를 풀겠다는 입장이었다.

한편 남북관계는 임동원 특사의 방북으로 전환점을 맞았다. 임동원 특사는 4월 3일~6일 평양을 방문하고 합의사항을 공동보도문으로 발표했다. 그 내용은 다음과 같다.

1. 쌍방은 역사적인 6.15 남북 공동선언의 기본정신에 부합되게 서로 상대방을 존중하고 긴장상태가 조성되지 않도록 노력하기로 합의하였다.
2. 쌍방은 우리 민족끼리 힘을 합쳐 나라의 통일문제를 자주적으로 풀어나가기 위한 공동선언의 합의사항에 따라 그동안 일시 동결되었던 남북관계를 원상회복하기로 하였다.
3. 쌍방은 남북 사이의 끊어진 철도와 도로를 연결하는 것이 중요하다는 인식 아래 동부에서 새로 동해선 철도 및 도로

를, 서부에서 서울-신의주 사이의 철도 및 문산-개성 사이의 도로를 빨리 연결하기로 하였다.

4. 쌍방은 남북사이의 대화와 협력사업들을 적극 추진해 나가기로 하였다.
   ① 남북경제협력추진위원회 제2차 회의를 5월 7일부터 10일까지 서울에서 개최하기로 하였다. 이와 함께 철도와 도로연결, 개성공단 건설, 임진강 수해방지대책 등을 토의하기 위한 남북경제협력추진위원회 아래 실무협의회들을 가동하기로 하였다.
   ② 금강산관광 활성화를 위한 제2차 당국사이의 회담을 6월 11일부터 금강산에서 진행하기로 하였다.
   ③ 제4차 이산가족방문단 교환사업을 4월 28일부터 금강산에서 진행하기로 하였다.
   ④ 북측은 이미 합의한 경제시찰단을 5월 중에 남측에 보내기로 하였다.
   ⑤ 쌍방은 이상의 합의사항들이 이행되고 진척되는 데 따라 제7차 남북 장관급회담을 개최하기로 하였다.
5. 쌍방은 남북 군사당국자 사이의 회담을 재개하기로 하였다.
6. 쌍방은 동포애와 인도주의, 상부상조의 원칙에서 서로 협력하기로 하였다.

그런데 남측 공동보도문과 북측 공동보도문은 전체적으로 볼 때 일부 표현상의 차이가 있었다. 군사당국자 사이의 회담과 관련한 제5항이 가장 문제였는데, 남측은 "쌍방은 남북 군사당국자 사이의 회담을 재개하기로 하였다"고 하였으나, 북측은 "쌍방은 북남 군사당국자 사이의 회담을 재개할 데 대해 군사당국에 건의하기로 하였다"고 표기했다. 이러한 표현은 북한체제의 특성 때문이었다. 북한에서 군사문제에 관한 결정은 김정일 국방위원장을 정점으로 조명록 인민군총정치국장, 김영춘 인민군 총참모장 등 군부 라인을 거치게 되어 있었다. 공동보도문이 임동원 특사와 북한 김용순 비서 간의 회담을 통해 합의된 것인 만큼 군사문제에 있어 책임 있는 위치에 있지 못한 김용순 비서로서는 우회적 표현을 사용할 수밖에 없었을 것이다. 이로써 남북 간의 대화통로는 복원된 셈이었다.

III. 2002 한・일 월드컵 축구대회와 서해교전

1. 월드컵 대회 이전의 분위기

임동원 특사의 방북을 계기로 남북관계는 잘 풀려가는 듯했다.[12] 4월 11일 민통선 내 도라산역 개통식이 있었고, 북한에 대한 비료 20만톤 지원계획이 남북적십자사 간에 통보되었으며, 4월 28일~30일, 5월 1일~3일 두 차례에 걸쳐 제4차 이산가족 상봉이 금강산에서 개최되었다. 더욱이 5월 11일~14일에는 박근혜 의원이 '유럽 코리아 재단' 이사 자격으로 북한을 방문하여 김정일 위원장을 면담하고 판문점을 통하여 귀환하기도 하였다.

그리고 2002년 6월 12일에는 남북한 최초의 합작대학인 평양정보과학기술대학이 2003년 9월 완공예정으로 착공되었다. 그 뿐만 아니라 6월 14일~15일에는 6.15 공동선언 두 돐 기념 통일대축전이 금강산에서 개최되어 민화협, 통일연대, 7대 종단 208명이 참석하였다. 그리고 남한에서는 2002 한・일 월드컵 축구대회가 열리

12) 이 부분은 통일부, 『대북정책 추진 현황』(2002. 12), pp. 158-161의 주요 일지를 참조함.

고 있었다. 그런데 이러한 상황에서 전혀 예측하지 못했던 서해교전 사태가 벌어졌다.

2. 서해교전

제17회 월드컵축구대회 마지막 날을 하루 앞둔 2002년 6월 29일 오전 10시 25분 무렵, 서해 북방한계선(NLL) 남쪽 3마일, 연평도 서쪽 14마일 해상에서 남북한 함정 사이의 교전이 일어났다. 1999년 6월 15일 오전, 서해 연평도 인근 해상에서 연평해전이 벌어진 지 3년 만에 같은 지역에서 일어난 일이었다. 교전에 앞서 북방한계선 북한 측 해상에서 북한의 꽃게잡이 어선을 경계하던 북한 경비정 2척이 남한 측 북방한계선을 침범하면서 계속 남하하기 시작하였다. 이에 남한 해군의 고속정 2척이 즉각 대응에 나서 초계와 동시에 퇴거 경고 방송을 하는 한편, 교전 대비태세를 취하였다.

그러나 아무런 징후도 없이 북한 경비정이 갑자기 선제 기습포격을 가해 해군 고속정의 조타실이 순식간에 화염에 휩싸였다. 이때부터 양측 함정 사이에 교전이 시작되고, 곧바로 인근 해역에 있던 해군 고속정과 초계정들이 교전에 합류하였다. 이어 10시 43분경 북한 경비정 1척에서 화염이 발생하자 나머지 1척과 함께 퇴각하기 시작해, 10시 50분경 북방한계선을 넘어 북상함으로써 교전은 30분 만에 끝이 났다.13)

이 교전으로 한국 측 해군 4명이 전사하고, 1명이 실종되었으며, 19명이 부상당하였고, 또 해군 고속정 1척이 침몰하였다. 북한 측 피해상황은 정확히 알려지지 않았다. 교전 직후 국방부는 '북한의 행위가 명백한 정전협정 위반이며, 묵과할 수 없는 무력도발'로 규

13) 상세한 경위는 『조선일보』(2002. 6. 30) 참조.

정하고 북한 측의 사과와 책임자 처벌, 재발방지를 강하게 요구하였으나, 북한 쪽의 답변은 듣지 못하였다.[14)]

서해교전에는 남북한 모두에서 그 원인이 제공되었던 것으로 생각된다. 우선 북한 측 요인을 보면 다음과 같다. 첫째 내부의 갈등을 들 수 있다. 북한에서 김정일 국방위원장과 관료조직(특히 군부) 간에는 대남정책에 있어서 갈등이 존재했던 것으로 보인다. 즉 김정일 위원장은 "통 큰 정치"를 하면서, 남측의 김대중 대통령이나 정부의 고위관료, 또는 정치인(특히 박근혜 의원) 등과 쉽사리 합의를 하는 모습을 보이지만, 실무선에서의 사안검토 의견이 제기되면 합의내용을 실행하는 데 있어서 한계를 가질 수 밖에 없었다. 따라서 서해교전은 사실상 군부가 주도하고 김정일 위원장이 따라올 수밖에 없었기 때문에 발생한 것이었다고 볼 수 있다. 이러한 견해에 따르면 서해교전 3년 전에 있었던 연평해전 패전에 대한 보복설이 의미를 가질 수 있다.

둘째 2002 한·일 월드컵 축구대회가 기대 밖으로 대성공을 거두게 됨에 따라, 한국의 이미지가 개선되고 국가위상이 높아지게 되었다. 따라서 한반도의 정치군사적 문제가 월드컵 무드에 가려지고 북한의 존재가 잊혀질 가능성이 높아질 것이라고 판단한 북한 당국이 한반도의 정치군사적 문제, 특히 NLL과 같은 경계선에 관한 분쟁은 여전히 남아 있으며 화약고와도 같은 위험이 상존함을 대내외에 알리고, 특히 미국과의 협상을 앞두고 있는 만큼 북·미 협상에 대한 여론을 환기시켜 협상에서 유리한 고지를 점하기 위하여 고도의 정치적 목적을 가지고 자행한 선제공격이었다고 볼

---

14) 북한은 남측이 먼저 사격하여 자위조치로 공격하였다고 평양방송과 중앙통신 등 언론기관을 동원하여 보도하였다. 이는 『주간북한동향』, 제598호(통일부, 2002. 7) 참조.

수 있다.

셋째, 북한 내부 단속을 위한 군사적 모험의 감행이었다. 월드컵 대회 시, 많은 관중이 관람하는 장면과, 특히 그 속에서 휘날리는 크고 작은 태극기의 물결이 그대로 북한인민들에게 방영되게 되자, 군부의 보수파가 북한내부 동요가능성 등의 문제를 제기했을 수 있었다. 특히 남한에서 관제동원이 아닌 자발적 참여에 의한 수백만의 거리응원이 이루어지는 모습에서, 상대적인 박탈감과 위기의식이 북한지도층에 팽배하게 되었을 수 있다. 이에 따라 사태의 추이를 예의 주시하던 북한 지도부가 일거에 한국 내에서 고조되어 있는 월드컵 분위기에 찬물을 끼얹고, 또한 북한 인민들에게 긴장을 조성함으로써 체제단속을 하기 위하여, 군사력을 동원한 모험을 감행하게 되었다고 볼 수 있었다.

또한 서해교전의 원인은 결과적으로 남한 측에서도 제공한 것으로 생각되었다. 그 간 김대중 행정부의 대북정책에 있어서 내용과 형식이 서로 괴리됨으로 인하여 서해교전이 발생하게 되었다고 보는 견해들이 많았다. 즉, 햇볕정책은 그 자체가 한반도의 긴장을 완화하고 평화구조를 정착시키기 위한 매우 긍정적인 의도를 가지고 있는 정책이었으며, 이는 대북포용(engagement)이라는 데에 정책적 기조가 있는 것으로 보는 견해가 대부분이었다. 그리고 그 이론적 기초는 적대적 관계에 있는 행위자들 간에도 협력이 가능하다는 소위 '반복적 수인의 고민 게임'의 논리구조에 있는 것으로 이해되었었다.

하지만 정책의 실행과정을 면밀히 검토해 보면, 햇볕정책은 대북포용정책의 범주를 넘어서서 대북유화정책(appeasement)으로 나타나게 되었다. 특히 '주적논쟁'이 불거졌을 때, 우리 정부가 보인 태도는 햇볕정책이 대북유화정책이 아니라 대북양보정책이 아닌가 하는 착각이 들 정도였으며, 이는 한국의 여론주도층과 지식인들 간의 남남갈등을 고조시켰다.15) '주적논쟁'이 제기되었을 때가 햇볕정책으로서는 최대의 기회였던 것으로 보인다. 즉, 냉전에서 탈냉전으로 가던 국면에서 당시 소련 지도층이 관심을 보였던 것이 바로 적대관계에 있는 국가들 간에도 협력이 가능하다는 협력이론이었는데, 한국 정부도 적극적으로 이 논리를 들어 북한을 설득하려는 노력을 보였어야 했다.

협력은 유화나 양보에 의하여 보장되는 것이 아니다. 배반을 선택하는 경우 한국의 보복(협력거부)에 의하여 북한이 손해를 볼 수 있고, 그러한 손해의 경험이 북한에게 학습되어야, 협력으로 나아가는 길이 보장되어 햇볕정책이 포용정책으로서의 의미를 가질 수 있는 것이었다. 그러나 매 고비마다 한국정부가 양보로 일관함으로써, 한국의 양보카드를 이미 알고 있는 북한이 한국과의 관계설정 방식을 일방통행식으로 가져가게 되었던 것은 어쩌면 김대중 정부의 자업자득이었다.

결과적으로 서해교전은 북한이 어떠한 선택을 하더라도 한국이 북한에게 협력을 애걸할 수 밖에 없다고 인식하는 데에 길들여진 북한 지도부가, 2002 한·일 월드컵 축구대회에서, 그것도 한반도에서 마지막 경기가 열리는 날, 고도의 정치적 계산에 의하여 자행한 군사적 모험이며, 그 원인의 반쪽은 한국 정부가 제공했다고 할 수 있다. 따라서 정부에서도 서해교전 이후 경수로 및 경제인 교류가 중단없이 지속되었다는 점을 강조하는 것은, 또 다시 북한을 잘못 길들이는 결과가 될 수 있었으며, 국내적으로도 별로 지지를 얻

15) 남남갈등에 관해서는 다음의 업적이 종합적으로 다루고 있다. 경남대학교 극동문제연구소, 『남남갈등: 진단 및 해소방안』(경남대학교 출판부, 2004).

지 못할 것이었다.

문제는 김대중 대통령의 행보에도 나타났다. 한국의 해군 장병이 북한의 불법 공격에 의하여 목숨을 잃고 부상을 당하고 군용선박이 침몰당하는 수모를 겪었는데도 불구하고, 김대중 대통령은 이들의 장례식을 외면하고 월드컵 행사를 위하여 일본으로 출국하였던 것이다. 당시 이러한 김대중 대통령의 태도에 대하여 국내외적으로 상당한 비판이 있었음에도 불구하고 김대중 정부는 북한과의 관계를 고려하여 영토를 수호하며 자국민 보호 임무를 수행하던 장병들의 고귀한 희생을 외면하였던 것이다.

더욱 문제인 것은 서해교전을 두고 남한 측 선박의 월선을 주장하거나 충돌의 우발성을 주장하는 언론이 있었고 국론이 분열되었다는 점이다.[16] 그리고 북한과의 관계를 고려한 진상에 대한 축소 시도가 있었다는 점이다. 결국 이 서해교전으로 인하여 그동안 대북 강경 분위기를 반전하여 북한과 관계개선을 모색하며 추진되어 오던 프리처드 미 대통령 특사의 북한 방문은 취소되었으며, 북·미 관계는 개선을 기대하기 어려운 상황으로 빠져들었다.

IV. 2차 북핵위기와 6자회담

1. 2002년 10월의 위기

북한이 2002년 10월 3일~5일 제임스 켈리 미국 국무부 동아태 담당 차관보의 방북 시, 핵개발 프로그램을 가지고 있음을 시인했

---

16) 당시 MBC는 남한 측 선박의 월선을 주장했으며, 한겨레신문과 경향신문은 우발성을 부각시킨 보도를 하였다.

다. 이와 관련하여 그 의도와 배경에 대하여 여러 가지로 견해가 엇갈렸다. 중요한 것은 어떠한 상황에서 북한이 핵개발 프로그램 보유사실을 시인하게 되었는가 하는 것인데, 미국 측이 증거를 제시하자 이에 대하여 북한이 예민하게 반응하면서 핵개발 프로그램의 보유사실을 시인하였다는 미국 측의 설명 밖에는 다른 근거가 당시에는 없었다. 여기서는 미국 측이 제시한 증거의 내용이 문제였다.

미국 측이 제시한 증거와 관련하여, 9.11 테러 이후 아프가니스탄의 탈레반 정권 붕괴를 위한 작전 중 파키스탄 측과 긴밀히 협조하는 과정에서, 특히 당시 파키스탄의 무샤라프 정권에 대한 보장과의 교환조건으로 북한 핵개발과 관련된 정보를 입수하였다는 설,[17] 북한이 다량의 알루미늄 원심분리기를 구입하는 과정에서 미국이 관련정보를 획득하였다는 설,[18] 심지어는 한국 정부가 농축우라늄 관련 정보를 미국에게 제공하면서 미국이 관련정보를 본격적으로 입수하였다는 설, 미국이 북・일협상[19]을 방해하기 위하여 북한의 핵개발 프로그램을 트집잡고 있다는 설 등등이 분분하고 있었다.

특히 한국 정부에서 제일 먼저 주장했듯이, 북한이 핵개발 카드를 이용하여 복잡하게 얽힌 북・미 관계를 일괄 타결하려고 하는 협상전략을 2차 북핵 사태의 배경으로 보는 견해도 있었다. 이는 정세현 당시 통일부 장관이 김영남 최고인민회의 상임위원장을 만

17) 이는 파키스탄의 핵과학자 압둘 카디르 칸 박사가 관련된 것인데 무샤라프 파키스탄 대통령은 2005년 북한이 칸 박사에게서 원심분리기 12개를 확보하였다고 하였다. 『조선일보』(2005. 9. 16).

18) 『조선일보』(2002. 10. 18).

19) 김정일 국방위원장과 코이즈미 일본총리 간의 북・일정상회담은 2002년 9월 17일 평양에서 개최되었으며 일본인 납치문제 사과와 재발방치 등 4개항의 북・일 평양선언이 채택되었다.

났을 때 김영남이 언급했던 바, "미 측이 북한에 대해 적대시정책을 철회할 용의가 있다면 북한도 대화를 통해 안보상의 우려사항을 해소할 준비가 되어 있다"는 데에서 짐작할 수 있었다.

그러나 냉정하게 상황을 판단해 볼 때, 1994년 제네바 합의는 당시에도 핵문제를 단지 유예했을 뿐이라는 비판을 받았었는데, 그 유예된 문제가 몇 개월 빨리 현안으로 닥친 것으로 보는 것이 현실적으로 맞는 판단이었다. 즉, 정권과 체제유지에 있어서 불안이 팽배해 있는 북한 정권은 어떠한 형식으로든 핵개발을 포기할 수 없었을 것이며, 플루토늄 추출이 봉쇄되어 있는 현실에서 그에 대한 대안으로 농축우라늄 개발을 택하였고, 그 동안 은폐해 왔던 핵개발 계획에 관한 증거가 제시되자, 할 수 없이 이를 시인하고 벼랑끝전술로 가기를 택했던 것으로 판단되었다.

2. 2차 북핵위기의 파장

2차 북핵위기는 2002년 3월부터 진행되었던 대북 분위기 개선에 악영향을 미쳤다. 그것은 북·미관계 뿐만 아니라 북·일관계와 남북관계를 경색시키는 결과를 가져왔다.

우선 미국은 기본적으로 핵을 협상의 대상으로 인정하지 않았으며, 특히 9.11 테러 이후 핵무기를 비롯한 대량살상무기에 대하여 초강경 입장을 견지하고 있었기 때문에, 핵개발을 협상카드로 사용하려는 북한에 대한 강경한 입장이 수그러들 분위기가 아니었다. 더욱이 북한이 국가 간의 조약을 어겼다는 점에서 미국은 북한을 정상적인 파트너로 인정하지 않으려는 분위기에 휩싸이고 있었다. 다만 이라크문제로 당장 무력을 사용할 수 없는 상황이므로, 미국 부시행정부는 콜린 파웰 국무장관이 언급한 바와 같이 '대화로써 평화적으로 해결하겠다'는 수사를 구사했을 뿐이었다. 하지만 미 의회의 강경분위기에 비춰볼 때, 당장 KEDO를 중심으로 전개되던 북한에 대한 경제지원(중유 공급 등)은 중단될 것이었으며, 단계적으로 북한에 대하여 핵개발 프로그램 포기를 겨냥한 압박을 가시화할 것으로 전망되었다.[20]

2002년 9월 코이즈미 일본 총리의 방북을 계기로 북・일 협상이 순조롭게 진행되는 것으로 보이는 과정에서 불거진 북한의 핵개발 프로그램 시인으로 인하여, 북・일관계는 더 이상 진전되기 어려웠다. 일본 정부도 미국과 마찬가지로 북한의 핵무기 개발가능성과 미사일 능력에 대하여 매우 민감하게 반응하고 있었다. 일본은 북・일 협상의 전제로 핵개발 프로그램의 포기를 주장할 것이 분명하였기 때문에, 북한의 입지는 매우 좁았던 것이 사실이었다.

특히 북한의 입장에서는 일본으로부터의 경협차관이 절실한 국면이었기 때문에 주도권은 일본이 쥐고 있는 셈이었으며, 따라서 어떠한 경우에도 핵개발 프로그램은 북・일관계에 장애가 될 수밖에 없었다. 일본은 북・일협상을 계속한다는 입장이기는 하였지만 계속 만나보겠다는 의지의 표현이었을 뿐이며, 이 과정에서 북한 핵개발 프로그램에 관하여 문제를 제기할 것은 명약관화하였다. 따라서 일본은 한국 및 미국과 공조를 강화하면서 북한에 대하여 강온 양면전술을 펼 것으로 예상되었다.

당시 한국은 연말에 대통령선거를 앞두고 있어서 북한 핵개발 문제는 여야를 막론하고 선거정국의 초미의 관심사가 되고 있었고, 김대중 정부가 취할 수 있는 정책대안이 매우 제한될 수밖에 없을 것이었다. 특히 국회의 다수를 점하고 있는 당시 야당은 2차 북핵

20) 2차 북핵위기로 인하여 사실상 KEDO가 형해화되고 북한에 대한 중유 제공도 중단되었다.

위기를 계기로 기존의 대북강경입장보다 더욱 강하게 햇볕정책을 비판하였으며 경협중단과 경수로 건설단 철수까지 주장하고 있었기 때문에, 김대중 정부가 추진하고 있는 대북협력정책에 제동이 걸릴 수밖에 없었다. 또한 연말 대선에서 표를 의식하고 있는 대통령 후보들의 입장에서는 북한의 핵개발문제에 대하여 강경한 입장을 취할 수밖에 없었기 때문에 이러한 가능성은 더욱 커질 것으로 보였다.

북 · 미관계의 악화는 곧 남북관계에도 영향을 미칠 수밖에 없다. 미국이 북한의 핵개발 프로그램에 대하여 책임추궁을 하는 상황이 계속되고, 특히 중유제공 중단, 식량공급 차단 등 압박으로 나아가는 경우, 한국정부가 계속해서 금강산 관광, 개성공단사업, 비료제공 등의 협력을 추진하기는 매우 어려울 것이었다. 특히 경수로건설 지연을 둘러싸고 북 · 미 간 대립이 격화되는 경우 당시 경수로 건설현장에 파견되어 있는 근로자들의 작업도 진척되기 어려웠을 것이며, 이 위기가 차기정부 출범 시까지 장기화될 경우 사태는 수습하기 어려운 국면으로 돌입할 가능성도 배제할 수 없었다.

6.15 남북공동선언으로 시작된 남북관계의 개선 분위기는 결국 2차 북핵위기로 인하여 위기를 맞게 되었다. 2000년 6월 남북정상회담으로부터 2002년 10월 2차 북핵위기까지의 상황전개를 종합해 보면, 결국 1994년의 핵위기를 넘어선 이후 한반도에서 북한의 일방주의를 용인하고 유화정책을 썼던 것이 결국 2차 북핵위기를 부른 것으로 판단된다. 이제 4자회담은 용도 폐기되고 지리한 북한의 벼랑끝전술 속에 6자회담으로 한반도의 운명이 넘어가게 되었다. 그런 의미에서 2000년 6월부터 2002년 10월까지는 여러 가지로 여운이 남는 '결정적 시기'였던 것이다.

제4장
남북정상회담 이후 남북협력관계

I. 남북대화의 진전

남북정상회담 이전에는 의제설정부터 남북 양 측의 입장이 대립하여 대화가 진전되지 못하는 경우가 많았다. 남측은 주로 비정치적이고 비군사적인 인도적 차원의 이산가족 재회 또는 경제교류와 협력과 같은 분야를 선호했던 데 반하여, 북측은 주한미군 철수나 국가보안법 철폐 등과 같이 정치적인 의제를 주로 제기했다. 협상하는 방식에 있어서도 남측은 주로 기능적인 접근을 하는 데 반하여 북측은 이념적이고 전략적 접근을 해 왔다. 그래서 북한의 일방적이고 비합리적 태도에 의하여 남북 간 대화가 단절되기도 하고 일방적 제의에 의해 재개되기도 하였다. 이러한 사정이 남북정상회담 이후에는 양적으로 뿐만 아니라 질적으로도 상당한 발전을 해 온 것이 사실이다.

[표 4-1][1])은 남북정상회담이 있던 2000년 이후 연도별 남북대화 추진형황을 보여주고 있다. 이 표에 의하면 2000년부터 2005년 11

1) 이는 통일부, 『6.15 5주년 남북관계 추진현황 및 평가』(통일부, 2005. 12), p. 25 참조.

월 말까지 총 163회의 남북대화가 있었다. 이를 년도 별로 보면 2001년이 회담횟수 8회로 다른 해의 25회~38회에 비하여 매우 적다. 이는 미국의 부시 행정부가 출범하면서 대북 강경노선을 추구하게 되어 이것이 남북대화에도 영향을 미친 결과였다.

이 중 정치분야는 정상회담, 장관급회담, 차관급회담, 특사파견, 실무급접촉 등 상하 수준에서 모두 이루어졌으며, 주로 2000년에 남북정상회담이 있었기 때문에 많은 횟수를 보이고 있다. 하지만 차관급 이하 실무회담은 행사와 관련하여 2005년에 더 많이 나타나고 있다. 한편 군사분야는 이 기간 중 총 34회의 남북대화를 가졌다. 이 기간 중 국방장관회담 1회를 포함하여 군사실무회담, 군사실무접촉 등 고위급 군사회담이 2003년 이전에 집중되어 있고 2004년 이후에는 장성급 군사회담을 중심으로 군사적 긴장완화를 위한 실질적 진전[2])이 이루어졌다. 정치분야와 군사분야의 남북대화 횟수를 합하면 74회로, 이는 이 기간 남북대화 총횟수의 45.4%이며, 경제분야나 사회·문화·인도 분야보다 압도적으로 많다. 이는 2000년 이후 그만큼 남북관계가 정치군사적으로 많은 비중을 두고 진행되었음을 나타내는 것이다.

경제분야의 남북대화는 총 61회로 전체의 37.4%를 차지한다. 이 중 남북경제협력추진위원회와 그 위원급 접촉이 14회로 가장 많았으며 남북철도도로연결실무협의회가 5회, 남북철도도로연결실무접촉이 10회에 이르렀다. 그런데 이 두 가지 회담이 주로 2003년 이후 많은 것은 김대중 대통령 당시의 남북관계의 발전이 노무현 정부에 들어와서 실질적 결실이 나타난 결과라고 할 수 있다.

사회·문화·인도 분야는 총 28회로 17.2%에 불과하였다. 이

2) 군사분계선 지역 선전수단 제거 완료를 2005년 8월 12일 최종 확인하는 등 '6.4 합의서' 미이행 사항을 마무리하고 8월 13일 군사당국자 간 서해통신연락소 운영 개시를 합의하여 서해상 우발적 충돌방지를 위한 교두보를 확보하였다.

중 남북적십자회담 6회, 남북적십자실무접촉 6회, 이산가족화상상봉 적십자실무접촉 3회로 남북적십자대화가 그 반 이상을 차지하고 있고, 체육관련회담 6회를 제외하면 그 이외의 성격은 불과 7회에 불과하다. 이는 그 만큼 이 분야에서의 협력을 위한 대화가 상대적으로 적었다는 것을 뜻한다.

[표 4-1] 연도별 남북대화 추진현황(2000~2005)

2005년 11월 30일 현재

구 분			합계	00	01	02	03	04	05
합 계			163	27	8	33	38	25	32
정치분야(40)	정상회담	남북정상회담	1	1					
		남북특사접촉	4	4					
		남북정상회담 준비접촉	5	5					
		통신・보도 실무접촉	2	2					
		의전・경호 실무접촉	1	1					
	남북장관급회담		16	4	2	2	4	2	2
	장관급회담 실무접촉		1			1			
	남북차관급회담		1						1
	특사파견		4	1		1	1		1
	6.15 남북당국공동행사 관련 실무접촉		3						3
	8.15 남북당국공동행사 관련 실무접촉		2						2
군사분야(34)	남북국방장관회담		1	1					
	남북군사실무회담・수석대표접촉		10	3	2	3	2		
	남북군사실무접촉		10			6	4		
	군사통신실무자접촉		1			1			
	동해선통신선연결실무접촉		2				2		
	장성급 군사회담		2					2	
	장성급 실무대표회담・수석대표접촉		6					3	3
	장성급 군사통신실무접촉		2					2	

경제분야(61)	남북경제협력추진위원회・위원급접촉	14	1		2	4	2	5
	남북농업협력위원회	1						1
	남북경제협력실무접촉	2	2					
	금강산관광활성화당국회담	2		1	1			
	남북철도도로연결실무협의회	5			1	2	1	1
	남북철도도로연결실무접촉	10			3	5	2	
	임남댐 공동조사실무접촉	1			1			
	개성공단건설실무협의회	2			1		1	
	개성공단건설실무접촉	1			1			
	임진강수해방지실무협의회	3		1	1		1	
	남북전력협력실무협의회	1		1				
	남북해운협력실무접촉	5			2	1	1	1
	남북해운협력협의회	1						1
	남북수산협력실무협의회	1						1
	경공업 및 지하자원개발 협력 실무협의	1						1
	원산지확인실무협의회	1				1		
	청산결제실무협의	3				1	2	
	청산결제거래위한 은행접촉	2					2	
	남북경제협력제도실무협의회	4			1	3		
	남북경제협력제도실무접촉	1					1	
사회문화인도분야(28)	남북적십자회담	6	2	1	1	1		1
	남북적십자실무접촉	6			2	3	1	
	이산가족 화상상봉 적십자실무접촉	3						3
	면회소건설추진단회의	3				3		
	북측 조류인플루엔자 관련 실무접촉	1						1
	8.15 통일축구경기 실무접촉	2						2
	안중근의사 유해발굴 및 봉환 실무접촉	2						2
	용천재난구호회담	1					1	
	아시아경기대회참가실무접촉	2			2			
	U대회참가실무접촉	1				1		
	아테네올림픽공동입장실무접촉	1					1	

II. 남북교류협력

1. 인적 왕래

남북한 주민 간의 왕래와 접촉은 1989년 6월 12일 노태우 대통령의 특별지시로 시행된 '남북교류협력에 관한 기본지침'에서 비롯되었다. 그 이후 1990년 8월 1일에 '남북교류협력에 관한 법률'이 제정됨으로써 남북 간의 인적 왕래가 본격화하게 되었다. 그러나 그 규모는 1998년 금강산 관광이 시작된 이후에 비하면 미미한 수준이었다.

2000년 이후 남북 간 인적 왕래는 2000년 7,986명, 2001년 8,742명, 2002년 13,877명, 2003년 16,303명, 2004년 26,534명이던 것이 2005년 11월까지의 통계에 의하면 79,947명으로 급증하고 있다. [그림 4-1]은 이를 그래프로 표시한 것이다. 2005년 말까지 추계하면 분단 이후 왕래 인원수 85,400명을 2005년 한해에 초과할 것으로 전망되기도 하였다.

이렇게 2005년에 남북한 왕래인원이 급증하게 된 것은, 남북경협이 제도화되고 사회문화교류가 진전되면서 남북한 간의 왕래가 지속적으로 증가하는 가운데, 2005년에 6.15 남북공동선언 5주년과 광복 60주년을 계기로 남북이 남북공동행사에 대표단을 파견했고 또한 관련 행사들이 많아서 인적 왕래가 많았던 때문이다.

2. 물자교역

남북 간의 교역은 1989년 1,900만 달러 규모로 시작되었으며 2005년 11월 말까지 누계로 59억 6천만 달러에 이르고 있다. 2005

년 한 해만 보면 11월 말까지 반입 3억8천만 달러, 반출 6억7천만 달러로 총 9억7천만 달러에 달했다. 2005년 말까지는 남북교역규모가 10억 달러를 초과할 것으로 전망되었다.

[그림 4-1] 연도별 인적 왕래[3)]

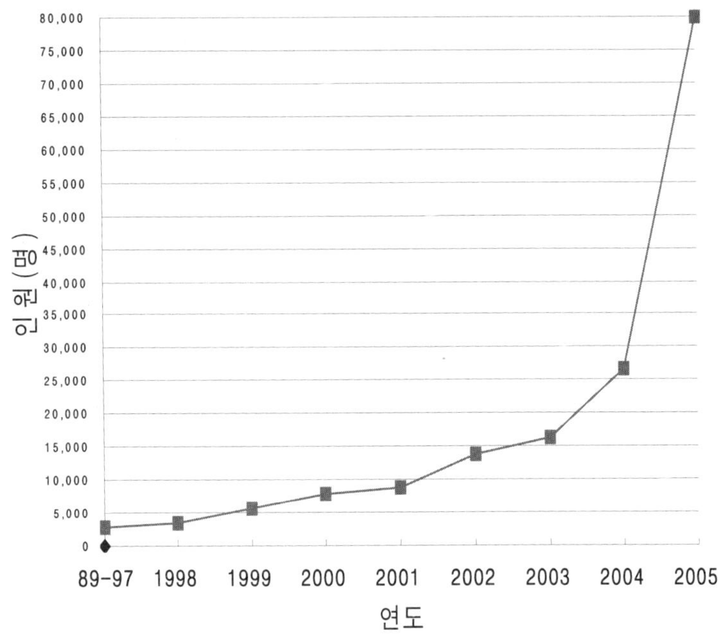

1989년 이후 남북교역액 변동추이를 나타낸 것이 [그림 4-2]이다. 1999년 이전에는 1997년을 제외하면 3억 달러를 넘지 않았는데, 2000년 이후에는 3억 달러를 넘어서서 급증하는 추세를 보이고 있다.

2005년 현재 남북교역에 참여한 교역업체수는 503개이고 교역품목수도 760개로 계속 증가 추세였다. 1992년부터 시작된 위탁가

3) 출처는 통일부(2005. 12), p. 26.

공교역은 2005년 11월 현재 1억9천5백만 달러로 전년 동기 대비 19.1% 증가하였고, 전체교역액의 19.7%, 상업적 거래의 30.6%를 차지하였다. 2005년 11월말 현재 위탁가공교역 업체는 129개사, 교역품목은 224개 품목이며, 위탁가공 교역품목은 섬유류가 85.9%로 압도적으로 많고 CRT TV, 버튼식 전화기, 라디오 카세트 등 전자·전기제품이 7.7%를 차지하였다. 또한 북한에서 반입되고 있는 품목별 구성비는 섬유류 36.4%, 농림수산물 33.2% 등이었으며, 남한에서 반출되고 있는 품목별 구성비는 화학공업제품 31.6%, 기계류 16.9%, 농림수산물 16.3%, 섬유류 12.3% 순이었다.

[그림 4-2] 연도별 남북교역액 변동 추이[4)]

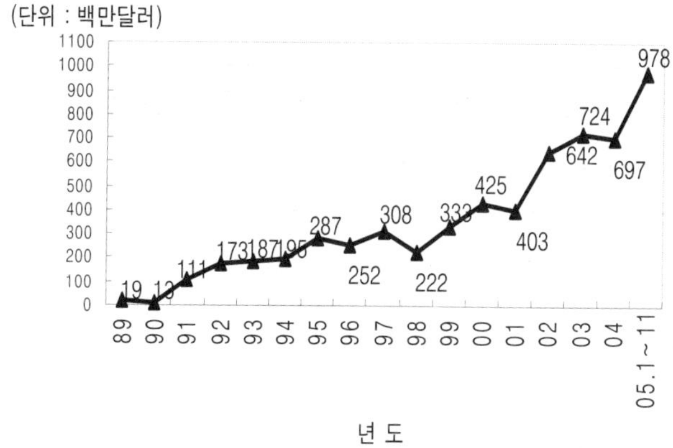

민간분야의 경제협력은 1992년부터 시작되었는데, 상황은 핵문제와 북한의 일방주의로 인하여 어려웠지만, 지속적으로 진행되어

4) 출처 통일부(2005. 12), p. 27.

왔다. 2005년 말까지 승인된 남북경제협력사업자는 68건, 협력사업은 개성공단 진출기업 27건을 제외하고도 36건에 이르렀다. 민간분야의 대북투자액은 [표 4-2]에서 보다시피 지속적인 증가추세를 보이다가 2002년과 2003년에 금강산관광사업의 경영이 악화되어 투자액이 다소 감소하였으나 2004년부터 다시 증가세를 나타냈다.

[표 4-2] 연도별 대북투자액 현황[5)]

(단위: 백만불)

구분 \ 년	'96	'97	'98	'99	'00	' 01	' 02	'03	'04	'05	합계
투자액	512	87.1	140.1	12,487.7	2,170.1	2,757.2	1,211.3	755.6	1,179.9	1,866.9	23,167.9

3. 남북관광협력

금강산관광으로 시작된 남북관광협력은 개성시범관광, 평양관광, 백두산관광 등으로 확대되었다. 하지만 2005년 현재 아직은 규모면에서 금강산관광이 압도적으로 많은 관광객을 모았다. 금강산관광은 1998년 6월 정주영 현대 명예회장이 북한의 조선아세아태평양평화위원회와 금강산관광 사업을 추진하기로 합의하고 11월 18일 최초 826명의 관광객으로 시작되었다. 그 후 2005년 11월 말까지 뱃길로 554,594명, 육로로 586,905명이 금강산관광을 다녀옴으로써 100만명을 돌파했다. [표 4-3]이 이를 나타내고 있다. 또한 외국인 관광객도 2005년 11월 말 현재 6,162명에 달했다.

금강산관광과 관련하여 북한에 지불하는 금액이 현금이고 이러

5) 출처 통일부(2005. 12), p. 31.

한 현금이 북한에서 무기나 군사용 식량을 구매하는 데 사용되는 것이 아닌지에 대한 우려가 있었다. 이 문제는 해소되지 않았다. 북한이 러시아와 정상회담을 하는 경우나 또는 고위군사회담을 하는 경우 무기구매에 관한 보도가 빈번한 것은 금강산관광사업이 가지는 위험성을 지적하는 근거일 수도 있다.

[표 4-3] 금강산관광객 연도별 현황6)

(단위: 명)

'98.11-12	'99	'00	'01	'02	'03	'04	'05.11	총계
10,554	148,074	213,009	57,879	84,727	74,334	268,420	284,502	1,141,499

개성시범관광은 2003년 3월 18일 현대아산이 개성관광 경제협력사업자로 승인을 받았으며, 2005년 8월 18일 현대와 조선아세아태평양평화위원회 간에 시범관광추진이 합의되고 8월 25일 개성시내, 박연폭포, 왕건릉, 공민왕릉 등을 관광하는 시범관광 관련 사업이 승인되었다. 2005년 8월 26일부터 3회에 걸쳐 1,634명이 개성관광에 참가하였다. 평양관광의 경우는 북한의 수도를 공개한다는 의미를 가지고 있는 관광이었다. 이는 2003년 8월 25일 경제협력사업으로 승인이 났으며 2003년에 1,019명, 2005년 1,280명이 평양관광을 다녀왔다. 백두산관광은 2005년 7월 14일 한국관광공사 컨소시엄과 조선아세아태평양평화위원회가 백두산관광에 대한 합의서를 체결하였다. 이는 도로포장과 보수작업을 거친 후 2006년에 2차례 이상 실시될 예정이다. 이를 위하여 2005년 8월~9월에 도로공사용 피치 8,000톤 및 부자재가 북에 지원되었다.

6) 출처 통일부(2005. 12), p. 35.

4. 개성공단 개발

개성공단사업은 남북이 비교우위에 있는 요소들을 결합하여 공동번영을 도모하는 대표적 경협사업이라고 할 수 있다. 이는 경제를 통한 평화, 평화를 통한 경제의 선순환을 도모하는 핵심사업으로서, 높은 공장부지가격과 인건비로 인하여 한계상황에 처한 남한의 중소기업에게도 새로운 돌파구를 제공할 수 있을 것으로 기대되었다. 개성공단사업은 2002년~ 2007년의 1단계 일정에는 노동집약적 중소기업 공단을 조성하고, 2006년~2009년의 2단계에는 서울, 인천 등 금융과 물류의 중심인 수도권과 연계된 산업단지로 개발하며, 2008년~2012년의 3단계에는 중화학공업과 산업설비 분야 등을 망라한 복합공업단지를 조성한다는 계획으로 추진되고 있다. 2005년 1월 말 현재 시범단지 2만8천평이 본격 가동되고 있으며, 본 단지 1단계 100만평 개발공사가 추진 중에 있다.

시범단지에서는 15개 입주기업 중 11개 기업이 북한주민 3,900여명을 고용하여 제품을 생산하고 있으며 2005년 10월까지 850만달러 상당의 제품을 생산하여 주로 한국 내에 판매하고 일부는 멕시코, 유럽, 일본 등에 수출하였다. 2005년 12월 현재 본 단지 1단계 1차단지 입주기업 및 기관 24개는 공장건축에 착수하거나 준비중에 있으며 일부 업체는 2006년 상반기부터 공장가동을 시작할 예정이다.

개성공단 입주기업을 지원하기 위한 법적, 제도적 지원체제도 구축했다. 부동산등록, 노동, 외화관리 준칙 등 31개의 세부규정을 작성하여 북측과 협의, 시행하고 있다. 그리고 이와 함께 예산회계규정 등 관리위원회 운영규정 14개를 시행했다. 또한 통행·통관절차 간소화를 위한 제도개선을 지속적으로 추진하고 있는 바, 수

시방북자 방북신고 및 물품반출입 신고를 폐지하고, 차량운행 관련 통일부-관세청 절차를 통합하였으며, 무선인식기술(RFID)을 이용한 통행·통관체계 구축사업 등을 2005년 말 완료하였다. 이와 더불어 남북군사당국 간 출입보장 합의서 체결 및 통신, 통관, 검역, 출입·체류에 관한 합의서 시행을 위한 부속합의서 채택을 추진하였다. 개성공단사업과 관련된 추진일정은 다음과 같다.

2000. 8.22	현대·아태 간 합의서 체결
2000.11.10	현대·토공 공단개발 공동사업 시행 합의
2002.11.20	북한, '개성공업지구법' 제정
2003. 6.30	개성공단 착공식
2004. 5.18	시범단지 분양공고
2004. 6.30	시범단지 부지 준공식
2004.10. 5	'개성공단사업지원단' 출범
2004.10.20	'개성공업지구관리위원회' 개소식 및 입주기업 건설 착공식
2004.12.15	개성공단 첫 제품 생산기념식
2005. 3.16	시범단지 전력공급 개시
2005. 4.30	리빙아트 멕시코 첫 수출 기념행사
2005. 5.26	신원 패션쇼 개최
2005. 7.21	SJ테크·중국ASEOM사 간 1천만달러 구매 MOU 조인
2005. 8. 1	본단지 1차 5만평 분양 공고
2005. 8.29	제6회 '기술혁신대전' '개성공단관' 설치·운영
2005.9~10	본단지 1차 24개 입주기업 선정 및 분양계약 체결
2005.11. 2	주한 EU 상공회의소 회원 대상 투자설명회

2005.11. 8	본단지 1차 입주기업 사업승인 개시
2005.12.28	시범단지 통신 개통

5. 대북 식량차관 제공

한국 정부는 북한주민의 인도적 상황개선 등을 고려하여 동포애적 차원에서 직접 식량을 지원해 왔으며, 무상이 아닌 차관으로 지원함으로써 북한에 상환책임을 부여하고 있다. 대북 쌀지원은 북한 주민들의 대남 적대감 해소 등 남북관계 발전에 간접적으로 기여해 왔다. 또한 지원 쌀 포대에 '대한민국'을 명기하여 북한 주민들에게 남한이 보낸 것임을 인식시키는 한편, 국내 재고미를 지원함에 따라 남한의 농업을 보호하는 부수적 효과도 있었다.

2000년부터 2005년까지 총 5회에 걸쳐 220만톤의 식량을 북한에 차관방식으로 지원하였는데, 그 구체적 내용은 [표 4-4]와 같다. 식량지원에 있어서 지원된 식량이 북한 주민들에게 골고루 돌아가도록 하는 것이 중요하다. 분배투명성이 확보되어야 식량지원이 가능하다는 점을 북측에 꾸준히 강조하여, 북측의 협조를 이끌어 냄으로써 점차 강화된 형태의 분배 투명성을 확보했다. 하지만 아직까지 남한이 기대하는 수준의 분배투명성 확보에는 미흡하다. 따라서 북한을 설득하여[7] 북한주민에게 직접 도움을 줄 수 있도록 분배투명성을 높여나가는 노력을 계속 해야 할 것이다.[8]

---

7) 쌀 포대(1천만개)에 「대한민국」 표기, 구체적인 분배내역을 10만톤 단위 기준으로 인수일 30일 이내에 문건으로 남측에 통보, 매 10만톤 인수가 완료되는 시점에서 남측 인원들이 동·서해안 각각 2곳(총 20회) 분배현장 확인, 현장확인 방법으로 분배상황 확인, 사진 및 녹화촬영, 주민과 분배관계자 인터뷰 등을 내용으로 하는 남북 간 식량차관 합의서를 2005년 7월 12일 합의하였다.

8) 식량분배현장을 확인한 사례는 2000년 1회, 2002년 1회, 2003년 12회,

[표 4-4] 대북식량지원 현황[9)]

구분	2000년	2002년	2003년	2004년	2005년 (진행중)
지원물량	o 총 50만톤 - 태국산 쌀 30만톤, - 옥수수 20만톤	o 총 40만톤 - 국내산 쌀	o 총 40만톤 - 국내산 쌀	o 총 40만톤 - 국내산쌀 10만톤 - 태국산쌀 30만톤	o 총 50만톤 - 국내산쌀 40만톤 - 외국산쌀 10만톤
인도기간	o '00.10.4 ~ '01.3.30 (약 6개월)	o '02.9.19 ~ '03.1.15 (약 4개월)	o '03.7.3 ~ '03.12.18 (약5개월)	o '04.7.20 ~ 10.27 (육로수송) o 9.3 ~ '05.2.6 (해로수송)	o '05.7.26 ~ 10.21 (육로수송 완료) o 7.30 ~ 12월말 (해로수송, 예정)

6. 남북 교통망 확충 및 물류시스템 개선

남북 간의 철도와 도로의 연결은 남북 간에 원활한 물자이동과 생산을 진작하여 민족경제가 발전할 수 있는 핵심축을 한반도 동서 양쪽에서 연결하는 효과가 있다. 남북 간 철도와 도로의 연결에 따라 남북 간 물류비 절감, 수송시간 단축, 이동편의성 증대 등 교류협력 활성화의 효과를 기대할 수 있게 되었다. 뿐만 아니라 향후 시베리아횡단철도(TSR)와 같은 대륙철도와의 연계를 통해 한반도의 동북아물류 중심국가로의 도약에 기여할 수 있는 발판이 마련된 셈이었다. 아울러, 철도와 도로의 연결과정에서 지뢰제거 작업 공동수행, 남북 군사당국간 대화촉진 등을 통해 군사적 긴장완화에도 기여하였다.

철도와 도로를 연결하는 사업은 2000년 7월 31일 제1차 남북장관급회담에서 경의선 철도 연결이 합의되었고, 동년 9월 1일 제2차 남북장관급회담에서 경의선 도로 연결이 합되었으며, 2002년 4월 5일

2004년 10회 등으로 밝혀졌다.

9) 출처 통일부(2005. 12), p. 50.

임동원 특사 방북 시 동해선 철도 및 도로의 연결이 합의됨으로써 이루어지게 되었다. 도로는 2004년 11월 공사가 완료되어, 2004년 12월 1일부터 정상운행 중이며 철도는 마무리 공정이 진행 중이었다.

남북연결철도 남측 구간은 경의선 방면은 연결공사가 완료되었으며, 동해선의 경우 전체 7km 중 통전터널~제진역사 간 3.2km의 잔여구간 공사가 2005년 12월 완료되었다. 북측 구간은 경의선과 동해선 모두 궤도 부설 및 신호・통신망 가설을 완료하고 마무리 공사를 시행 중이었다. 남북연결도로의 본도로 이용이 개시됨에 따라 2005년 들어 남북 간 차량 및 인원 이동량이 크게 증가하는 추세를 보였다. 아울러, 남북은 기합의된 '차량운행기본합의서' 및 '열차운행합의서'를 발효시켜, 남북연결 철도・도로의 원활한 활용을 위한 제도적 장치를 마련하였다.

남북은 또한 해운 및 항공분야에 있어서도 협력을 이뤄냈다. 우선 2005년 8월 1일 남북해운합의서가 발효되어 남북 간 항로에 국적선 운행이 가능해졌으며, 8.15를 계기로 북한 선박의 제주해협 통과가 실현되었다. 해운합의서 발효로 남북 간 해운협력 기반이 확보되었으며, 북한 선박의 제주해협 통과는 북측에게 13시간의 운항시간 단축과 비용 절감의 효과를 가져다 줄 것으로 예측되었다.[10] 통일부와 북한 육해운성 간 해사당국 통신망을 가설하여 운영하고 있으며 해사당국 간 협의기구를 구성하여 운영해 오고 있다.

남북은 항공 교통망 확충과 관련하여 인천~평양 간 현재의 'ㄷ'자 항공로를 시간과 거리를 단축할 수 있는 직선 항공로로 변경하는 방안 등을 포함한 남북 항공협력을 추진하고 있으며, 수송장비 운행 승인절차를 정비하고, 육로통행 절차를 간소화하며, 통관절차

10) 남북해운합의서에 의한 북한 선박 운항 횟수는 2005년 11월 기준으로 36회에 달했다.

를 개선하는 등 물류제도를 정비하였다. 예컨대 경의선 지역 민통선 출입절차 및 남북관리구역 통행절차를 간소화하였으며, 협력사업을 위한 물품 반출입시 신고제도를 폐지하고, 개성공단 반입물품 검사시스템을 전수검사에서 선별검사로 전환하는 등의 정비가 이루어졌다.

7. 기타 교류협력

남북한은 임진강 수해방지를 위하여 남측의 제의로 협의를 개시하여 2004년 3월 남북경제협력추진위원회 제8차 회의에서 임진강수해방지합의서를 채택하였다. 그 후 임진강과 임남댐의 방류계획 통보를 약속하였으나 2005년 9월 2일 임진강유역 댐 물을 방류하여 남측 어민들에게 피해를 발생시키기도 하였다. 남측에서는 '임진강수해방지합의서'의 이행을 촉구하고 있다.

그 밖에도 남북한은 수산분야, 농업분야, 경공업 및 지하자원 개발분야에 있어서 새로운 경협사업을 늘리고 있다. 수산회담의 필요성은 소위 '6.17 면담'시 제기되었고, 김정일 국방위원장이 이에 동의함으로써 추진되게 되었다. 그 이후 장성급군사회담과 함께 수산회담을 개최하여, 공동어로를 통해 서해상 긴장완화 및 공동이익 모색을 제의하였고 2005년 6월 제15차 남북장관급회담 시 남북경추위 산하에 '수산협력실무협의회'를 구성하여 운영키로 합의하였다. 그리고 '제1차 남북수산협력실무협의회를 7월 25일~27일에 개성에서 개최하여 서해 해상 일정 수역에서의 공동어로 진행 등 6개항 합의하였다.

농업협력의 경우는 2004년까지는 민간차원의 지원형태로 추진되어, 비정부기구(NGO)를 통해 종자개량, 축산, 농기계 지원·수리 등의 협력이 실시되었다. 그 이후 남북은 2005년 6월 '제15차 장관급회담'에서 남북농업협력위원회의 구성·운영에 합의하였고 '제1차 남북농업협력위원회'를 8월 18일~19일에 개최하여 시범농장의 조성 및 운영 등에 합의하였다. 여기서는 남측이 자재 및 영농기술을 지원하고, 북측은 남측 전문가와 기술자의 해당지역 방문을 보장하며 종자의 생산·가공·조리·보관을 위한 시설을 지원하는 데 합의하였다. 또한 협력분야는 우량 유전자원 교환 및 육종, 생물농약 개발, 농작물 생육예보 및 종합병해충 관리체계 형성 등 과학기술분야와 축산, 과수, 채소 등 분야, 그리고 양묘장 조성 등 산림분야 등이었다.

남북은 2005년 7월 남북경제협력추진위원회 제10차 회의에서 남북의 경제요소를 결합시키는 새로운 방식의 경제협력사업 추진에 합의하였다. 이 분야의 협력은 우선 남측이 2006년부터 북측에 긴요한 의복류, 신발, 비누 등을 생산하는 데에 필요한 각각의 원자재를 북측에 제공하면 북측은 아연, 마그네사이트, 인회석 정광, 석탄 등 지하자원 개발에 대한 투자를 남측에 보장하고 생산물을 제공하는 방식으로 될 것이었다. 이후 관련 실무협의 및 남북경제협력추진위원회 제11차 회의를 통해 원자재 제공 및 지하자원 개발문제를 지속적으로 협의해 가고 있다.

III. 사회·문화·인도 협력

1. 사회·문화 분야 협력

사회문화협력사업 승인 건수를 보면 지난 2000년~2004년의 5년

간 47건이었는데 2005년에만 이와 거의 비슷한 수준인 45건으로 양적으로 급증하였으며, 또한 사업의 성사율도 높아졌다. 2005년에는 개성공단, 금강산관광, 신포경수로 관계자를 제외하고 순수히 사회문화분야 교류를 위해 매일 평균 7~8개팀 100여명이 북한지역에 체류하고 매주 1건씩 협력사업이 이루어졌을 정도로 교류협력이 활성화되었다. 방북인원에 있어서도 2000년~2004년이 13,519명이었던 데 비해서 2005년 한 해에만 11월 말 현재 10,227명이었다.

방송・연예분야의 경우 과거 5년 간 사회・문화분야 월 평균 방북인원 226명의 33배 인원이 일시 방북하여, 인적 왕래를 통한 남북화해협력의 새로운 전기를 마련하였다. 2005년에는 특히 2005년 9월 26일~10월 30일에 개최된 민간단체의 '평양문화유산답사 및 아리랑 공연참관' 행사를 순조롭게 완료하였으며, 참관인원은 총 7,337명이었다.

체육분야에서는 대전・대구・전주 등에서 개최된 동아시아 축구대회(7월 26일~8월 8일)와 인천에서 열린 제16회 아시아육상선수권대회(9월 1일~4일)에 북한 선수단이 참가하고, 북한은 평양~남포 간 마라톤대회(11월 23일~26일) 등을 개최하였다. 특히 2006년 도하 아시안 게임과 2008년 베이징 올림픽 남북단일팀 구성을 위한 체육회담을 12월 7일 개성에서 개최하였다.

종교분야에서도 각 종단별로 꾸준한 교류를 진행하였으며, 특히 금강산 신계사 복원사업 및 영통사 복원 사업(10월 31일 낙성식)과 평양제일교회 신축 및 봉수교회 개관 사업도 추진하였다.

남북은 제15차 장관급회담 합의에 의한 안중근 의사 유해발굴사업 및 북관대첩비 환수 사업 등을 추진하고 있으며, '겨레말 큰사전' 공동편찬 사업을 전개하였다. 그리고 6.15 통일대축전 행사를 6월 14일~17일 평양에서 개최하였으며 야당을 비롯한 주요 4

개 정당이 참여하기도 하였다. 이 기간 중 소위 '6.17 면담'이 이루어졌다. 서울에서는 '8.15 민족대축전 행사가 8월 14일~17일에 개최되었다. 이 당시 북측 대표단의 국립현충원 참배가 있었는데, 북한의 저의를 둘러싼 많은 논란을 불러 일으켰다.11)

2. 인도적 문제의 해결 협력

남측은 정부차원에서 비료지원을 매개로 남북 당국 간 대화복원을 시도하였다. 남한은 북한의 농업생산 증대를 위해 국내산 비료 35만톤을 지원하였다. 또한 남북적십자 간 구호물자 전달절차에 따라 5월 21일~6월 21일에 20만톤, 6월 29일~7월 24일에 15만톤의 구호물자를 전달하였다. 대북지원 분야에서 처음으로 북측 선박과 비료 인수요원의 비료지원 수송 참여가 이루어졌다. 그리고 세계보건기구(WHO)를 통한 말라리아 방역지원을 위하여 5월 26일 81만불 상당의 지원을 하였으며, 유니세프의 어린이 등 취약계층 지원사업에 100만 달러 상당의 지원을 하였다.

민간분야에서는 다양한 인도적 지원이 이루어졌다. 남북당국 간 관계가 경색되어 있었지만 17개 민간단체 참여 하에 약 6,000만㎡의 농업용 비닐을 북측 수요에 맞추어 신속히 지원하였다. '대북지원민관정책협의회' 운영을 정례화하고 실질적 토의를 진행함으로써 대북지원에 대한 민・관 상호 보완 구도를 정착시켰다. 여기서는 보건의료 등 지원의 사각지대에 놓인 취약분야 및 장기적 복구가 필요한 사업을 중심으로 5개 민・관 합동사업을12) 발굴, 시행

11) 북측에서 남한대표단 방북시 혁명열사능과 김일성 묘 참배를 요구하기 위한 포석을 깔고 북측 대표단으로 하여금 한국의 국립현충원을 참배토록 했을 것이라는 분석이 설득력이 있었다.

12) 5개 민・관합동사업은 주거환경개선 시범사업, 축산사료지급 시범사

하였다.

한편 대북지원 인도인수 및 지원물품 모니터링 목적으로 11월말까지 3,888명의 인원이 방북하였다. 대북지원을 위하여 방북한 인원과 건수의 연도별 현황은 [표 4-5]와 같다.

한국 정부는 대북지원사업자 지정요건을 완화하여 민간차원의 대북지원 활성화와 참여 욕구에 부응하였다. 대북지원사업자로 지정받은 민간단체는 2004년 33개에서 2005년에는 52개 단체로 급증하였으며, 신규 대북지원 사업자수는 2001년 6개, 2002년 6개, 2003년 6개, 2004년 2개 그리고 2005년 19개였다. 또한 농업복구, 보건의료, 취약계층지원 등 분야별 민간지원사업 대상으로 매칭펀드방식의 기금을 지원하였는데, 2005년 11월말 현재 72억원 규모였다.

[표 4-5] 연도별 민간단체 방북인원 및 건수 현황[13]

연도	'98	'99	'00	'01	'02	'03	'04	'05 (11월)	계
인원 (건)	34 (10)	49 (15)	144 (39)	384 (76)	1,715 (119)	1,320 (111)	1,197 (167)	3,888 (321)	8,731 (858)

IV. 남북협력의 한계

2000년 6월 남북정상회담 이후 남북협력은 앞서 살펴본 바와 같이 다양한 분야에서 상당한 정도로 심화되어 왔다. 그럼에도 불구

업, 보건의료 인프라 개선 시범사업, 모자보건·복지 시범사업, 농업·보건용수 개발 시범사업으로 총 92억원 규모이다.

13) 통일부(2005. 12). p. 59.

하고 남북협력의 속도와 품질은 기대만큼 이루어지지 않았다. 우선 정치군사분야에서 실질적인 긴장완화와 신뢰구축이 이루어지지 않았다. 한반도에서의 평화과정은 북한에 대한 경제원조 식의 일방통행이 아니라 북한에 의한 군사적 긴장완화라는 반대급부가 있어야 하며 그 방법은 병력의 후방철수 및 대량살상무기의 철거 등의 신뢰구축조치가 되어야 한다. 그런 면에서 그간 남북협력은 본질을 우회해 온 것이라고 할 수 있다. 또한 한반도 평화체제 구축과 관련해서 남북한 간 군사적 신뢰구축이 되지 않은 상황에서 평화체제를 남북한이 주도적으로 마련하고 주변국들이 이를 지원하는 방식이 얼마나 효과가 있을 지에도 의문이 제기된다.

뿐만 아니라 인도적 분야에 있어서도 북한의 일방주의는 더 이상 용납되어서는 안 된다. 남측은 북측의 요구에 따라 비전향장기수 63명을 북으로 송환하였다. 하지만 남측에서 요구한 국군포로,[14] 납북어부, KAL기 납북 및 기타 납북인사들의 송환에 대하여는 일체의 언급이 없었다. 이는 북한 측에게 교섭상의 주도권을 잡힌 결과이며 형평의 원칙에 어긋난 일이다. 비전향 장기수 문제를 인도적 문제로 표현한 것은 이치에도 맞지 않으며, 인도적 문제를 중요시한다면 국군포로, 납북어부, KAL기 납북 및 기타 납북인사들의 송환이 이루어져야 할 것이다. 결국 한반도의 평화와 안정은 남북한관계가 핵심이며 이는 남북이 상호 인정하고 교류하는 가운데 달성될 수 있는 것이다. 따라서 더 이상 일방주의가 통용되어서는 안 될 것이다.

---

14) 국방부는 2001년 9월 9일 "북한에 생존하고 있는 것으로 추정되는 국군포로 385명의 명단을 확보하고 있다"고 국회 국방위에 제출한 업무보고자료를 통해 밝혔다. 『조선일보』(2001. 9. 10).

제2부

한반도안보의 과거와 미래

제5장 독일 · 예멘의 통일과 한반도:
탈냉전 길목에서의 교훈

제6장 한반도평화체제의 모색:
10년전의 기억

제7장 '북한문제' 관리방안:
북한문제의 국제화

제8장 한반도군비통제:
딜레마와 대안

제5장
독일 · 예멘의 통일과 한반도
- 탈냉전 길목에서의 교훈 -

I. 탈냉전의 대변혁과 분단

1990년대는 대변혁, 해체 및 분열, 그리고 통일의 시기였다. 1989년 12월 5일 몰타(Malta)섬에서의 냉전 종식 선언 이후 동구 사회주의권의 해체, 구소련의 몰락, 발틱 3국의 독립, 체코슬로바키아, 유고슬라비아의 분열 등이 이어졌는가 하면, 독일과 예멘 등 분단국가의 통일이 이루어졌다. 부시 미국 대통령, 고르바초프 소련 대통령, 콜 서독 총리, 모드로우 동독 총리, 라 퐁테느 서독 사민당 당수, 드 마지에 동독 기민당 당수 등 그 시대의 영웅들은 이제 모두 역사의 뒤안길로 사라졌다.

대변혁의 시발로부터 십수 년이 흐른 지금, 독일과 예멘의 통일과정을 다시 돌아보고자 하는 것은, 그 간 많은 연구들에서 간과되었던 점들을 새로이 지적하고 통일의 의미를 보다 명확히 함으로써 20세기 말에 있었던 대드라마를 정리하고, 또 21세기기에 닥칠 수도 있는 우리의 통일에 대비하기 위한 예비작업이다.

사회체계 내 각 단위의 제 기능을 조화시켜 상호모순을 제거하고 구성원의 기대와 동기를 그것들과 일치시키는 것을 통합이라 한다면, 통일은 통합의 최고의 표현이라 하겠다. 보다 구체적으로 말하자면 통일은 인간집단이 평화적 변경을 기대할 수 있을 만큼 충분히 강력하고 보편적인 공동체 의식과 제도 및 관행에 대한 인식을 일정한 영역 내에서 확보하고 있는 상태를 의미한다.[1] 이를 보다 더 정치적으로 풀자면 두 개 이상의 주권적 행위자가 하나의 주체로 된 상태를 의미한다고 할 수 있으며[2] 따라서 정치적 통합을 궁극적 목표로 한다고 하겠다.

이러한 통일의 명분은 무엇인가? 명분적으로 분단은 비정상적이다. 같은 언어, 같은 역사를 가지고 있는 동류의 인종이 자연・지리적인 제약이 없는 상황 하에서 영역을 분리하여 상호 제약하는 것은 자연의 법칙에 어긋난다. 또한 분단은 민족의 이질화를 초래하며, 특히 적대적 이념체계를 신봉하는 민족 내의 공격적 행동은 자칫 고도로 발달한 무기체계의 위력으로 민족의 자멸을 초래할 위험성도 내포하고 있다. 또한 분단으로 인하여 하나의 가족이 헤어져 서로 교류할 수 없으며, 과다한 체제경쟁으로 인하여 국제적 위신의 실추를 감수해야 하고, 주변국의 간섭과 통제의 대상으로 전락되는 등, 민족적 자유가 제약당하게 된다. 뿐만 아니라 막대한 자원과 경제력을 분단상황 유지에 투입함으로써 민족의 복지는 그만큼 제약을 받으며 따라서 번영의 기회는 그만큼 박탈당하는 것이다. 따라서 통일의 당위성은 민족의 생존과 자유, 그리고 번영에 있으며 그만큼 현실적인 것이라 하겠다.

남북 예멘과 동서독의 통일은 외양상으로는 자본주의적 개방체

---

1) Karl W. Deutsch, *Political Community and the North Atlantic Area* (Princeton: Princeton University Press, 1957), p. 5.

2) Johan Galtung, "A Structural Theory of Integration," *Journal of Peace Research*, vol. 5, no. 4(1968), p. 377.

제를 지향하는 정치세력에 의하여 사회주의를 지향하는 국가가 흡수되는 정형을 갖추고 있는 듯이 보이나 실제 내용에 있어서는 커다란 차이가 있다. 여기서는 당시의 자료를 사용하여 독일과 예멘의 경우에 있어서 통일방식을 모형화하고 그 과정과 결과를 비교함으로써 경제주의에 입각한 통일의 위험성을 지적함과 동시에 섣부른 연합제의 한계도 함께 경계하고자 한다. 특히 지역적 특수성이나 민족적 · 역사적 특이성은 이에 집착할 경우 모형 도출이 불가능하기 때문에 가능한 한 이를 무시하였다.

II. 통일의 배경

1. 분단의 역사

과거 독일은 독일연방(German Confederation)의 제후국들로 구성되어 17세기부터 19세기 비스마르크에 의하여 통일이 이루어지기까지 분열되어 있던 지역으로서 유럽 역사에 있어서 중유럽에서의 주도권 쟁탈의 무대가 되기도 하였으며 통일 이후 제1차 세계대전을 일으켰던 국가이기도 하다. 현대 독일의 분단은 제2차 세계대전을 일으킨 히틀러의 제3제국이 전쟁에서 패배하게 됨으로써 이에 대한 응징으로서 미 · 영 · 불 · 소의 전승 4개국이 탈나찌화의 일환으로 독일을 분할점령 · 통치하고, 그 결과로서 2개의 독립된 국가로 독일을 분단함으로써 생겨난 전후의 유산이다. 뿐만 아니라 미 · 소 대립의 최전선에 위치하고 있었던 만큼 동서독은 그 상호관계에 있어서 동서 양 진영의 이해관계가 가장 첨예하게 대립하였던 지역으로서 베를린 봉쇄를 비롯한 국제적 긴장이 끊이지 않았던 지역이며, 그렇기 때문에 동서독 관계 뿐만 아니라 미・소 그리고 영・불의 관계가 대립하고, 따라서 통일문제는 전후질서의 변경이 아니면 생각할 수 없는 지역이었다.[3)]

이에 반해 남북 예멘의 경우는 20세기에 들어와서야 비로소 국가의 틀을 갖추었으며, 그것도 남북이 서로 다른 독립의 배경을 갖고 있다.[4)] 예멘 지역은 1873년 영국과 오스만 터어키 간의 분할협정에 의하여 분단되었다. 그리고 북예멘은 1918년 제1차 세계대전에서 패배한 터어키가 아라비아 반도에서 철수함에 따라 독립하여 회교 지도자인 이맘 야히아(Imam Yahya)에 의한 통치가 이루어졌으나, 남예멘 지역은 영국의 직할식민지로 남아 있다가 1967년 11월 30일 영국군의 수에즈 운하 동쪽으로의 철수가 이루어지면서 독립하여 반영투쟁의 주체세력인 민족해방전선(NLF)에 의한 정부가 수립되었다. 북예멘지역은 전통적인 요소가 강하게 남아 부족중심의 전근대적인 통치가 이루어져 왔으나, 남예멘은 북예멘에 비하여 비교적 자유로운 영국의 지배 하에 정치적 각성이 이루어 졌고, 독립 후에는 1969년 6월에 이스마일을 중심으로 하는 사회주의 세력이 아라비아 반도 최초로 마르크스・레닌주의에 입각한 사회주의 정권을 탄생시킴으로써 남북예멘의 대립구도가 형성되었다.[5)]

예멘지역도 수에즈 운하로 통하는 전략적 요충에 위치하고 있으며 더욱이 걸프 지역에 사우디아라비아를 비롯한 중동의 산유국에

---

3) Josef Joffe, "Once More: the German Question," *Survival*, vol. XXXII, no. 2 (April 1990), pp. 129-131.

4) 예멘의 역사에 관한 개괄적인 내용은 다음을 참조함. *The New Encyclopaedia Britannica*, 15th edition, vol. 12(Chicago: Encyclopaedia Britannica, Inc., 1985), pp. 834-836; Gregory R. Copley(ed.), *Defense & Foreign Affairs Handbook*, 1990-1991(London: International Media Corporation, 1990), pp. 1115-1123.

5) 남북예멘의 대립관계와 주변국과의 관계에 관해서는 다음을 참조. Robin Bidwell, *The Two Yemens*(Boulder, Colo.: Westview, 1983).

근접해 있어 미·소의 각축이 끊이지 않았고, 또한 남예멘의 급진적인 사회주의 추구는 주변의 왕정 회교국가들에게 위협으로 인식되어, 남북예멘 간의 상호관계나 통일논의에 있어서 주변국들로부터 부분적으로 견제를 받아왔던 경험이 있다.

따라서 동서독의 경우는 독일이 분단됨으로 인하여 생겨난 소위 '독일문제'(Deutsche Frage)라는 것이 문제가 되지만 상대적으로 남북예멘의 경우는 예멘문제라는 것이 예멘인들에게는 중요한 문제이지만 초강대국이나 주변국들에게는 중요한 문제가 되지 않는 상황이었다. 즉 독일문제의 구조는 동서독 간의 체제경쟁과 대립이라는 요소 이외에 전승 4개국이 독일 전체에 대하여 가지고 있는 책임과 권리, 그리고 주변 국가들과의 역사적·현실적 관계를 포괄하는 복합적인 양상을 가지고 있었으나,[6] 예멘문제는 남북예멘 간의 체제경쟁과 대립이라는 요소가 대단히 많은 부분을 차지하고 주변국 문제는 상대적으로 비중이 낮으며, 또한 미·소 간의 전략적 대립만 해결되면 문제가 해소될 수 있는 상황이었다고 할 수 있다.

2. 당사자 상호관계

동서독과 남북예멘 각각의 상호관계는 역사적으로 판이한 양상을 나타내고 있다. 우선 동서독의 경우를 볼 때, 대체적으로 정치적 대립은 미·소의 전략적 대결과 연계되어 있어 동서독 상호 간의 무력충돌은 없었다. 서독은 헌법(Konstitution)이라는 명칭 대신 기본법(Grundsetze)라는 명칭으로 국가기본법을 불렀을 뿐만 아니라, 이 기본법에 통일을 전제로 통일헌법이 제정될 때까지의 잠정

6) 김주홍 외 공저, 『동·서독 통일의 전망과 통독움직임이 한반도에 미치는 영향』(서울: 세종연구소, 1990), p. 1.

적 효력을 부여하였고, 또한 서독 기본법 제146조에는 기본법의 효력상실을 규정함으로써 통일헌법의 길을 열어 놓았었다. 또한 서독 정부는 동독의 전면적인 국가승인을 유보하고 양독관계의 성격을 '특수관계'로 규정, 동독이 외무부를 대표로 하는 데에 반하여 총리부, 내무부 또는 내독부의 관리로 하여금 대표로 삼아 동독과의 협상에 임함으로써 '특수관계'의 기본원칙을 고수하였다.[7)]

한편 브란트(Willy Brandt) 총리 재임시에는 과감한 동방정책(Ost-Politik)을 폄으로써 동서독관계의 지평을 넓혔다. 아데나워(Konrad Adenauer) 총리 당시에는 전면적인 주권회복과 대동독·대소련 대결정책을 추구하여 할슈타인 원칙 고수로 동서독 관계는 양극화된 냉전구조 하에서 분단 상황이 심화되어 나아갔으며, 아울러 소련 및 동구국가들의 보수화를 가속화하였다. 그러나 1966년 기민당과 대연정을 폈던 사민당은 1969년 자민당과의 연정으로 집권한 후, 데땅뜨 시대에 편승하여 과감한 동방정책을 펴서 소련 및 동구권 국가들과의 관계를 개선하여, 1971년 12월 17일에는 통행협정(Transitabkommen)을 체결,[8)] 서독과 서베를린 간의 연결을 확보하면서 양독 간의 인적 교류의 토대를 구축하였고, 드디어 1972년 12월 21일에는 동독과 동서독 기본조약을 체결함으로써 동방정책의 첫 단계를 마감하게 되었던 것이다.

이에 반해 동독은 1949년 이래 울브리히트(Walter Ulbricht) 지배 하에서 적화통일원칙을 고수하였으며, 스탈린주의 답습과 대소의존의 심화를 통하여 '독일 최초의 노동자·농민의 국가 건설'이라는 명분을 퇴색시켰다. 전후 냉전체제 하에서 동독은 동방세력

---

7) 서병철, 『통일을 위한 동서독 관계의 조명』(서울: 지식산업사, 1988), pp. 57-58.

8) 이에 관해서는 이장희, "동서독 통행협정에 관한 연구," 『통일문제연구』(서울: 국토통일원, 1990), pp. 252-277 참조.

의 상징적인 최전초 보루국가로서 서독과 체제경쟁을 벌일 수 밖에 없었다. 서독이 전후 급속한 경제성장과 사회민주주의적 요소의 도입으로 정치적 안정을 구가하게 되자 이에 대한 동경, 즉 자본주의적 소비사회모형과 정치적 다원주의에 대한 동독인들의 선망은 충성심의 이반과 동독 탈출로 나타나게 되고, 동독 경제가 파국에 직면하게 되자 1961년 8월 13일 베를린 장벽 구축을 통하여 동독은 국내안정을 도모하게 되었다.

앞서 언급한 서독 사민당 정부가 동방정책을 추진하는 가운데 1971년에 집권한 호네커(Erich Honecker)는 소위 '2개민족론'을 내세워 동서독 분리노선을 추구하게 되는데, 여기에는 동독이 서독과의 체제경쟁에서 패배함으로써 나타나는 자기보호의 논리가 크게 작용하였다. 서독 및 서방세력으로부터의 군사적 위협을 제거하기 위하여 전전긍긍하던 동독은 때마침 변화된 서독의 정책에 편승하여 서독과 기본조약을 체결함으로써 서독과 동등한 권리보장 및 안전보장을 얻어냈고, 이로써 "사실상의 승인"이라는 명분을 달성하였으며 UN에도 서독과 함께 가입함으로써 국제사회의 공식적인 승인을 얻어내는 성과를 달성하였다.

동서독 기본조약 체결 및 관계정상화 이후, 서독인들의 방문과 전화・서신왕래의 급증, 서독 TV에 대한 동독인들의 노출 등으로 동독이 사실상 서독에 대하여 개방되고 이에 따른 경제적・문화적 생활수준 격차 인식으로 인하여 동독인들의 좌절이 심화될 위험이 있었다. 그러자 호네커는 자본주의 민족과 사회주의 민족의 불상용 논리를 내세워 1974년 10월 7일 개정된 동독 신헌법에서 '독일민족'이라는 개념을 삭제함으로써[9] 통일을 포기한 분리주의 노선을 표방하게 되었다.

---

9) 서병철(1988), p. 59.

이후의 동서독 관계는 정상적인 국가관계와 같이 대체로 평온하게 지속되었으며, 서독이 우월한 지위를 점한 가운데, 1976년 3월의 우편통신협정 체결, 1979년 10월의 상호간 도로사용료 및 자동차세 면제 합의, 1982년의 함부르그-베를린 간 고속도로 개통, 1986년 5월의 문화협정 체결, 1987년 9월의 환경보호, 과학기술, 원자력의 평화적 이용 등에 관한 3개 협정 체결 등 양국관계가 발전되어 갔다.

동서독의 경우에 비하여 남북 예멘의 관계는 무력충돌과 반정부세력 지원 등으로 얼룩진 투쟁의 역사였다. 1967년 남예멘이 영국의 식민지 지배로부터 독립함으로써 남북예멘 간에 통일을 이룰 수 있는 여건은 조성되었으나 곧 통일로 이어지지는 않았다. 북예멘은 당시 공화파와 왕당파 간의 내전에 휘말려 있었으며 남예멘은 파쟁 중이었다. 이집트 군대가 오랜 내전 기간 동안 북예멘에 주둔해 있으면서 공화파를 지원하여 왔으나, 1967년 중동전쟁에서 패배한 이후 북예멘에서 철수하고 이어 공화파에 대한 왕당파의 공격이 거세어 졌다. 이 때 남예멘은 자원부대를 동원하여 공화파를 지원하기도 하였다.

그러나 이러한 지원은 오래 가지 못하고 이내 양국 간에 분쟁의 불씨를 제공하게 된다. 북예멘에 있는 민족해방전선 분파는 아랍민족주의 운동원들 및 좌파들과의 공동전선을 형성하게 되고 이는 곧 북예멘의 보수주의자들을 자극하게 되었다. 그리하여 1968년에는 북예멘 정부가 남예멘의 민족해방전선을 반대하는 집단에 대한 지원에 나서기도 하였다.[10]

한편 남예멘에서는 반영투쟁의 과정에서 민족해방전선 내부에

---

10) F. Gregory Gause III, "Yemini Unity: Past and Future," *The Middle East Journal*, vol. 42, no. 1(Winter 1988), pp. 35-37.

잠재되어 있던 실용주의자와 이념주의자 간의 갈등이 외부로 표면화하여 1968년 봄에는 양파 간에 무력충돌이 발생하기에 이르렀다. 이 권력투쟁에서 압달 파타 이스마일과 루바이 알리가 승리하여 아라비아반도 최초의 공산주의 정권을 성립시키고 급진적인 사회주의 정책을 펴면서 친소노선을 추구하였다. 이후 남북 예멘은 두 차례의 무력충돌을 경험하게 되는데, 1972년의 전쟁이나 1979년의 전쟁 모두 남북 예멘 각각으로부터 망명한 세력에 대한 지원을 그 원인의 근저에 두고 있었으며 상호 반대세력에 대한 암살과 이에 대한 복수에 의하여 촉발되었다.[11]

이와 같이 남북 예멘의 관계가 극한적인 투쟁으로 발전하게 된 이유는 체제 상의 차이에서 오는 이질성 때문이었다. 사회주의 노선을 추구하는 남예멘은 부족주의적이고 가부장적인 이슬람 전통이 강하게 남아 있는 북예멘에서는 위험한 존재로 취급되었을 뿐만 아니라 남예멘과의 통일협상을 추진하는 것조차 상당한 저항을 불러 일으켰다.

이러한 투쟁과 대립의 역사를 가진 남북 예멘의 관계에 있어서 특징적인 점은 비록 전쟁을 두 차례나 치르기는 했지만 남북 예멘 간에 끊임없이 통일에 대한 대화와 접촉이 유지되어 왔다는 것이다.[12] 1972년의 전쟁 이후에는 향후 예멘통일의 기초가 되는 카이로 협정과 트리폴리 선언이 합의되었으며, 1979년의 전쟁 후에는 쿠웨이트 성명이 합의되었다. 뿐만 아니라 1981년에는 카이로 협정과 트리폴리 선언에 기초한 136개조의 통일헌법안이 채택되기도

11) Tareq Y. Ismael & Jacqueline S. Ismael, *The Democratic People's Republic of Yemen*(London: Frances Printer, 1986), pp. 37-38; Robin Bidwell(1983), pp. 243-244 참조.

12) 김춘옥, "시사저널 인터뷰: 예멘공화국 주재 유지호 대사," 『시사저널』(1991년 5월 9일), p. 38.

하였다.[13] 즉 남북 예멘 간에는 갈등이 큰 만큼 충돌의 정도도 심하여 전쟁으로까지 비화되었으나, 그때마다 기이하게도 양국 간에는 통일에 관한 논의가 진행되었고 또한 통일을 대비한 협정이나 성명이 합의되었던 것이다.

이상에서 보았듯이 동서독의 관계는 냉전 초기의 대결적인 국면을 제외하고는 비교적 정상을 유지하였으며, 특히 기본조약 체결 이후에는 서독이 우월한 상황에서 양국관계를 발전시켜 왔다. 반면, 남북 예멘의 경우는 양국 정립기인 1967년부터 대립과 갈등관계를 지속하면서 내정간섭과 두 차례의 전쟁까지 경험했던 한편, 그 때마다 통일을 위한 논의와 협정체결을 계속해 온 점이 특색이 있다고 할 수 있다.

3. 통일 배경으로서 소련의 정책변화

독일의 경우나 예멘의 경우에 있어서 공히 통일과정에 결정적인 영향을 끼친 것으로는 이 지역에 있어서 소련의 후퇴를 들 수 있다. 이는 고르바초프가 소련의 정치무대에서 집권한 이래 국내적으로는 뻬레스뜨로이까(Перестрой ка)와 글라스노스찌(Гласность), 그리고 대외적으로는 '신사고'(Новое мышление)외교를 추진해 온 결과였다.

소련은 볼셰비키 혁명 이래 70년 가까이 스탈린주의에 입각한 전체주의적, 관료주의적, 그리고 집단주의적 사회주의 노선을 추구해 왔다. 그 결과 소련의 경제와 사회 전반은 심각한 침체국면을 맞이하게 되어, 이에 대한 수술을 가하지 않고는 소련이 존립해 나

---

13) 각 협정문안은 국토통일원, 『예멘통일관계 자료집』(서울: 웃고문화사, 1990) 참조.

아갈 수 없다는 판단에서 고르바초프는 뻬레스뜨로이까 정책을 추진하게 되었다. 냉전기간 동안 체제의 존립을 위하여 총력전의 양상을 띨 수 밖에 없는 냉전에서의 승리를 위하여 사회주의 진영의 종주국으로서 공산동맹국에 대하여 소련은 군사적·경제적 원조를 제공해 왔다. 그러나 낙후된 소련의 경제력과 기술력으로는 더 이상 이를 감당할 수 없다는 한계인식에서 고르바초프가 사회주의 동맹국들에게 뻬레스뜨로이까를 촉구하는 정책을 취하게 되었던 것이다. 한편 핵전쟁의 위험에서 인류를 구해야 한다는 평화주의적 명분은 '신사고' 외교로 나타나 소련이 미국과의 데땅뜨를 통한 군비경쟁의 완화, 미·소 협력에 의한 국제적 문제의 해결을 추구하게 되는 과정에 있었다. '유럽 공동의 집' 구상이나 '아시아 집단안보' 구상 등이 바로 이러한 맥락에서 추구되던 소련의 대외정책의 기조였던 것이다.

이러한 고르바초프의 정책은 급기야 동구권 국가들의 대변혁을 야기하게 된다. 그가 미국과의 대결정책에서 선회하여 군비축소를 지향하면서, 동구 및 기타 위성국들의 군사적 완충지대로서의 효용이 크게 감소했다. 따라서 이들 지역으로부터의 철수는 점차 기정사실로 되어 갔으며, 이들 국가에 대한 소련의 뻬레스뜨로이까 압력은 점점 더해졌다. 따라서 이를 거부하는 국가에서는 민중소요가 발생하여 정권이 붕괴되고 심지어 공산정권이 몰락하는 사태까지 결과하였던 것이다.

동독의 경우 호네커 정권은 고르바초프의 개혁 요구를 묵살한 채, 동구지역의 여러 국가에서 개혁요구 시위가 빈발할 때에도 스탈린주의에 입각한 통치를 고집하였다. 심지어 1989년 9월부터 10월 사이에 동독에서 '신광장'(Neues Forum)과 '개벽 89'(Aufbruch 89) 등의 반체제 단체를 중심으로 한 반정부시위가 동독 지역 전체로 확산되어 갈 때에도 이를 무력으로 진압하여 유혈사태를 초래하였다. 1989년 10월 때마침 동독 정권 수립 40주년 기념식에 참석하기 위하여 베를린을 방문한 고르바초프가 호네커 정권에 대하여 지도체제의 개편과 체제개혁의 불가피성을 경고하게 되자[14] 시위의 확산 속에서 동독 지도부에 의하여 10월 18일에 개혁에 반대하던 호네커가 퇴진하게 되고 후임 에곤 크렌츠(Egon Krenz)에 의하여 일단 개혁조치가 취해지게 되었다.

예멘의 경우도 소련의 정책변화가 통일과정에 결정적인 영향을 미쳤다. 1967년 정권 수립 이후 남예멘은 급진적인 사회주의 정책을 추진하면서 점점 더 친소 편향의 외교정책을 추구하였으며, 소련도 1968년에 인도양에서의 거점으로서 아덴 항을 이용하기 시작하였다. 소련은 1977년 소말리아와의 관계악화로 베르베라(Berbera) 지역의 해군기지를 잃게 되자 아덴지역에 대한 공작을 강화하여 에티오피아에 대한 개입의 주 기지로 이를 이용하였다. 에리트리아(Eritrea)의 모슬렘 분리주의자들에 대항하는 공산주의 정권의 지지, 1978년 소련의 아프가니스탄 침공 지지 등으로 남예멘은 아랍·이슬람 국가들로부터 배척을 당하게 되었다.[15]

그러나 고르바초프의 뻬레스뜨로이까는 남예멘에도 영향을 미치게 된다. 소련의 중동에 대한 정책은 과거의 직접적인 개입에서 기능적인 접근으로 변화되게 되었다. 여기에는 소련의 개혁이 권위주의적인 관료체제에서 민주화로 나아가게 되면 여론을 무시할 수 없게 되고 소련의 여론이 제3세계, 특히 아랍세계에 더 이상 우호적이지만은 않을 것이라는 점, 그리고 국제체제가 1973년~74년

14) Hannes Adomeit, "Gorbachev and German Unification: Revision and Thinking, Realignment of Power," *Problems of Communism*, vol. XXXIX, no. 4 (July- August 1990), pp. 6-7.

15) *The Middle East*, no. 189(July 1990), p. 8.

의 석유위기 시와 같이 짧은 기간 동안에는 세계의 여러 나라로부터 대접을 받던 아랍세계가 그 이후에는 점점 무시되는 방향으로 나아갔다는 점 등이 그 이유로 제시될 수 있다. 따라서 중동에서 온건한 정책을 추진하는 국가들은 소련의 지지를 기대할 수 있지만 그렇지 못한 국가들은 소련의 지지를 받지 못할 것이 점점 분명해지는 상황이었다.16)

특히 남예멘은 아라비아 반도 유일의 소련 위성국으로서 소련으로부터의 원조에 크게 의존해 온 국가였다. 그러나 1989년 들어 소련이 국내경제에 대한 압력을 완화하기 위하여 대외원조를 감소시키면서 남예멘에 대한 원조도 급격히 감소하게 되었는데, 1986년부터 1988년까지 평균 1억3천3백만 달러에 이르던 원조액이 1989년에는 5천만 달러로 줄어 들게 되었다.17) 따라서 남예멘은 소련의 후퇴에 따른 공백을 해소하기 위하여 중동의 아랍 산유국에 접근하지 않으면 안 되게 되었으며, 그러기 위해서는 사우디아라비아 등 아랍 군주국이 위협요소로 여기는 남예멘의 체제를 개혁하지 않을 수 없게 된 것이었다.18)

결국 동서독의 경우나 남북 예멘의 경우에 있어서 통일과정에 결정적인 영향을 미친 요소로서 소련의 정책변화와 이에 따른 소련의 후퇴를 상정할 수 있는 점은 공통적이었으며, 단지 동독의 대응과 남예멘의 대응이 그 방식에 있어서 차이를 보이고 있었을 뿐이라고 하겠다.

---

16) *The Middle East*, no. 183(January 1990), p. 11.

17) *The Middle East*, no. 189(July 1990), p. 9.

18) 특히 남예멘은 이스마일 서기장이 1986년 1월의 내란에서 사망함으로써 지도부의 공백상태가 초래되었다. 이후 소련에서의 뻬레스뜨로이까의 영향으로 아덴 정부는 북예멘에게 우호적이었고, 더구나 북예멘에 의하여 부여된 통일의 조건에 이로운 방향으로 정치적 입장을 변화시키지 않으면 안 되었다. *The Middle East,* no. 191(September 1990), pp. 19.

4. 지역문제와 국가통일

한 지역에 있어서 정치적·이념적 이유로 인하여 분단되었던 정치단위가 통일을 이루는 데에는 지역문제와의 상관관계에서 여러 가지의 해결되어야 할 과제가 생기게 되어 있다. 동서독의 경우나 남북 예멘의 경우 모두 지역적인 맥락과 동떨어져서 통일이 추진된 것은 결코 아니었으며, 나름대로의 지역통합과 맥을 같이 하는 면이 있다. 단지 그 정도에서 차이가 있었을 뿐이다.

독일의 통일은 유럽체제의 틀 속에서 진행된 자율적인 국가통합이었으며 그 움직임은 NATO, EC, CSCE 등과의 연관 속에서 전개되었다.[19] 앞서 설명한 바와 같이 독일의 분단은 제2차 세계대전의 종결과정에서 전승 4개국이 독일에 대하여 전쟁책임을 물어 응징 차원의 분할·점령을 시행하는 과정에서 두개의 독일이 생겨남으로 인해서 나타난 현상으로서, 독일의 통일에는 주변관련국가의 협조가 필수적으로 따르지 않으면 안 되었다.[20] 독일의 분할은 1943년 10월 모스크바 3상회의에서 설치가 합의된 '유럽자문위원단'의 결정에 따라 1944년 독일 점령지에 대한 의정서에서 주요사항이 합의되었으며,[21] 1945년 6월 5일 독일의 무조건항복에 따른 연합군 공동선언과 연합국 성명으로 구체화되어 1945년 8월 2일 포츠담 협정에 의하여 확정되었다.[22]

---

19) 김주홍 외(1990), p. 19.

20) 서병철, 『주요국제문제분석: 독일 통일의 가능성과 문제점』(서울: 외교안보연구원, 1990. 2. 14), p. 6.

21) 독일점령지에 대한 의정서 내용은 중앙정보부, 『동서독자료집』, 제1권 (1972), p. 3.

22) 연합군대표 공동선언(1945. 6. 5)과 연합국 공동성명(1945. 6. 5)은 중앙정보부(1972), p. 5, 포츠담 회담의 제 결정내용은 중앙정보부(1972), p. 6-7 참조.

그러나 이때의 합의는 군사적 점령이 끝나면 독일을 통일시키고 평화협정을 체결한다는 것이었다. 하지만 동서 냉전의 심화로 인하여 독일과 전승 4개국 간의 평화조약은 체결되지 못하고 말았다. 1952년에 체결되고 1955년에 발효된 서독과 서방 전승 3개국 간의 소위 '독일조약'에서 베를린을 제외한 지역에서 서독의 권리가 인정되고 독일통일과 평화조약체결에 대한 서방국들의 권리와 책임이 동시에 규정되게 되었다. 또 1955년 9월 22일의 소련 · 동독 간의 조약에서도 같은 취지의 내용이 합의됨으로써 동서독은 베를린을 제외한 2개의 주권국으로 독립하게 되었다.23)

따라서 독일과 전승 4개국 간에 평화조약이 체결되지 않았을 뿐만 아니라 소련이 실제 점령권을 행사하고 있었기 때문에 동서독의 통일은 이들 국가들의 협조가 없으면 이루어지기 어려운 상황이었으며, 종전과정에서 맺어진 조약에 의하여 독일에 대한 점령권을 가지고 있는 국가들과 동서독 간의 협조방식이 통일과정에서 소위 '2+4 회담'으로 나타났던 것이다.24)

또한 서독 주도의 독일 통일은 동독지역에 대하여 점령권을 행사하면서 주둔하고 있던 소련군의 철수를 의미하며, 동독의 이탈로 인하여 중유럽에서의 군사력 균형 문제가 제기될 수 밖에 없었다. 따라서 독일의 통일은 당시 진행 중이던 유럽의 재래식무기 감축협상(CFE: Conventional Forces in Europe))과 필연적으로 연계되게 되었다. 이 부분에서 CSCE의 역할에 대한 미 · 소 간의 견

23) 서병철(1988), pp. 145-146.

24) 이러한 점 때문에 헬무트 콜 전 독일 총리는 독일 내부의 문제보다 국제적 관계에 더욱 신경을 쓸 수 밖에 없었으며, 이해당사국 간의 관계 조정을 독일 통일에 결정적인 요소로 생각했다는 점을 회고록에서 밝히고 있다. 이는 헬무트 콜 지음/김주일 역, 『나는 조국의 통일을 원했다』(서울: 해냄, 1998) 참조.

해 차이와도 관련되어 CFE 협상이 타결되어야만 통일독일에 대한 군사력 통제 및 CSCE의 역할 강화를 보장하겠다는 미국의 입장과 CFE 협상 타결의 전제조건으로서 통일독일에 대한 군사력 규모 제한과 CSCE의 기능확대를 약속하라는 소련의 입장이 대립되기도 하였다.

뿐만 아니라 통일독일의 군사적 위상을 둘러싸고 주변국들의 이해관계가 대립되었다. 미국・영국을 중심으로 하는 서방국가들은 통일독일을 NATO에 잔류시켜 그에 대한 견제를 계속하면서 유럽 내에서의 미국의 역할을 확대, 유지하려는 데에 반하여, 소련은 유럽에서 미국 세력의 축소・배제를 위하여 CSCE를 중심으로 동맹체제를 대신하는 새로운 안보체제를 구축해야 한다는 입장에 있었다. 결국 통일독일이 NATO에 잔류하고 대신 CSCE의 기능이 확대되었으며 CFE 협상도 1990년에 타결되는 구도에서 독일통일은 이루어졌다.25)

한편 프랑스는 앞서 설명한 미국이나 소련의 입장과는 달리 정치・군사적 맥락보다는 정치・경제적 맥락에서 독일통일문제에 접근하는 방식을 취하였다. 전통적으로 프랑스는 유럽의 정치는 유럽 국가들에 의하여 이루어져야 한다는 입장을 취하여 왔을 뿐만 아니라, 유럽공동체(EC: European Community)를 중심으로 하여 경제공동체를 넘어서는 정치공동체 형성을 추진하여 왔다.26) 이

---

25) CSCE 체제 내에서의 독일통일과 통일독일의 NATO 잔류가 합의된 것은 1990년 9월 12일 모스크바 2+4 회담에서인데, 그 조약의 내용은『世界週報』(1990. 10. 16), pp. 68-69. 또한 1990년 11월의 CSCE 빠리 회의에서 CSCE의 기능 확대에 대한 선언이 이루어졌으며, CFE도 타결되었다. CSCE 빠리의정서 전문은 SIPRI, *SIPRI Yearbook 1991: World Armaments and Disarmament*(Oxford: Oxford University Press, 1991), pp. 603-610, CFE 조약 전문은 SIPRI(1991), pp. 461-474 참조.

26) 프랑스 외교정책의 기본입장에 관해서는 다음을 참조. Roy C. Macridis,

러한 프랑스의 구상은 원래 독일의 분단을 전제로 프랑스와 서독 간의 협력관계가 그 축을 이루는 것이었다. 그런데 독일 통일문제가 대두됨으로써 통일독일이 유럽의 정치·경제에서 차지하는 비중이 확대될 가능성이 높아졌으며, 더욱이 과거 동독의 주요 교역국이었던 동구권 국가들이 마르크화 경제권에 편입되면 통일독일이 EC 통합보다는 마르크화 경제권에 주력할 가능성에 대한 우려도 있었다. 이러한 우려에도 불구하고 독일통일이 가속화된 것은 국가통합으로서 독일통일이 지역통합으로서 EC와 축을 공유하여 추진됨으로써 통일독일이 EC의 틀 안에서 구속되기 때문이었다.[27]

이처럼 독일의 통일이 지역문제와 밀접하게 연관되어 추진된 것과는 대조적으로 예멘의 통일은 아랍 통합 등 지역적인 문제와는 별개로 남북예멘 당사자 간의 협력에 의하여 달성되었다. 물론 아랍의 통합문제는 중동지역을 중심으로 활발히 논의되어 왔고, 아랍 민족주의에 대한 각성도 어느 정도 이루어진 것도 사실이었다. 그러나 아랍연맹을 중심으로 한 통합운동은 그다지 성과를 거두지 못했었다. 특히 중동지역은 국가 간의 빈부 격차가 심하고 이해관계가 서로 다르며 종교적 입장에도 차이가 있어 걸프협력위원회(GCC: Gulf Cooperation Council)와 아랍협력위원회(ACC: Arab Cooperation Council)로 분열되어 있었고, 북예멘만이 1989년에 ACC 회원국으로 가입되어 있을 뿐이었다.

물론 1972년이나 1979년 남북 예멘 간의 무력충돌 시 아랍연맹이 중재에 나서 양국 간의 전쟁을 종결지은 예가 있었고, 또한 통

"French Foreign Policy: The Quest for Rank," Roy C. Macridis(ed.), *Foreign Policy in World Politics*, 7th edition(Englewood Cliffs, N.J.: Prentice-Hall, 1989), pp. 27-71. 외교정책의 기조에 관한 부분은 pp. 32-35, 58-64 참조.

27) 김주홍(1990), p. 33.

일에 대한 지지를 얻기 위하여 남북 예멘이 아랍 국가들에게 공동으로 특사를 파견하기도 하였으며, 1990년 5월 30일의 아랍 임시 정상회담에서는 예멘의 통일 달성을 축하하고 아랍 전체의 통일과 발전을 실현하는 현저한 예로서 이를 칭찬하기까지 하였다.[28] 또한 예멘 스스로도 통일을 "아랍・이슬람 공동체에 통일의 분위기를 고조시키고 아랍의 유대 강화와 아랍의 문화적, 경제적 통합과 이슬람・아랍 공동체의 제반 문제에 있어서 승리를 거두는 데 기여한 것"[29]으로 자부하기도 하였으며, 아랍 통일의 맥락에서 예멘에 타국 정당의 지부 결성도 가능하게 하였다.[30]

그러나 이것이 지역통합 또는 아랍 민족의 통합과 현실적으로 연계되는 부분은 발견되지 않았다. 아랍 국가들은 가난한 ACC 회원국과 부유한 GCC 회원국으로 양분되어 있었으며, 세계경제의 안정을 위하여 강대국들이 여전히 이 지역에 대하여 관리정책을 펴고 있는 한 지역적인 통합에는 한계가 있을 수 밖에 없었다. 단지 사우디아라비아만이 과거 북예멘의 영토를 합병한 적이 있어 통일 후 이에 대한 반환요구가 있을 것을 우려하여 예멘의 통일에 음성적으로 간여하였을 뿐이었다.

또한 이 지역에는 유럽과 같은 정치・군사적 구조가 제도화되어 있지 않아 통일과정이 비교적 단순하였다고 할 수 있다. 미국의 관심은 사우디아라비아를 중심으로 하는 산유국의 안전과 석유수송로의 안전보장에 있었으며, 이는 쌍무적 관계를 통하고 또한 인도

---

28) 이와 관련된 아랍 정상회담 발표의 내용은 "アラブ臨時首脳會談最終宣言(1990. 5. 30 バグダ-ド)," 『月刊 中東硏究』, 90년 7월호, no. 344(東京: 日本中東調査會), pp. 36-39.

29) 통일원, 『예멘 통일관계 자료집 II』(서울: 강문인쇄사, 1991), p. 107.

30) 中東調査會, "野口大使に聞く: 統一イェメンと灣岸戰爭," 『月刊 中東硏究』, 91년 8월호, no. 357(東京: 日本中東調査會), p. 8.

양에 주둔하는 미군에 의하여 보장되면 그 뿐이었다. 따라서 소련이 이 지역에서 철수하게 됨으로써 남북 예멘의 통일은 당사자의 합의만 있으면 가능하게 되었던 것이다.

III. 통일방식

동서독의 통일이 서독주도의 흡수통일이라면 남북 예멘의 통일은 북예멘에 의한 남예멘 흡수통일이라고 말할 수 있으나, 통일방식을 세분해 보면 독일의 통일이 서독의 권력독점 방식에 의한 통일이라면 예멘의 통일은 오히려 당사자의 합의에 의한 권력배분방식의 통일이라 하겠다. 물론 독일의 경우는 동독에서의 소요와 이에 뒤이은 베를린 장벽의 붕괴, 그리고 동독 지도부의 와해라는 일련의 상황이 순식간에 닥침으로써 흡수통일이 불가피했다는 판단도 있기는 하다. 이를 대체로 통일 당시의 국력비교, 통합방식(헌법), 경제통합(통화), 권력통합(정당, 의회, 군) 등으로 나누어 고찰해 본다.

1. 통일 당시의 국력비교

동서독의 통일이 동서 양 진영에서 가장 부유한 국가의 통합이었다면 남북 예멘의 통일은 가장 빈곤한 국가의 통합이었다. 동서독과 남북 예멘이 통일될 당시의 국력지표를 살펴보면 통합하는 편이 통합당하는 편보다 인구, 경제력, 군사력 면에서 우위에 있었음을 알 수 있다. [표 5-1]에서 보다시피 서독은 동독에 비하여 인구는 약 3.5배, GNP는 약 5배, 1인당 GNP는 약 1.5배, 군사력은 약 3.5배, 군사비는 약 2.5배 정도 우위에 있었으며, 또한 예멘의 경우도 북예멘이 인구는 약 3.8배, GNP는 4.5배, 1인당 GNP는 약 1.7배, 군사력은 약 1.4배, 군사비는 약 2.5배 정도 우위에 있었음을 알 수 있다.

[표 5-1] 통일당시의 국력지표 비교

구분		예멘		독일	
		북예멘	남예멘	동독	서독
면적(km^2)		194,250	322,968	108,330	248,580
인구(명)		9,183,000	2,349,000	16,664,000	60,362,000
GNP(십억U$)1)		5.5	1.2	207.2	1,120.0
일인당 GNP(U$)1)		820	495	12,500	18,370
국제수지2)	수 입	1,300	598	31.0	228
	수 출	853	82.2	30.8	294
활율(1U$당)3)		9.76R	0.3454D	1.88DMO	1.87DM
군사력	총병력	38,500	27,500	137,700	469,000
	육 군	37,000	24,000	96,300	308,000
	해 군	500	1,000	14,000	32,000
	공 군	1,000	2,500	27,400	106,000
군사비(십억U$)4)		0.566	0.220	11.86	27.46
평균수명(년)5)		46	51	73	75
문맹률(%)6)		86	59	#	#

* 해제: (1) 1988년 기준임. Bn US$는 10억 달러임.
(2) 단위가 예멘의 경우는 백만 달러이고 독일의 경우는 10억 달러임. 예멘은 1988년 기준이며, 독일은 1987년 기준임.
(3) R: 리얄, D: 디나르, DMO: 오스트마르크, DM: 도이치마르크. 환율은 1989년 기준임.
(4) 예멘은 1988년의 군사비를, 독일은 1989년의 군사비를 기록함.
(5) 1988년 기준임.
(6) 1985년 기준임. #: 0.5% 이하를 의미함

* 출처: IISS, *The Military Balance 1990-1991*(London: IISS, 1990), pp. 66-69, 48-50, 121-122; Gregory R. Copley(ed.), *Defense & Foreign Affairs Handbook*, 1990-1991(London: International Media Corporation, 1990), pp. 365-382, 1115-1123; World Bank, *The World Bank Atlas 1989*(World Bank, 1989), pp. 6-9.

단지 예멘의 경우는 남북이 공히 세계에서 가장 가난한 부류의 국가군에 속하고 있었던 만큼 북예멘의 경제적 우위를 동독에 대한 서독의 우위와 동일하게 비교할 수는 없다고 하겠다. 특히 북예멘의 경우 국민소득의 상당부분은 사우디아라비아 등 인접 산유국에서 노동자로 일하는 예멘인들의 국내송금이 상당부분 차지하고 있었다. 그리고 평균수명에 있어서 경제적으로 열세에 있는 남예멘이 북예멘보다 5년이 높고, 문맹률도 상대적으로 상당히 낮았는데, 이는 남예멘은 영국의 식민지 지배시기부터 독립 후 사회주의 노선을 추구하는 과정에서 근대적인 행정체계를 갖춘 데에 비하여 북예멘은 부족주의적인 전통이 강하게 남아 전근대적인 행정을 폈기 때문인 것으로 생각된다.

2. 통합방식

동독 내의 개혁요구 시위 격화로 인하여 동독정부는 1989년 11월 9일 베를린 장벽 개방조치를 단행하였으나 이 때까지도 독일의 통일에 대한 전망은 불투명하였다. 11월 15일 서독 재무부는 동독이 시장경제로 전환하는 것을 전제로 동독 기업에 대한 투자자본 제공, 서독 기업의 동독 투자에 대한 면세혜택 부여, 동독과의 합작기업에 대한 정부의 재정보증 확대, 동독기업에 경영기술을 제공하는 서독기업에 대한 지원 등을 골자로 하는 경제원조안을 발표한 바 있다.[31)]

또한 11월 20일에는 경제원조를 전제로 자유선거, 복수정당제 도입, 동독여행 시 동독마르크화 강제교환제 폐지, 서독인들에 대한 여행규정 완화 등의 조건을 제시한 바 있다.[32)] 이상의 조치들은

31) 『한국일보』(1989. 11. 16) 참조.

기능적 교류 확대라는 기존의 서독의 정책과 크게 벗어나는 것은 아니었다.

그러나 11월 17일 한스 모드로우(Hans Modrow) 동독 총리가 동독의 개혁을 통한 조약공동체(Vertragsgemeinschaft) 구성을 제의하면서 통일에 대한 논의는 구체화되어 갔다. 헬무트 콜(Helmut Kohl) 서독 총리는 베를린 장벽의 붕괴 이후 고조된 통일의 분위기를 최대한 활용하고 12월에 있게 될 몰타 미・소 정상회담에서의 준거틀을 제시하며 독일의 통일의지를 세계여론에 호소하기 위하여 독자적인 통일방안을 제시하기에 이르렀던 바, 즉 11월 28일 동독내 자유선거→경제지원을 통한 계약공동체→공화국 연합(Konfederation)의 구도를 갖는 3단계 통일방안을 발표하였다.[33] 이 때까지만 해도 주요 국가들이나 언론의 견해는 독일의 통일이 단계적이고 점진적으로 진행될 것으로 인식하고 있었을 뿐만 아니라, 콜 서독 총리의 통일방안이 성급하게 제기된 것으로 판단하고 있었다.

그런데 1990년 5월 6일에 예정되었던 총선을 3월 18일로 앞당겨 실시하게 된 동독의 수뇌부에서 1990년 1월 30일 동서독 통일을 당의 장기목표로 설정하고 동독 유권자들에게 지지를 호소하면서

---

32) 『중앙일보』(1989. 11. 21).

33) 콜 총리의 3단계 10개항 제의는 통일독일의 군사적 위상 등 미묘한 문제에 대한 언급을 회피한 채 서독 주도의 단계적인 통일방안을 표방하고 있었다. 그 내용은 1) 동독에 대한 의료, 재정 등 인도적 분야의 즉각적인 원조, 2) 통신망 확충, 고속전철 부설, 환경개선 지원 등을 통한 협력강화, 3) 동독 내 정치범 석방 및 시장경제 도입 등의 변화 시 지원・협력 강화, 4) 계약공동체 수용을 통한 '공동동반자'관계 유지, 5) 연방제 창설을 목표로 한 동서독 간의 연합구조 형성, 6) 의회공동협의체 등 자문위원회 설치, 7) 유럽통합 및 동서관계 개선, 8) EC의 동독에 대한 문호개방 및 무역협정 체결, 9) 유럽안보협력회의의 성격 전환, 10) 양 독의 군비축소 등이다. 『동아일보』(1989. 11. 29) 참조.

통일논의는 보다 구체화되었다. 1990년 2월 1일 동독의 모드로우 총리는 1989년 11월 17일에 제시했던 계약공동체안을 구체화하여 양 독일의 군사적 중립, 경제·사회 통합, 양 독일의 주권 이양을 목적으로 하는 4단계 통일방안을 제시하였다.[34] 사실 모드로우 동독 총리의 제안도 통일독일의 군사적 위상에 관한 사항을 제외하면 콜 총리의 구상과 크게 다른 것이 아니었던 만큼, 급격한 변화를 초래하는 방식이 아닌 점진적인 통합을 통일방식으로 채택할 것 같은 분위기였다.

하지만 2월에 들어 서독 정부의 태도가 변화되기 시작하였다. 1989년 12월 몰타 미·소 정상회담과 EC 정상회담에서 독일통일 문제가 거론되어 관련국가들의 이해관계가 어느 정도 드러났을 뿐만 아니라, 콜 서독 총리가 통일을 주도할 수 있다는 자신감과 상황변화 이전에 독일통일을 기정사실화하려는 전략적 계산 등이 고려된 정치적 결단을 내렸던 것으로 보인다. 즉 2월 13일 동서독 정상회담 시 동독이 요청한 88억 달러의 원조요청은 거부되었으며 그 대신 통화단일화 위원회의 구성이 합의되었다.[35] 또한 2월 15일 콜 총리는 서독 연방의회에서 행한 연설에서 3.18 동독 총선 직후 급속한 독일 통일 추진과 통일독일의 NATO 잔류방침 등을 천명함으로써 서독 주도의 급속 통일로의 정책선회를 분명히 하였다. 그리고 2월 23일 볼프강 쇼이블레(Wolfgang Schäuble) 서독 내무장관이 3.18 총선 직후 의회의 의결에 따른 서독 기본법 제23조에

34) 모드로우 동독 총리의 4단계 통독방안은 다음과 같다. 1) 양 독이 통일 연방국가를 건설하기 위해 NATO·WTO에서 탈퇴하고, 군사적 중립을 유지한다. 2) 양 독이 화폐와 경제, 교통 및 법률제도를 통합한 연방을 구성한다. 3) 중앙 및 지방의회와 정부기구 등을 묶는 공동정책기구를 설치·운영한다. 4) 공동정책기구에 양독의 주권을 이양한다. 이에 관련된 사항은 *International Herald Tribune*(February 2, 1990) 참조.

35) 『조선일보』(1990. 2. 14).

의한 재통일 가능성을 시사함으로써 흡수방식에 의한 통일로 서독의 정책을 굳히게 되었다.[36)]

여기서 문제가 되는 것이 서독 기본법 제23조와 제146조의 문제였다. 기본법 제23조는 기본법의 적용지역을 규정한 조항으로서 당분간 11개 서독 주(Land)들에 적용되고 기타 지역은 “가맹(Beitritt)에 의하여 효력을 발생한다”고 규정하고 있었으며, 제146조는 기본법의 효력상실을 규정한 조항으로서 독일국민의 “자유로운 결정으로써 의결된 헌법이 효력을 발생하는 경우 기본법의 효력이 상실”되는 것으로 규정하고 있었다. 따라서 급속한 통일을 추진하려는 기민당 정권은 23조에 의한 통일을 주장하는 반면, 급속한 통일의 위험성을 지적하면서 점진적인 통합을 주장하는 사민당은 146조에 의한 통일방식으로 통일헌법을 제정하기 위한 국민투표의 실시를 주장하였다.[37)] 즉 사민당의 정책은 급속한 통일이 달성될 경우 동독지역의 실업 및 도산사태를 비롯하여 또 다른 ‘대탈출’이 일어날 것이고 따라서 통일로 인한 부담이 동서독 모두에게 클 것이기 때문에 어느 정도의 과도기를 설정하여 통일을 이룩하자는 것이었다.

이러한 서독 정당 간의 정책적 차이는 동서독 자매정당 간의 제휴에 의하여 실시된 3.18 동독 총선에 동독 기민당이 중심이 된 우파 독일동맹(Allianz für Deutschland)이 승리함으로써 통일방식은 기본법 제23조에 의한 조속한 통일로 정리되었다.

7월 2일의 ‘화폐 · 경제 · 사회통합에 관한 조약’이 발효되고 8월 31일에는 ‘독일의 단일성 회복에 관한 조약’(일명 ‘독일조약’)이 동서독 간에 체결됨으로써 10월 3일 서독 기본법 제23조에 의하여

36) 『조선일보』(1990. 2. 25).

37) 동독 주요정파의 주장과 공약 비교는 『世界週報』(1990. 4. 17), p. 13 참조.

동독이 서독에 편입되는 것과 통일독일의 수도를 베를린으로 하는 데에 합의가 이루어졌으며,[38] 이후 10월 2일 전독의회가 개원되고 12월 2일 전독선거를 거쳐 급속한 통일이 완성되게 되었다. 결국 동서독의 통일은 서독 주도 하에 통일이 진행되면서 단계적이고 점진적인 방식이 흡수방식에 의한 통일로 변화되었으며, 통일을 전제로 했던 기본법의 정신은 퇴색되고 통일헌법의 제정 없이 콜 서독 총리의 노련한 정치기술에 의하여 조기에 정치통일로까지 진행되었던 것이다.

남북 예멘의 경우는 이에 비하면 훨씬 복잡하고 장기적인 헌법제정 노력이 있었다고 할 수 있다. 통일을 목표로 헌법을 제정하려는 노력은 1972년 남북 예멘 간의 전쟁 직후에 합의된 카이로 협정과 트리폴리 선언이었으며, 이 당시 헌법위원회의 설치가 합의되었다. 그리고 1979년 전쟁 직후에도 쿠웨이트 협정에 의하여 통일헌법의 제정 및 관련 공동위원회 개최가 합의되었다. 단지 1972년에는 북예멘이 우세한 상황에서 남예멘이 이슬람교의 중요성을 인정하고 북예멘이 사회주의 이념을 용인하는 등 남북 예멘이 타협하였다는 점과 1979년에는 남예멘이 우세한 상황 하에서 통일헌법 초안 작성 및 의회 상정을 밀어붙였다는 점이 다를 뿐이다. 그러나 1990년에 제정된 헌법[39]은 1981년 10월 제13차 헌법공동위원회에서 채택된 통일헌법 초안이 거의 변동 없이 반영되었으며, 이는 1972년의 카이로 협정 이래 양국이 합의한 사항에 기초하고 있었다.

물론 예멘의 경우는 동독과 같이 급격한 지도부 통제 와해와 이

---

38) 독일조약의 내용은 『世界週報』(1990. 10. 16), pp. 66-68 참조.

39) 예멘공화국 헌법안은 1991년 5월 15일~16일에 국민투표에 회부되었는데, 유권자 1,890,646명 중 1,364,788명이 참가하여 72.2%의 투표율을 기록하였고, 투표자 중 1,341,247명이 찬성, 찬성률 98.3%로 헌법이 확정되었다. 통일원(1991), p. 154.

에 뒤이은 대탈출이 없었으며, 또한 북예멘이 서독에 비하여 상대적으로 경제력이 흡수통일을 추진할 수 있을 만큼 강하지 못했기 때문에, 과거에 합의된 내용에 기초하여 통일헌법을 제정하고 일정한 기간의 과도기를 설정하여 통일을 준비할 수 있는 방식을 택하였다고 볼 수 있다. 그러나 1972년 이후 1990년에 이르기까지 많은 수의 정상회담과 양국 공동위원회를 진행하면서 합의되었던 내용들을 추적해 볼 때, 남북 예멘의 통일노력은 통일헌법을 만들려는 과정이었으며, 그렇기 때문에 양립되기 불가능한 이슬람교와 사회주의가 함께 수용되는 헌법제정이 가능하였고, 따라서 통일로 인하여 어느 한쪽이 패배했다는 인식을 불식시킬 수 있었던 것으로 보인다.

3. 경제통합

국가의 주권은 대내적으로는 최고이며 대외적으로는 독립인 정치적·명분적인 의미와 화폐를 제조하고 유통을 통제하는 권능이라는 경제적인 의미를 함께 지닌다고 할 수 있다. 따라서 주권의 통합과정에 있어서 경제의 통합은 실질적 통합을 보장하고 정치적·명분적 통일을 보장하는 기초라고 하겠다. 동서독의 경우 경제통합은 통화통합을 중심으로 진행되면서 흡수통일의 전형을 밟아 나아갔다. 1990년 5월 18일에 체결된 동서독 경제·사회통합에 관한 협정은 7월 1일을 기해 발효되었데, 서독의 도이치마르크를 단일통화로 하는 통화통합, 시장경제와 자유무역을 중심으로 하는 경제통합, 서독에서 인정되는 노동 3권의 보장과 사회보장제도를 근간으로 하는 사회통합을 그 주요 내용으로 하고 있었다.40)

이 중 특히 통화통합은 동서독의 경제를 하나로 묶는 중요한 조

40) 조약문 전문은 『朝日新聞』(1990. 5. 19) 참조.

치로서 서독의 경제적 능력이 돋보이는 부분이다. 원래 통화통합은 경제통합 중에서 마지막에 해당하는 것으로서 상당한 부담이 수반되는 방안이다. 동서독은 동독 국민 1인당 4천 오스트마르크까지의 예금자산에 대하여 동서독 간의 화폐교환비율을 1:1로 적용하여 교환해 주고 그 이외의 임금과 장학금, 연금, 집세, 기타 정기적 지급은 2:1로 교환하되 14세 이하의 어린이들에 대하여는 2천 오스트마르크까지 1:1로 교환해 주기로 하는 등 동독 측에 유리하게 통화통합 비율을 결정하였다.

당시 동독인들의 예금 총액이 약 1천 7백억 마르크로 추산되었던 만큼 서독은 통화통합에만 1천억 마르크 이상을 부담해야 했으며, 그 이외에 사회보장비용, 동독의 적자 보전, 통일 후의 동독지역에 대한 투자 등 흡수통일로 인한 경제적 부담은 실로 천문학적인 수치에 달하는 것이었다.

이에 비하여 남북 예멘의 경제통합은 상당히 대조적이다. 1990년 3월 1일~2일에 타이즈에서 개최된 남북 예멘 총리 간의 공동회의에서 중앙은행의 통합, 세금의 운영, 통화문제 등에 관한 원칙적인 합의[41]가 이루어졌으며, 1990년 3월 20일~22일의 아덴 양국 각료회의에서의 결의를 거쳐 1990년 5월 1일~4일 사나아에서 열린 양국 총리 공동회의에서 구체적인 합의[42]가 이루어졌다. 그 중 가장 중요한 통화문제는 리얄과 디나르가 통일된 날로부터 남북 예멘에서 통용되는 하나의 예멘 통화로 간주하기로 합의하였으며 1디나르 당 26리얄의 교환비율이 결정되었다. 앞의 [표 5-1]에서 환율을 살펴보면 미화 1달러 당 북예멘은 9.76리얄이고 남예멘은 0.3454디나르인데 이를 역산할 경우 1리얄은 0.1025 달러이고 1디

41) 합의 내용은 통일원, 『예멘 통일관계 자료집 I』(1991), pp. 45-48.
42) 사나아 공동회의 의사록 전문은 위의 통일원(1991), pp. 70-72 참조.

나르는 2.8952 달러가 된다. 따라서 여러 가지 복잡한 계산이 뒷받침되어야 할 것이지만 1:26의 환율은 대체로 양국이 균형을 이루는 선으로 판단된다. 또한 예산도 통일국에 의하여 수평통합되다시피 함으로써 경제적으로 남북 예멘의 통일은 실질적으로 '1+1'의 형식을 취하고 있다고 볼 수 있다.

서독이 통합의 마지막 수단인 통화통합을 통하여 동독을 조기에 흡수통일할 수 있었던 데에는 서독의 경제력이 뒷받침되었거니와, 특히 [표 5-1]에서 볼 수 있듯이 연간 600억 달러가 넘는 무역흑자가 그 기반이 되었다. 이에 반해 남북 예멘의 경우는 상대방을 적으로 규정한 상태에서 지출되던 남북 예멘의 7억 8천만 달러에 달하는 방위비를 줄일 수 있을 뿐만 아니라 25개의 해외공관을 축소할 수 있었고,[43] 여기에 양국의 석유생산[44] 가능성이 더해짐으로써 어려운 상황 하에서도 희망을 가질 수 있는 것으로 보였다. 당시 새로운 예멘공화국의 석유 매장량은 과거 남예멘의 매장량 37억 배럴을 포함하여 약 48억 배럴정도로 추정되었다. 남예멘에서는 석유생산을 소련에 의존해왔으나 향후 서방측 석유회사의 적극적인 진출이 모색될 것이었다.[45] 여기에 샤브와(Shabwa) 유전과

43) *The Middle East*, no. 189(July 1990), p. 10.

44) 예멘의 석유개발은 북예멘 정부와의 협정에 따라 1982년 1월 미국계 회사들에 의하여 YHOC(Yemen Hunt Oil Co.)가 설립되면서 시작되었으며 1984년 1월에는 유공을 비롯한 한국계 그룹이 이에 참여하였다. 또한 1985년 12월에는 EXXON사 등에 의해 자본참여가 이루어졌다. 石井祐一, "イェメン石油情報,"『月刊 中東硏究』, 90年1月號, no. 338(東京: 日本中東調査會), pp. 46-50. 또한 이에 관련된 자료로는 다음을 참조. The World Bank Energy Department, *Yemen Arab Republic: The Impact of Recent Oil and Gas Discoveries on the Macroeconomy and Energy Investment Options*, Report no. 6376-YAR(February 1987). 특히 투자 및 경제적 효과에 대해서는 pp. i-iv, pp. 1-5 참조.

45) 中東調査會 硏究班, "エコノミ: 南北イェメンと石油,"『月刊 中東硏究』, 90

마리브 유전 사이의 국경지대에 약 50억 배럴의 석유가 매장되어 있는 것으로 판단되어, 예멘 공화국에서는 이에 대한 기대가 상당히 큰 것으로 알려졌다.[46] 남북 예멘의 경우는 동서독과는 또 다른 의미에서 방위비의 축소와 석유생산에 대한 기대로서 통일재원에 대신하는 상황이었다고 할 수 있다.

4. 권력통합

동독에서는 국가차원의 대서독 정치적 접근이 불허된 상황이었으나 그 대신 지방자치단체, 도시, 청소년 단체 간에 서독과의 교류가 유지되고 있었고, 형식적이나마 위성정당이 존재하고 있었으며, 동독의 개혁과정에서 서독 자매정당과의 제휴가 가능해지는 상황이 마련되었다. 동독 기민당은 위성정당의 위상을 탈피하여 서독 기민당과의 적극적인 제휴를 모색, 1989년 12월부터 이들 정당 간의 협조는 공식화되었으며, 서독 기민당은 동독 3.18 총선 당시 동독 내의 우파정당을 연합한 독일동맹을 결성하여 선거를 지원하였다. 1990년 4월부터 5월에 걸친 당수회담에서 동서독 기민당의 합당이 합의되었으며, 10월 1일에는 동독 기민당 당원의 서독 기민당 입당 형식으로 공식적인 합당이 이루어졌다. 한편 1989년 9월에 창당된 동독 사민당도 동독 총선에서 서독 사민당의 지원을 받았으며 1990년 9월 27일 전당대회에서 서독 사민당으로 통합되었고, 동독 자민당도 1990년 8월 서독 자민당에 통합되었다. 이러한 정당의 통합은 의회의 통합으로 연결되어, 1990년 8월 31

年 6月號, no. 343(東京: 日本中東調査會), p. 29.

46) 통일예멘은 약 97억 5천만 배럴의 석유와 20,000조 입방피트의 가스 매장량이 이후 발전에 추진력을 제공해줄 것으로 기대하고 있었다. *The Middle East*, no. 191(September 1990), p. 18.

일의 '독일조약'에 의거하여 동독 지역이 10월 3일을 기해 서독지역에 편입됨과 아울러 전독의회가 개원됨으로써 동서독의 정치통합이 이루어지게 되었다.

군사력은 정치단위의 생존을 보장하는 최후의 수단이며, 특히 동독의 경우는 군이 체제유지의 기반이었다. 따라서 독일통일에 있어서 가장 다루기 어려운 문제가 통일독일의 군사적 위상에 관한 것이었고, 이와 함께 동독군의 처리문제도 어려울 수 밖에 없었다. 그러나 '2+4 회담'에서 통일독일의 NATO 잔류가 합의되고, 동서독 간의 흡수통일이 기정사실화된 이후 동독군의 처리문제는 오히려 부차적인 문제가 되었다.

그 동안에 동독군의 상당 부분은 병영을 이탈하여 동독군 조직이 유명무실해졌다. 동독군은 1991년 4월 1일을 기해 서독군에 편입되었는데, 편입 당시 9만명 중에서 1차로 5만명이 한시적으로 선발되었으며 이들은 2년 간의 연수와 교육을 거친 뒤 군에의 잔류 여부가 결정되도록 되었다.[47] 이 중 1만 5천명이 장교와 하사관이었으며, 50세 이상의 고령자와 대령 이상의 장교들은 전역되었고, 흡수된 동독군은 서독에서 파견된 2,500명의 장교들에 의하여 지휘되었다.

동서독의 경우 권력의 통합은 정당통합을 통하여 이루어졌다. 그러나 구동독 체제 내에 존재하고 있던 계급정당과 서독의 대중정당들 간의 통합은 통합이라기보다는 서독정당들이 자체의 당조직과 행동영역을 동독지역에 확대한 것에 불과한 것으로 보아야 할 것이며[48] 의회의 통합도 이러한 맥락에서 이해되어야 할 것이

---

47) 『조선일보』(1991. 9. 30).

48) 통일대비특별정책연수단, 『독일통합실태연구 1992』(서울: 통일원, 1992), p. 31.

다. 또한 가장 중요한 권력장치의 하나인 군의 경우는 구 동독체제의 해체 차원에서 대단히 엄격하게 통합작업이 진행되었으며, 흡수된 5만 병력도 시간이 지남에 따라 통일의 부담으로 나타나지는 않았다.

예멘의 경우 독일통일과 확연히 구분되는 부분이 권력의 통합부분이다. 남북 예멘의 경우 실질적인 완전통일은 30개월의 과도이행기가 지난 후에 달성되었지만, 그 동안에 수많은 조직들의 통합이 이루어졌다. 가장 중요한 것은 통일선포 당시 양국 간에 잠재되어 있는 원한을 누그러뜨리기 위하여 남북 예멘의 고위공직자들 중 어느 한 사람도 통일국가의 영향력 있는 직책에서 배제시키지 않는 등 세심한 조치가 취해졌다는 점이다.49)

북예멘의 대통령인 살레는 통일국가원수인 대통령평의회 의장을, 남예멘 사회당 총서기인 알 비드는 부통령을, 북예멘 부통령인 압둘 카림 알 아라쉬, 남예멘 사회당 부총서기인 살림 살레 모하메드, 북예멘 총리인 압둘 아지즈 압둘 가니는 살레, 비드와 함께 5인의 대통령평의회를 구성하였다. 통일국가 자체는 남예멘 사회당과 북예멘의 '전체회의'에 의하여 지배되는데 이 정치집단들은 합당하지는 않았으며 향후 예멘 정치의 핵심적인 조직이 될 것으로 생각되었다.

통일예멘 의회는 과거 남예멘의 최고인민회의 의원과 북예멘의 전체회의 의원이 자동적으로 편입되었으며, 여기에 알리 낫세르를 지지하는 20명의 의원과 국민민주전선(NDF)를 대표하는 10명의 의원이 새로이 참여하였다. 그리고 39명의 각료는 북예멘이 22명, 남예멘이 17명을 차지하였으며, 남예멘 총리인 야신 사이드 누만은 국회의장을 맡았다. 또한 대통령평의회에 자문하는 기관인 자문회

49) *The Middle East*, no. 189(July 1990), p. 6.

의는 북예멘에서 25인, 남예멘에서 20인이 맡았다. 군 사령부는 5월 중순에 통합되었는데 독일과 같은 엄격한 선별조치는 없었다.

이상에서 볼 수 있듯이 독일의 경우는 서독 정치조직의 동독으로의 확대라는 과정을 통하여 서독이 권력을 독점하는 방식으로 나아갔다면, 예멘의 경우는 북예멘의 우월이 인정되는 가운데 권력이 균점되는 방식으로 통일이 진행되었다고 할 수 있다.

5. 통일 후유증

통일 이후 독일과 예멘 양국은 심각한 통일후유증에 시달리게 되었는데, 통일의 방식이 달랐던 만큼 후유증의 양상도 매우 달랐다. 우선 독일은 예상보다 많은 통일비용, 구 동독 지역의 높은 실업률 그리고 사회적 통합의 어려움을 심각하게 경험하였다. 매년 1천억 마르크(600억 달러)로 예상되었던 통일비용이 통일 이후 년간 1천 500억 마르크(900억 달러)까지 늘어났으며,[50] 독일 정부는 이를 위하여 소득세를 7% 인상하고 국채규모를 430억 마르크에서 675억 마르크로 대폭 늘리지 않을 수 없었다.[51] 또한 실업자 수는 50만 명에서 200만 명까지 늘어나게 되었으며, 구 동독인이 대부분인 85%가 스스로를 2등시민으로 평가하고 57%가 통일 이후의 경제적, 사회적 어려움으로 인하여 통일을 후회하였다.[52] 결국 독일은 흡수통일로 인하여 권력의 문제는 빗겨갈 수 있었지만, 경제통합으로 인한 후유증은 1990년대 내내 계속되게 되었다.

한편 예멘의 경우는 통일방식 자체가 권력의 문제를 안고 있었

50) 『중앙일보』(1995. 5. 27)

51) 『중앙일보』(1993. 5. 28).

52) 슈피겔 지의 여론조사결과는 『중앙일보』(1991. 3. 20) 참조.

기 때문에 통일 이후 이 부분에 대한 불만으로 인하여 내전을 겪게 되었다. 남북 예멘 공히 경제적 능력은 없었던 상황에서 통일을 맞게 되었지만, 오랜 동안 통일을 통치 이데올로기로 활용해 온 양 세력은 정작 통일이 되자 기득권을 지키기 위한 내분을 맞게 되었던 것이다. 통일 정부의 정책에 사사건건 충돌하던 남예멘 출신 알비드 부통령은 1993년 3월 총선에서 패배하게 되자 정치적으로 위기에 몰리게 되었다. 그 간 행정부나 의회는 물론 군 내부에서도 병렬적 결합으로 인하여 서로 자기 몫을 챙기기에 바빴던 양측은 실업률 30%, 매년 2%~5%의 GNP 감소 속에서 통일 이전보다 못한 상황에 회의를 갖게 되고, 급기야 남예멘 사회당이 아덴으로 철수하면서 분리운동을 벌이게 되자 내전으로 돌입하였던 것이다. 결국 예멘은 권력의 문제를 해결하지 않고 성급하게 통일을 이룬 대가를 내전으로 치르게 되었던 것이다.[53)]

IV. 통일모형의 특징과 한반도에의 함의

독일과 예멘의 기본적인 통일모형의 구도는 각 국이 처해 있었던 국제적 상황에서 결정되어 나왔다. 독일은 유럽정치의 중심으로서 미·소 및 영·불 등 관련국가들의 이해관계가 조정되는 틀 속에서 통일이 진행될 수 밖에 없었으며, 따라서 당시에 진행 중이던 지역문제와 관련되어 [그림 5-1]에서 보이듯이 이에 구속되는 구도를 따르게 되었다. 한편 예멘의 경우는 아랍민족주의, 사우디아라비아와의 관계, GCC, ACC 등 지역적인 요소가 존재함에도

53) 『중앙일보』(1994. 9. 22).

불구하고 이것들과의 현실적 관계가 미약한 상황 하에서 남북 예멘 당사자 간의 합의에 의하여 통일이 이루어져 [그림 5-2]의 구도를 따랐다고 할 수 있다.

한편 통일선언 이후 독일에서는 구 동독 지역에 물가가 상승하고 많은 기업이 도산하였으며 실업자가 양산되었는가 하면, 독일 전체에 파업과 경제적 불만이 고조 되는 등 통일의 후유증이 심화되어 갔다. 예멘의 경우도 남예멘 지역에 물가가 상승하고 부족집단과 중앙정부 간의 갈등이 존재하는 등 어두운 면이 나타나고 있었으나 과도이행기간의 공존조치로 화폐가 공동으로 사용되었으며, 제한적인 정보에 따른 것이기는 하지만 독일보다는 상대적으로 평온을 유지할 수 있었다. 이러한 점들과 앞서 언급된 내용을 종합하여 양국의 통일모형의 특징을 비교하자면 [표 5-2]와 같다.

독일과 예멘의 통일은 역사적 배경과 형식에 있어서 커다란 차이를 가지고 있지만, 모두 국제적 관계의 변화와 경제적 필요에 의하여 이루어졌다는 점에서는 비슷하다. 특히 통일 당시의 국력비교나 경제통합에 있어서는 거의 같았다는 것을 알 수 있다. 그러나 독일의 경우 통일독일의 위상을 CSCE, NATO, EC 등 국제적 구조에 이중삼중으로 묶는 것을 전제로 진행되었던 점은 예멘의 경우와 크게 다르다. 이는 독일의 보복주의에 대한 우려와 유럽통합에 있어서 독일의 비중을 고려한 조치였으며, 독일은 이를 적극적으로 수용하였다. 반면 예멘의 경우 ACC, GCC 등 주변국과의 구조와 상관관계가 미약한 가운데 남북 예멘 자체의 경제적 필요에 의하여 통일작업이 진행되게 되었다.

특히 결정적으로 차이가 나는 점은 독일이 흡수통일 방식에 의하여 권력의 문제를 해결하면서 통일을 달성한 반면, 예멘의 경우는 국가연합방식의 병렬적 통합에 의하여 통일을 진행시킴으로써 권력의 문제를 우회하였던 점이다. 권력의 문제가 중요한 것은 통일 이후 경제적, 사회적 통합이 원활하게 진행되지 않는 경우 양 세력의 대립이 격화되게 되면 무력 사용으로 발전할 위험이 있기 때문에 대단히 중요한 문제라고 할 수 있다. 그러한 점에서 통일비용에 집착하는 경향이나 통일로 인한 경제적 이득에 중점을 두는 경향은 모두 위험한 발상이라고 할 수 있다.

독일과 예멘은 결과적으로 분단 당시 양측의 통화를 1:1로 통합하는 모험을 감행하였다는 점에서 비슷하다. 그 결과 경제에 상당한 부담을 갖게 되었던 바, 독일은 막대한 통일비용을 부담하게 되었으며, 예멘은 통일 이후 경제가 마이너스 성장을 하는 결과를 가져왔다. 이는 통일경제를 명분이나 이상으로 접근하는 경우의 위험성을 보여주는 것이다.

한편 통일작업은 반드시 후유증을 수반한다는 점을 독일과 예멘의 경험은 증명하고 있다. 막강한 경제력을 가지고 동독을 사다시피 하여 통일을 달성한 독일의 경우 실업, 동서독 주민 간의 불화, 동독지역 기업의 파산, 통일비용의 누증 등 경제·사회적 통합과정에서의 고통을 당하였으며, 예멘의 경우는 기득권 싸움 과정에서 분열·대립이 심화됨으로써 결국 권력의 문제가 내전으로 조정될 수 밖에 없는 상황을 맞게 되었다. 결국 독일과 예멘의 경우에서 보면, 어떠한 방식의 통일도 부작용은 피할 수 없다는 것이 공통된 경험이었다. 관건은 통일과정의 정치적, 경제적, 사회적 부담을 얼마나 최소화할 수 있는가에 달려있다고 할 것이다.

이러한 독일과 예멘의 통일모형을 한반도의 경우에 그대로 적용하기에는 여러 가지 면에서 무리가 있다. 국력의 비, 국제관계, 남북한 당사자 간의 관계, 국제적 상황 등에서 뿐만 아니라 1990년 양국이 통일을 달성하던 역사적 맥락과 21세기 현재는 분명 커다란 차이가 있다. 그러나 양국의 경험에서 얻을 수 있는 중요한 교훈은 경제주의에 근거한 통일방식은 상당한 부담을 수반한다는 점, 권력관계의 조정 없이 통일작업을 진행시키는 경우 내전이라는 엄청난 위험을 각오해야 한다는 점, 그리고 통일이라는 작업 자체가 상당한 후유증을 필히 수반한다는 점 등이다. 따라서 통일문제를 보다 더 현실적인 입장에서 주도면밀하게 접근해야 하는 것은 지극히 당연하다고 하겠다.

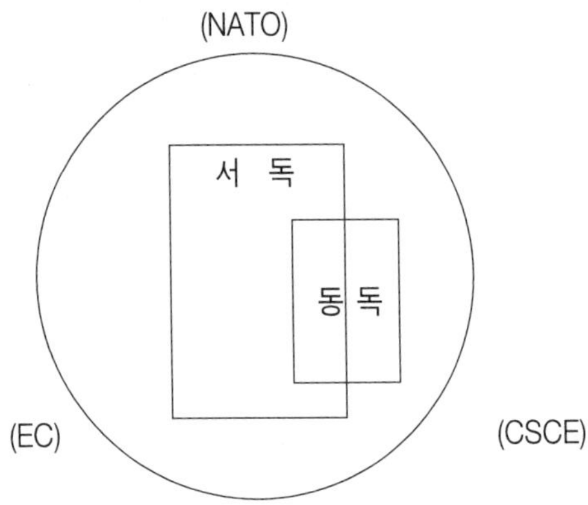

[그림 5-1] 독일의 통일모형 구도

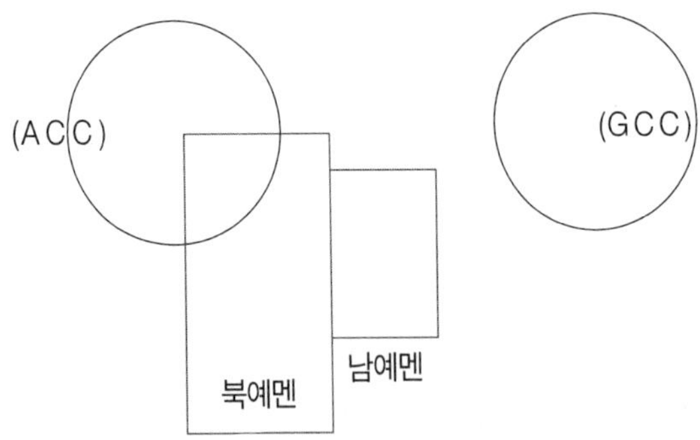

[그림 5-2] 예멘의 통일모형 구도

[표 5-2] 독일모형과 예멘모형의 특징 비교

구 분		독 일 모 형	예 멘 모 형
분단의 배경		- 전쟁발발 책임에 대한 전승4개국의 응징적 차원의 분할 점령 - 냉전의 심화로 분단 고착	- 시차를 둔 외세지배로부터의 독립 - 이념 차이로 분단 지속
당사자 상호관계		- 미・소의 세계전략체제에 밀접히 연관 - 기본조약의 틀에서 비교적 안정 유지	- 세계정치의 주변부로서 말단부적 대립에 관련 - 상호갈등, 대립, 전쟁 등의 불안정 상태 지속
통일의 배경으로서 소련의 정책 변화		- 소련의 개혁요구에 대한 호네커 정권의 거부 - 급격한 정치적・사회적 체제붕괴 (대탈출, 장벽개방)	- 내란 시 정치지도부의 대거사망으로 인한 지도부의 공백과 소련으로부터 원조격감으로 인한 개혁 수용
지역문제와 국가통일		- 지역내 제반 정치・군사・경제문제와 밀접히 연관 - NATO, EC, CSCE, CFE 등에 관련	- 지역내의 정치・군사・경제제도와의 연계 미약 - ACC, GCC, 아랍 연맹과의 현실적 관련 미약
통일 방식	통일 당시 국력 격차	- 인구 3.5배, GNP 5배, 1인당 GNP 1.5배, 군사력 3.5배	- 人口 3.8배, GNP 4.5배,1인 당 GNP 1.7배, 군사력 1.4배
	통합방식 (헌법)	- 서독 기본법 제23조에 의한 흡수통일	- 장기간에 걸쳐 합의된 내용의 헌법제정을 통한 통일
	경제통합	- 서독의 경제력을 바탕으로 통화통합을 통한 수직적 통합 - 재원: 서독의 경제력・기술력・600억 달러의 무역흑자	- 양국의 경제를 1:1로 결합시킨 수평적 통합 - 재원: 통일로 인하여 절약 되는 군사비・석유개발의 가능성
	권력통합	- 서독의 권력 독점을 통한 통일	- 남북 예멘의 권력공유를 통한 통일
통일의 후유증		- 막대한 통일비용 - 구 동독지역내 물가상승・기업도산・실업 증가 - 통일독일의 파업 및 경제적 불만 고조 - 사회적 통합 난항	- 남예멘지역의 물가 상승. - 강한 전통적 요소의 잔존으로 인한 통일정부와의 갈등 - 화폐 공동사용, 상대적 평온 - 권력문제로 인한 내란

제6장
한반도평화체제의 모색
- 10년 전의 기억 -

I. 한반도 현상변경의 마찰

2005년 9월 6자회담 4차회의에서 북핵문제 해결 방향이 어느 정도 가닥을 잡으면서 한반도평화체제 구축문제가 성급하게 현안으로 떠올랐다. 북핵문제가 해결될 수 있는 구체적인 방안이 가시화되지 않은 상황에서 한반도평화체제를 구축하기 위한 회의체를 만들려는 시도는 자칫 소모적인 논쟁만을 불러올 가능성이 크다.

되돌아보면 1차 북핵위기가 정리되었던 1994년 제네바합의 이후 1994년~1996년 북한의 정전협정 체제 무력화 기도에서 시작된 한반도평화체제 논의는, 김영삼 정부시절의 4자회담, 2000년 6.15 남북공동선언, 2002년 10월에 시작된 2차 북핵위기와 이를 해결하기 위한 6자회담을 거치면서도 아직도 새로운 국면을 맞고 있다. 10여 년의 세월이 한반도에서는 정지하고 있었던 것은 아닌가 하는 착각이 들 정도이다. 1994년~1996년에 북한의 정전협정체제 무력화 기도 이후 현안이 되었던 한반도평화체제 구축문제를 다시

10여 년의 세월을 거슬러 당시에 논의되던 논리와 내용이 무엇인가를 되짚어보고 한반도평화체제 구축을 달성하고 효과적으로 유지하는 방식을 모색하는 것은 의미가 있을 것이다. 그 과정에서 10여년의 세월을 반성하고 현재 진행 중인 6자회담에서 논의되는 한반도평화체제 논의를 위한 건설적 교훈을 찾을 수 있을 것이다.

한반도가 대륙세력과 해양세력의 이해관계가 교차하는 전략적 요충으로서, 역사적으로 강대국 들 간의 세력 각축장이었다는 점은 이미 진부한 사실이다. 특히 제2차세계대전 이후 일본의 항복을 받기 위한 편의에 의하여 설정된 38선을 경계로 이념적 적대세력들이 대치해 왔으며, 4대 강국으로 표현되는 이들의 이해관계에 따라서 한반도를 둘러싼 국제정치가 때로는 극도의 긴장상황으로, 때로는 전쟁으로 발전하기도 하였다. 그리고 60여 년이 지난 현재까지도 비무장지대를 경계로 한 적대관계는 해소되지 않고 있다. 특히 북한 핵문제를 계기로 한반도 지역에의 핵확산문제가 심각한 국제현안으로 대두되었는데, 1989년부터 시작된 탈냉전의 세계 조류에 비추어 보면 한반도 지역은 그야말로 아시아지역에서 마지막 남은 냉전의 잔재였다.[1)]

탈냉전의 도래는 공포의 균형으로 유지되어 온 '오랜 평화'(the Long Peace)[2)]가 끝남을 의미한다. 오랜 평화 뒤의 '차가운 평화' 시기에 있어서 새로운 국제군사질서의 특징은 일극적 다극체계,

---

1) James A. Baker III, "America in Asia: Emerging Architecture for a Pacific Community," *Foreign Affairs*, vol. 70, no. 5(Winter 1991), p. 12.

2) 이는 원래 1815년부터 1914년까지 체계수준의 대규모전쟁이 없었던 시기를 일컫는 용어이나, 여기서는 동서 양진영 간의 전쟁부재라는 구조적 변수를 설명하는 Gaddis의 개념을 차용한 것이다. 이는 John L. Gaddis, *The Long Peace: Inquiries in the History of the Cold War*(New York: Oxford University Press, 1987), chapter 8 참조.

안보개념의 확대, 군비축소와 군비증강의 이중구조로 특징지을 수 있다.[3)] 패권의 쇠퇴와 구 소련의 붕괴로 인한 군사적 일극체계와 정치경제적 다극체계의 복합적 현상 속에서 안보개념의 확대변질은 가장 특징적인 점으로 생각된다. 이는 군사일변도의 위협개념에서 자원, 환경, 기술, 문화 등의 요소를 둘러싼 비군사적 위협개념으로 위협의 내용이 변화하였고, 일방적, 경쟁적 안보추구 방식에서 상호적, 협력적 안보추구 방식으로 안보추구 방식이 변화하였으며, 국가수준에 국한되었던 정치군사적 안보문제가 개인, 국가, 국제의 수준에서 동시다발적이고 중첩적으로 제기되어 안보의 차원이 다차원화된 결과이었다. 특히 안보추구방식이 상호안보에서 공동안보로 그리고 협력안보로 변화된 점이 특징적인데,[4)] 구체

---

3) 김주홍, "새로운 국제군사질서와 동북아 국제정치군사관계," 유종선 외 공저, 『신국제질서의 도전과 대응』(울산: 울산대학교 출판부, 1996), pp. 179-241.

4) 시기적으로는 공동안보의 개념이 먼저 소개되었던 바, 이는 소위 Palme Report에서 연유하는 것으로서 자국의 군사력에 의한 일방적인 억지만으로는 안보와 평화를 달성할 수 없고, 상대국들과의 공존공영을 통하여 국가안보를 달성할 수 있다는 논리를 담고 있으며 다자간 외교 또는 협의체 구성을 통한 신뢰구축에 초점을 둔 개념이다. 한편 협력안보는 보다 전쟁예방에 초점을 둔 개념인데, 각국 간의 군사적 대립관계를 청산하고 협력관계를 설정함으로써 상호 양립 가능한 안보목적을 달성하고자 하는 것으로서 전쟁예방을 위하여 국가 간에 합의된 조치들을 이행하고 침략수단의 총동원을 적극적으로 억제하는 조치들을 추구하는 것을 내용으로 한다. 이에 비하여 상호안보란 양자 간 안보를 의미하는 구체적인 개념에 머문다. 이에 관해서는 다음을 참조. Independent Commission on Disarmament and Security Issues(Palme Commission), *Common Security: A Blueprint for Survival*(New York: Simon and Shuster, 1982); Ashton B. Carter, William J. Perry, John D. Steinbruner, "A New Concept of Cooperative Security," Brookings Occasional Papers(Washington D.C.: The Brookings Institution, 1992), pp. 7-10; R. Smoke, "A Theory of Mutual Security," in R. Smoke and A. Kortunov(eds.), *Mutual Security: A New Approach to Soviet-American Relations* (Hampshire: Macmillan and

적으로 유럽안보협력회의의 확대발전, 걸프전 당시의 미·소와 유럽국가들의 협력, 북핵문제 처리과정에서 보인 유관국들의 공조 등이 이러한 안보개념의 변화를 반영하였다.

그러나 한반도는 이러한 변화의 흐름에서 소외되어 왔는데, 1994년~1996년 북한의 일방적인 조치에 의한 군사정전협정체제 와해 기도는 한반도가 여전히 냉전적 구조를 탈피하지 못하고 있음을 반영하는 것이었다. 즉 1994년 4월 28일 외교부 성명을 통하여 미국과의 평화협정 체결을 포함한 '새로운 보장체제'를 수립하기 위한 포괄적 협상을 제의한 이래, 북한은 40년이 넘게 지속되어 온 정전협정체제를 일시에 무력화시키기 위한 조치를 계속했다. 우선 군사정전위원회와 중립국감시위원회의 무력화 조치를 들 수 있다. 즉 북한은 성명 발표와 함께 군사정전위원회 북한 측 대표를 군사정전위원회에서 철수하고 대신 5월 조선인민군 판문점대표부를 설치하여 대미접촉을 시도하여 왔으며, 같은 해 12월 15일에는 중국군 대표를 철수시켰다. 또한 1993년 4월 중립국감시위원단의 체코 대표단을 철수시킨 북한은 1995년 2월 28일 폴란드 대표단 마저 철수시키는 데에 성공함으로써 정전체제를 유지하는 데에 있어서 중요한 양대기구의 무력화에 성공하였다.

이와 함께 북한은 비무장지대에서 직·간접적인 군사행동을 취함으로써 정전협정체제의 실질적 무력화를 기도했다. 그 간 북한이 군사분계선을 침범한 사례는 무수하지만, 특히 1995년 이래 이러한 시도가 빈발하였으며 1995년 5월 3일에는 중립국감시위원회 사무실 폐쇄, 유엔군 측 군사정전위원회 및 중립국감시위원회 요원의 공동경비구역 출입금지 조치 등을 취한 바 있다. 특히 1996년

Academic Professional, 1991), p 60.

4월에는 중대급 병력을 판문점 비무장지대에 투입하여 박격포 진지를 구축하고, 5월에는 서해 지역에서 해군함정을 동원, 군사분계선을 침범하여 군사적 긴장을 고조시켰다. 이러한 일련의 군사적 행동은 북·미 간의 직접협상과 평화협정 체결을 목표로 한 정치적 행위의 일환이었다고 할 수 있다.

한편 이에 대응하여 한·미 양국은 급기야 소위 '4.16 제주선언'을 통하여 한반도 평화체제 구축을 위한 4자회담을 제안하기에 이르렀다.[5] 이 제안은 기본적으로는 남북한 주도에 의한 평화체제 수립을 지향하면서, 아무런 전제조건 없이, 남북한과 미국, 중국이 4자회담을 통하여 항구적인 평화협정을 체결하기 위한 목적을 가지고 있었으며, 남북한의 직접대화와 협상을 통한 평화체제를 미국과 중국이 국제적으로 보장하는 소위 '2+2회담'의 형식을 띠고 있었다. 물론 북한의 경우 이에 대한 긍정적인 반응을 보이지 않았었으나 즉각적으로 거부하지는 않는 등 과거와는 다른 행태를 보였다. 하지만 상황은 불투명했다.

1996년까지 제기되었던 한반도 평화체제에 관한 여러 주장들을 조사해 보면 몇 가지 특징적인 점들이 나타난다. 첫째 남북한 당사자 간의 우선적이고 직접적인 협상을 주장했다는 점이다. 이는 분단의 극복을 위하여 남북한 간의 문제는 민족 내부의 문제로서 자주, 평화, 민족대단결[6]이라는 원칙에서 해결하고자 하는 명분에도 들어맞는다는 장점을 가지고 있었으나, 현실과 상당한 괴리를 내포하고 있는 단점을 가지고 있었다. 왜냐하면 북한은 이러한 입장

---

5) 4.16제주선언에서 제시된 4자회담의 목적은 공동발표문 제6항에서 언급되고 있듯이 '항구적인 평화협정을 이룩하는 과정을 개시하기 위한 것'이었다. 한·미 공동발표문 전문은 『조선일보』(1996. 4. 17) 참조.

6) 이는 7.4남북공동성명의 3대원칙이다.

에 한번도 적극적으로 동의한 바 없었기 때문이다. 물론 남북고위급 회담의 과정에서 북한 대표가 동원한 수사나 소위 '화해와 협력을 위한 남북합의서'의 표현에서 북한이 남북한 간의 직접대화를 인정한 바 있으나, 당시 북한의 남한 배제 전략은 여전히 유효하였으며, 따라서 기왕의 연구들은 내부용이라는 한계를 벗어나지 못하고 있었다.

둘째, 한국이 주도적으로 한반도 평화체제를 구축·유지할 수 있다는 주장을 근저에 깔고 있었다. 물론 한국의 주도에 의하여 남북한 간의 평화체제를 구축하고 나아가 한반도 평화체제를 공고히 할 수 있다면 그 이상 바람직한 것은 없었을 것이다. 그러나 이 또한 내부용이라는 한계를 벗어나지 못했다. 왜냐하면 한반도 문제는 한국이 주도하여 생겨난 문제가 아니라 강대국들의 이해관계의 결과로서 생성, 존속되어 온 것이며, 뿐만 아니라 한국이 한반도 문제를 주도하기에는 아직 한국의 국력이나 내부적인 통합의 정도가 거기에 미치지 못하고 있었기 때문이다. 한국에서는 평화체제 문제나 통일문제에 관하여 감정을 배제한 계산에 입각한 냉정한 토의가 진지하게 이루어 진 적이 없었다.

셋째, 기존의 연구들은 문건 중심의 법적, 제도적 접근을 취했다. 만약 이러한 접근법이 성공적이었다면 이미 한반도의 통일은 달성되었을지 모르며, 적어도 이미 평화체제로의 전환은 이루어졌을 것이었다. 그 간 수많은 합의가 무산되었고 협정이 사문화되었다. 평화체제구축의 일부로서 평화협정 문안작성에는 국제법적인 접근이 필요할지 모르나 그 직전까지 이 문제는 압도적으로 정치적인 문제이고 권력적인 문제이다. 따라서 역의 접근이 필요한 상황이었다.

넷째, 그 간의 연구들은 평화체제구축에 있어서 상향식 방법론

(bottom- up approach)을 취하여 왔다. 군축에 있어서 북한이 선 군비축소 후 신뢰구축을 주장하는 데에 반하여 한국의 연구들은 선 신뢰구축 후 군비축소를, 평화체제 구축의 경우도 북한이 선 평화협정 후 평화체제 구축을 주장하는 데에 반하여 한국은 선 평화체제 기반조성 후 평화협정을 주장한 것 등이 그것이었다. '4.16 제주선언'에서 제안된 4자회담의 경우는 형식적으로는 하향식 방법론(top-down approach)을 취하고 있어 그 간의 주장과 구별되는 것으로 보이나 의안을 규정하지 않음으로써 여전히 상향식의 여지를 남기고 있었다.

다섯째, 정전협정을 소위 평화협정으로 대체하는 것이 한반도 평화체제 구축의 필요충분조건을 충족하는 것으로 보는 것이 일반적인 견해였다. 여기서 평화협정이란 통칭 6.25로 표현되는 한국전쟁의 상황을 법적으로 결산하는 협정을 의미한다. 이는 한국뿐만 아니라 북한의 경우도 동의하고 있는 듯하다.

이러한 몇 가지 특징들이 한반도 평화체제 구축에 있어서 방법론적인 문제가 될 수 있다는 생각에서 기존의 연구들과 반대방향으로 해결방안을 모색하였다. 기존의 연구들의 경우는 관변에서 이루어진 경우가 대부분이고 또한 정책보고서의 형태를 띠고 있는데,[7)] 이러한 시도들이 실패하고 있다면 그 역의 성공가능성은 얼마나 되겠는가를 검토하는 것도 상당한 의미가 있는 작업이었다.

7) 예컨대 다음의 연구들을 들 수 있다. 강원식 외, 『한반도 평화체제 구축방안』(서울: 민족통일연구원, 1995); 제성호, "북한의 대미 평화협정 체결 전략: 내용, 의도 및 문제점," 『한반도 평화체제 구축방안 모색』(서울: 민족통일연구원, 1995), pp. 5-29; 제성호, "한반도 평화체제 구축방안," 『국가전략』, 제2권 1호(1996년 봄.여름), pp. 59-105; 백진현, "휴전체제의 평화체제로의 전환: 문제점과 대책," 주요국제문제분석(서울: 외교안보연구원, 1994); 백종천, "한반도 평화체제 구축방안," 정책과제보고서 95-03(성남: 세종연구소, 1995).

이에 따라서 몇가지 전제를 세웠다. 우선 한반도 평화체제 구축 문제는 남북한 간의 문제로 환원될 수 없는 구조적이고 체계적인 차원의 성격을 갖는다는 점이다. 둘째 한국 주도의 강박관념을 벗어나서 '용외세'(用外勢) 방식의 접근을 취하였다. 셋째 문건주의를 포기한다. 네째 상향식 접근법을 고수한다. 다섯째 평화협정 중심의 평화체제를 지양한다.

II. 한반도 평화체제 구축 문제의 성격

1. 고도의 정치적 이해관계 조정의 장

한반도 평화체제 구축문제는 국지적 이해관계의 조정으로는 해결할 수 없는 국제적 쟁점사안이며, 그것도 고도의 정치적 고려가 개입될 수 밖에 없는 어려운 문제다. 한반도 평화체제 문제는 한반도의 분단과 전쟁 그리고 반세기가 넘는 적대관계의 총체적 역사를 결산해야 하는 난제 중의 난제인 것이다. 주지하다시피 제2차 세계대전의 종전과 함께 한반도의 운명은 분단으로 나아갈 수 밖에 없었다. 근대국제질서에 편입되는 과정에서 근대과업의 실패로 인하여 일본의 식민지로 전락하게 된 한반도는 종전 이후 일본을 대체한 미·소의 전략적 각축장으로 화하여 이내 분단되고 말았다. 물론 한반도에 적당한 시기와 절차를 따라 독립정부를 수립케 한다는 연합국들의 합의는 카이로, 포츠담 등에서 확인된 바 있었다. 그러나 이는 합의를 위한 합의였을 뿐 초강대국 세계전략체계의 충돌과정에서 한반도의 명운은 이미 독립변수는 아니었다.

과거 제국 시기부터 러시아는 부동항 확보를 위하여 조선에 대한 진출을 시도해 온 바 있다. 조선에 대한 신탁통치를 논의하기 위한 미·소 공동위원회 당시, "한반도에 들어설 정권은 최소한 소련에 반대하지 않아야 한다"는 소련 대표의 언급은 한반도의 국제정치적 성격과 위상을 한마디로 요약해 주고 있다. 이는 청 말기에 리훙장이 조선과 중국과의 관계를 '입술과 이의 관계'(脣齒之間)으로 비유했던 것과 같은 맥락에 있다. 즉 대륙세력의 입장에서 한반도가 해양세력들의 팽창을 저지하는 마지노선으로 인식되고 있는 것이다. 이러한 입장은 해방 이후, 한국전쟁, 한국전쟁 이후 오늘에 이르기까지 북한과 소련(러시아), 북한과 중국의 관계에서 적어도 안보적으로는 일관되게 확인되어 오고 있는 바이다.

한편 일본은 역사적으로 한반도에 대하여 거의 사활적 이해관계를 가지고 있다. 임진왜란도 그러했고, 20세기 대동아공영권을 향한 제국주의 침략을 단행하던 시기에도 그러하였으며, 패전 이후 현재에 이르기까지도 그러하다. "조선반도의 안전이 일본의 안보에 중요하다"거나 "한국의 안보가 일본의 안보에 직결되어 있다"는 등의 언급을 계속해 오고 있는 일본의 입장에서 한반도의 현상변경은 초미의 관심사가 아닐 수 없다. 미국의 경우는 여타 3국에 비하면 비교적 나중에 한반도에 개입한 국가이지만, 주한미군을 통하여 실질적으로 한반도에 관여하고 있는 최대의 이해당사국이므로 다른 언급이 불필요하다.

이처럼 한반도는 이미 역사적으로 국제적 이해관계가 교차하는 지역으로서 열강의 각축장이었으며, 분단과 전쟁, 그리고 적대적 대치상황도 그러한 맥락에서 벗어난 적이 없었다. 그렇다면 한반도는 국제적 힘의 작용에서 자유로울 수 없으며, 따라서 한반도 평화체제의 정립도 마찬가지라는 것은 자연스러운 추론이다. 즉 한반도 평화체제는 동북아 제국의 이해관계의 조정이 전제되지 않는 한 이룩되기 어려운 사안이다.

동북아는 가장 복잡한 이해관계 구조를 가진 지역이다. 냉전의 중심이 유럽지역이었다는 데에 대해서 이론은 없지만, 그렇기 때문에 오히려 유럽지역은 미·소와 유럽국가들에 의한 다자간 체제를 통하여 협상체제의 구조화가 가능하였다. 이에 비하여 동북아 지역은 관련국들의 쌍무적 관계를 중심으로 얽혀 있어 국제적 사안에 관한 일괄적 협상이 불가능했던 국제적 구조를 가지고 있다.[8] 뿐만 아니라 중국이라는 전혀 다른 변수가 있는 까닭에 이해관계의 조율은 더욱 복잡한 것이다. 동북아는 제2차세계대전이나 한국전쟁과 관련한 평화회담이 완결되지 않은 지역이다. 구 소련과 일본 간의 평화조약 문제, 북한과 일본 간의 배상문제 등은 동북아 평화체제 형성에 있어서 해결해야 할 현안이다. 또한 한·중, 북·미 간의 평화조약의 문제도 이에 해당된다. 이러한 형식적인 측면 이외에 한반도 평화체제에는 적대관계의 해소를 위한 정치적·군사적 신뢰구축 문제, 군비축소 문제, 주한미군 문제 등이 관련되어 있으며, 이는 또한 북·일, 북·미 수교문제와 밀접하게 연관되고 있다.[9]

따라서 한반도 평화체제 문제는 동북아 평화체제와 연계되지 않을 수 없다. 그렇기 때문에 한반도라는 국지적 차원의 문제해결보다는 동북아라는 지역적 차원의 문제 해결이라는 시각에서 접근하

---

8) Chalmers Johnson의 견해를 빌리자면, 동북아 여러 나라를 포함한 아·태지역의 경우, 안보의 개념이 모호하고 통합적 조직규범이 없으며 위협을 가하는 존재에 대한 합의가 부재한 상황이라 집단안보가 불가능한 것으로 판단된다. Chalmers Johnson, "Rethinking Asia," *The National Interest*, no. 32(Summer 1993), pp. 26-27.

9) 하영선, "신세계질서와 동북아평화체제," 하영선 편, 『탈근대 지구정치학』(서울: 나남, 1993), pp. 49-69.

는 것이 오히려 한반도의 문제를 해결하는 보다 현실적인 길이 될 수도 있을 것이다.

2. 현상유지에 관한 국제적 보장체제의 확립

한반도 평화체제는 동북아 평화체제와 밀접한 관련이 있고, 그 기본방향은 현상유지에 있다. 즉 한반도에 이해관계를 가지고 있는 미・러・중・일과 남북한이 현재의 상황을 인정하고 이를 국제적으로 보장하는 체제로서 평화체제의 의미를 갖는다. 이는 동북아 현안문제를 해결하고자 하는 당사국들의 이해관계와 일치한다.

북한핵문제는 한국, 미국, 일본의 입장에서 확실한 매듭을 지어야 할 사안이었다. 제네바합의와 한반도에너지기구(KEDO)의 출범으로 일단락된 것으로 보이는 북한핵문제는 북한이 국제원자력기구의 사찰을 받기 이전까지 추출했을지도 모를 풀루토늄의 양과 이를 이용한 핵무기의 개발가능성의 문제를 해결하지 못하고 넘겨졌다.[10] 또한 북한의 노동1호, 대포동1호 등 중장거리 미사일의 경우[11]도 한국, 일본 등에게는 상당한 위협요소로 남아 있었고, 이로 인하여 일본은 미국과의 협조 하에 THAAD(Theater High Altitude Air Defense)의 도입을 추진하게 됨으로써 중국과 중대한 마찰을 빚었다.[12]

---

10) 제네바 합의 제4-3항과 제4-4항에 의하여, 국제원자력기구에 의한 완전한 사찰은 경수로의 핵심부품이 인도되기 이전(약 4~5년후)에 시행하도록 되어 있어 이 문제는 1999년 또는 2000년에 가서야 해결될 것으로 당시에는 여겨졌다. 제네바합의문은 백종천 외 공저, 『변화하는 세계 달라지는 국방』(서울: 진영사, 1996), 부록 pp. 298-301 참조.

11) 당시 북한의 미사일 개발 현황에 관해서는 다음을 참조, David Wright and Timur Kadyshev, "The North Korean Missile Program: How Advanced Is It?" *Arms Control Today*, vol. 24, no. 3(April 1994).

또한 북한의 경제난[13]과 식량문제는 북한정권의 붕괴, 또는 북한 정치체제의 붕괴 가능성과 관련되는 문제로서 동북아 관련국들의 초미의 관심사가 되었다. 당시 이미 한국의 경우는 15만톤의 쌀을 제공한 바 있지만, 중국, 일본 등도 식량을 제공하고 있었고, 미국도 이 문제에 관한 한 상당히 관대하게 접근하고 있었다. 이처럼 주변국들이 북한에 대한 식량 제공에 긍정적이었던 것은 인도적인 이유도 약간은 있었겠지만, 혹시 발생할지도 모르는 대량난민을 예방해야 한다는 위기의식 때문이었다.

한편 북한의 경우 100만이 넘는 군대보유와 핵무기 개발 등을 통한 군사력 증강의 이유를 미 제국주의와 한국 내의 팟쇼세력의 위협 때문인 것으로 주장하고 있었으며, 이는 곧 북한 정권이 그것을 체제에 대한 위협으로 인식하고 있었다는[14] 의미였다. 특히 주한미군은 북한이 반세기 가까이 철수를 주장해 온 것으로서 주한

---

12) 중국은 미국・일본 간에 공동개발이 논의되고 있는 전역미사일 방위체계(Theater Missile Defense 또는 THAAD)의 일본배치에 강력히 반대하는 뜻을 미국에 전달한 바 있다. 이 방어체계의 일본배치의 명분이 북한의 노동1호에 대한 대응책이라는 미・일의 주장에 대하여 중국은 그 같은 조치가 중국의 전략핵전력에 위협이 되므로 전략핵 증강으로 대응하겠다는 의사를 아울러 밝혔다. 『讀賣新聞』(1995. 12. 6).

13) 북한의 경제는 1990년부터 5년간 계속 -3.7% 내지 -6.7%의 성장률을 기록하였고, 1995년에는 최악의 홍수로 인하여 경제 자체가 자생력을 잃었다. 북한 경제의 성장률에 관해서는 『중앙일보』(1994. 6. 29); 통일원, 『남북한 경제현황 비교』(서울: 통일원, 1991), p. 38 등 참조.

14) 북한의 핵개발의 이유에 대한 보수적인 해석에 따르면 주체사상에 입각하여 국방에서의 자위를 달성하기 위한 군사적 이유, 재래식 군사력에 비하여 저렴한 경제적 이유, 그리고 북한의 생존과 김일성-김정일 체제의 생존 간에서 오는 딜레마를 돌파할 수 있는 체제적 이유를 들고 있다. 이춘근, 『북한 핵문제: 발단, 협상과정, 전망』(성남: 세종연구소, 1995), pp. 183-195. 그러나 북한의 극심한 전력난을 고려할 때에 이를 해결하기 위한 경제적 원인도 상당할 것으로 판단된다.

미군 철수 시 한반도를 적화통일하겠다는 전략적 고려와 함께 주한미군의 공격으로 인한 북한의 체제적 위험을 회피하고자 하는 이중적 의도를 가지고 있는 것으로 평가되었다.

그러나 주한미군은 또한 한국의 무력행사와 그에 의한 통일을 억지하는 역할을 수행해 왔다. 보수적인 견지에서 보면 북한은 언제나 도발적이고 공격적이며 한반도 적화능력을 보유하고 있는 것으로 평가되었다. 이는 특히 군사비 투자에 있어서 북한이 한국보다 우위에 있다고 하는 분석에 근거하였다.[15] 그러나 현대전의 성패는 군사력의 양적 수준에 의하기보다는 전자, 통신 등 기술력에 의하여 좌우되며, 한국군은 이제 기술력에 있어서 북한을 압도하고 있는 만큼, 한국이 무력통일을 기도하는 경우에 대한 우려가 없을 수 없었다. 따라서 미국은 주한미군을 주둔시킴으로써 남북한 모두에 대하여 억지를 달성하고 있었다고 할 수 있다.

중국의 경우 한반도의 안정의 중요성을 때마다 강조하고 있는데, 이는 중국이 현대화계획을 완수하여 경제발전을 이룩하기 위해서는 동북아, 특히 한반도 지역에서의 현상유지가 매우 긴요하기 때문이었다. 한국은 중국이 상품진출을 기하고 있는 중요한 시장이며 중국에 대한 주요 투자국 중의 하나였다. 그런가 하면 북한은 중국의 만주지역의 안보를 위해서는 이의 입술과 같은 존재이다. 따라서 중국은 남북한 양국이 모두 필요하며 어느 한 쪽도 단기간 안에 포기할 수 없는 입장이었다.

---

15) 한국 국방부의 견해는 보수적이기는 해도 자료 자체의 신뢰성은 인정된다. 1993년 현재 1990년 불변가격으로 환산한 투자비 누계는 한국이 447억1천만 달러, 북한이 524억8천만 달러로 나타나 이를 근거로 한 한국의 대북 전쟁억지력은 약 80%에 불과했다. 국방부, 『국방백서 1994-1995』(서울: 국방부, 1994); 국방부, 『우리의 국방비』(서울: 국방부 전력기획관실, 1994) 참조.

러시아도 한반도의 안정을 바라고 있었다. 구 소련에 비하면 그 강도가 현저히 떨어지지만 여전히 러시아는 한반도에서 남북한 간에 등거리정책을 고수하고 있었다. 한국의 북방정책과 고르바초프의 뻬레스뜨로이까 정책이 맞아 떨어지고 구 소련이 한국으로부터 상당한 정도의 경제적 이익을 취하던 때에는 북한과의 동맹조약의 변경과 폐기를 추진하는 등 북한으로부터 멀어지는 정책을 취하였다. 그러나 1996년 당시 러시아는 북한과의 동맹조약의 부활에 보다 관심을 가지고 있었으며,[16] 이는 장차 한반도 평화체제 정립에서 러시아에게 상당한 기득권으로 작용할 가능성이 있었다.

한국은 공식적으로 북한의 급속한 붕괴와 한국으로의 흡수통일에 대하여 부정적인 입장을 취하고 있었다. 그 주된 이유는 북한과 한국 간의 경제적 격차가 너무 커서 통일비용이 막대하기 때문이었다. 사실 한국 내에서 통일에 대한 열정은 있으나 냉정한 계산과 판단에 입각한 통일방안은 없었으며, 단지 단계적으로 통합해 가는 점진적 통일 방식만이 정부의 공식적인 입장으로 되어 있었다. 특히 독일 통일의 경우에서 얻은 교훈으로 인하여 통일만이 능사가 아니라는 판단이 주류를 형성하고 있었다.

이렇게 볼 때 당시 동북아 6개국의 묵시적인 합의는 한반도와 동북아의 안정과 현상유지였던 것이다. 그렇다면 돌발적인 북한의 모험적 행동을 억지하면서 가장 정치적으로 불안한 북한의 체제를 유지해주기 위한 방식은 국제적 보장일 수밖에 없었다. 이는 북한이 이미 경제적으로 자생력을 상실한 상태였고 정상적인 경우에는 이미 붕괴의 길로 접어들었을 상황에 처해 있으면서도 정책적 전환을

16) 최근 러시아와 북한간의 관계변화에 관해서는 다음을 참조. 여인곤, 『러·북관계의 변화 전망과 한국의 대응방안』(서울: 민족통일연구원, 1995). 특히 pp. 18-64 참조.

모색하지 않고 있기 때문에, 북한이 가장 안심하고 받아들일 수 있는 다자간 국제적 보장이 가장 합리적이리라는 가정에 입각한 주장이다.

3. 한반도 국제관계의 국제제도화

한반도 평화체제는 한반도를 둘러싼 국제관계의 제도화를 의미한다. 이 제도화에는 남북한 관계의 제도화 뿐만 아니라 주변국과 남북한 각각과의 관계 제도화라는 의미가 강하게 내재되어 있다. 사실 한반도를 제도화하기 위한 노력은 남북한 간에 계속되어 왔다. 한국전쟁 휴전 이후 남북한은 다양한 제의와 역제의를 통하여 각자의 방식에 따른 평화체제 구축 방안을 모색하여 왔으며, 1972년의 '7.4 남북공동성명'과 1992년 2월에 발효된 '남북한 사이의 화해와 불가침 및 교류 · 협력에 관한 합의서'는 그러한 노력의 결실이었다. 그러나 이러한 문서에 의한 합의는 그 안에 담긴 내용과는 달리 준수되지 않았다. 따라서 문건에 의한(법적인 접근에 의한) 평화정착은 불가능한 것으로 판명되었다고 할 수 있다. 그 간 한반도에서 전쟁이 재발하지 않았던 것은 군사적 균형에 따른 상호억지의 결과이지 남북한 간의 합의서 또는 그 정신 때문은 아니었다.

따라서 여기서 의미하는 제도화란 단순한 협정문서의 산출을 의미하지 않는다. 협정문서를 만들어 내고 이를 준수하도록 하는 조치까지를 포함한 제도화만이 평화체제의 존속을 보장할 수 있다. 이를 위하여 앞서 언급한 국제적 보장조치가 수반되어야 하는 것이며, 이를 보다 구체적으로 말하자면 한반도 평화체제를 국제적 보장의 틀 속에 묶는 것이었다. 이는 한반도 문제의 국제화를 의미한다. 기존의 남북한의 입장이나 이에 관한 연구들의 경우 남북한 당사자의 합의를 우선시하고 있었으며, 이러한 한반도문제의 한반도화는 남북한 관계를 민족내부 문제로 간주하고 자주, 평화, 민족대단결의 원칙에서 다루고자 하는 명분을 가지고 있다는 장점이 있었다.

그러나 문제는 남북한 간의 합의만으로는 평화체제의 성립과 유지가 어렵다는 것이 역사적으로 판명되었고, 남북한의 내부적인 사정을 고려할 경우 앞으로도 그러할 가능성은 거의 없다는 데에 있었다. 또한 한반도 평화체제가 남북한 각각의 체제적 위협이 되지 않도록 하기 위한 방안의 하나로도 한반도문제의 국제화는 보편적인 국제적 상식과 원칙을 차용할 수 있다는 장점을 가지고 있었다.

한반도 문제를 국제화할 경우 일방적으로 합의를 무산시키는 조치는 거의 불가능해지며, 남북한 각각은 주변당사국들과 함께 합의 준수를 위한 정치적, 제도적, 도의적 부담을 지게 되고, 따라서 평화체제의 유지 가능성이 높아지게 될 것이었다. 물론 이 경우 한반도 평화체제의 국제적 제도화에 참여하는 국가의 수가 늘어날수록 합의를 이끌어내기 위한 협상과정이 길고 어려워 질 수 있다는 단점이 있으며, 민족의 문제를 외부적인 힘을 빌어 해결하고자 할 경우 수반될 수 있는 한민족 전체의 부담이 없는 것은 아니었다.[17)]

그러나 한반도의 문제는 이미 민족내부의 문제가 아닌 것으로 결론이 났다. 분단에서 시작하여 한국전쟁, 푸에블로 납북사건, 판문점 도끼 만행사건 등에서 보인 주변국들의 개입, 북한 핵문제 등은 한반도문제가 국제화되었음을 보여 주는 예들이다. '분단은 외

17) 이러한 논지의 글은 제성호(1996), p. 104.

세의 개입에 의하여 이루어졌으나 통일은 민족의 힘으로 이루자'는 명분에 찬 결의도 현실성이 떨어지며 남북한이 합하여 180만 대군을 대치시키고 있는 상황에서 한반도문제의 한반도화는 감정에 치우진 감상주의의 발현이라고 밖에는 보이지 않았다.

또한 협상과정에서 치러야 할 비용, 즉 시간의 지연, 민족적 이익의 훼손 가능성, 합의도출의 실패 가능성 등도 우려되는 바였다. 우선 시간의 지연의 경우 한반도 평화체제 구축을 위한 협상은 지나간 50년을 넘는 시간이 소요되지는 않을 것이다. 그것이 5년 또는 10년 또는 그 이상이 소요된다 할지라도 평화체제 구축을 위한 협상의 시작 그 자체가 이미 평화보장을 합의하고 있기 때문에 협상기간에도 당시 상태 이상의 실질적 평화는 보장될 수 있을 것으로 생각되었다.

다음은 민족적 이익의 훼손 가능성인데, 이 문제 또한 그다지 우려할 바는 아니었다. 협상과정에서 민족적 이익을 저해하는 국제적 압력이 발생할 경우 이는 오히려 남북한 간의 공조 가능성을 높혀줄 수 있으며, 실제로 민족적 이익을 훼손하는 사안이 한반도 평화체제에 포함될 가능성은 거의 없다. 왜냐하면 한반도 평화체제는 남북한 간 평화와 동북아 평화의 복합체로서 전자가 우선시된다는 데에 대한 국제적 합의가 묵시적으로 존재하기 때문이다.

마지막으로 합의도출 자체가 실패하는 경우는 우려되는 바가 크다. 이는 주로 남북한 간에 이견으로 인하여 야기될 가능성이 크기 때문이다. 그러나 우선 합의도출이 실패하는 경우에도 현재보다 상황이 더 악화될 가능성은 없다는 점에 주목해야 한다. 이미 정전협정체제를 무력화시키기 시작한 북한은 간간이 전쟁위협과 군사적 도발을 감행해 올 것이었다. 이러한 점은 이미 우리에게 익숙한 상황이었다. 하지만 남북한 당사자 간의 협상을 통하여 평화체제

구축을 위한 협상을 시도하는 경우에도 이러한 국면을 절대적으로 회피할 수 있는 가능성은 없었다. 또한 합의 도출에 실패하는 경우가 될지라도 협상과정에서 한국의 입장에 대한 주변국들의 이해를 넓히는 중대한 계기를 만들 수 있었다. 한국은 경제적으로나 체제적으로 우월한 지위에 있었으며 평화정착에 대한 의지만 확고하다면 이 우월한 지위에 의한 장점을 십분 활용하여 또 다른 협상과정을 준비할 수 있을 것이었다. 문제는 평화체제의 구축이 단 한 번에 이루어져야 한다는 강박관념과 정해진 기간 내에 협상을 타결하여 정권의 치적으로 치부하고자 하는 소아적 욕심을 여하히 극복할 수 있는가에 달려 있었다.

이상과 같은 논지에서 보면 남북한 당사자 우선주의, 한국 주도에 의한 평화체제 구축 모색, 협정문 도출에 의한 평화체제 보장 등의 방식은 한계가 있음을 알 수 있다. 따라서 한반도 문제의 국제제도화, 평화체제의 국제적 보장, 동북아 평화체제와의 연계 등의 방식이 여기서 대안으로 제시하고자 하는 방안의 골격이 된다.

III. 한반도 평화체제 구축의 접근법

1. 상향식과 하향식

한반도 평화체제가 동북아 평화체제와 밀접하게 연관된다는 점은 이미 언급하였다. 이 경우에 있어서 평화체제 구축의 방식을 상향식(bottom- up)으로 가져가는가, 또는 하향식(top-down)으로 가져가는가 하는 문제가 중요하게 된다. 즉 정치적, 군사적 신뢰를 조성하기 위한 제반조치를 통하여 충분한 신뢰가 정착된 이후 평화체제를 선포하는 협정을 체결할 것인가, 아니면 평화협정을 먼저 체결하고 이를 통하여 정치적, 군사적 신뢰구축을 이행할 것인가 하는 문제는 각 국가별로 이해관계에 따라 입장을 달리 할 수 있는 문제였다.

당시 북한의 경우는 하향식 접근법을 취하고 있었다. 북한의 대미 평화협정체결 주장은 어제 오늘의 일은 아니지만 10여년 전 당시의 주장을 살펴보더라도 이러한 경향은 뚜렷하다. 한반도에서 핵문제를 포함한 일련의 문제들이 정전협정의 당사자인 북한과 미국을 적대적인 쌍방으로 규정하고 있는 정전체계가 지속되고 있는 것과 관련이 있기 때문에, 북한과 미국간 적대관계의 조속한 해결을 위하여 평화협정이 체결되어야 한다[18]는 것이었다.

또한 북한은 미국이 패트리어트 미사일을 한반도에 끌어 들이고 정전협정을 체계적으로 유린, 말살하였으며 따라서 이러한 각종의 부당한 조치로 한반도의 긴장사태가 조성된 책임을 지고 있으며, 따라서 무력화된 정전협정과 정전기구를 평화협정과 평화체제로 대체하는 것만이 한반도의 공고한 평화를 이룩하는 길이라고 주장하였다. 즉 미국과 평화협정을 체결하는 것이 곧 한반도의 평화체제를 구축하는 길로 북한은 인식하고 있었다.[19]

---

18) 1994년 4월 28일 북한 외교부 대변인 성명; 통일원, 『월간북한동향』, 154권(서울: 통일원, 1994. 4), pp. 244-246.

19) 북한이 사용했던 용어 중 '평화보장장치'와 '평화보장체계'를 구별해야 할 필요가 있다. 즉 평화보장장치는 남북한 간에 체결된 기본합의서와 불가침부속합의서를 규정하는 용어인데 반하여 평화보장체계는 북한과 미국 간에 해결, 수립해야 할 사항으로 주장하였다. 즉 평화보장장치는 남북한 내부의 문제로, 그리고 평화보장체제는 국제적으로 해결해야 할 문제로 분리하여 인식하고 있었으며, 그 핵심은 평화협정 체결에 있었다. 북한의 조선중앙방송의 주장은 『내외통신』, 제9692호(1995. 9. 20) 참조.

이에 반하여 한국은 상향식, 단계적 접근법을 취하고 있었다. 즉 정치적, 군사적 신뢰구축을 통하여 상호불신과 적대감을 해소하고 이를 기초로 군비축소와 평화협정을 체결하여 평화체제를 구축하는 길만이 한반도에서 항구적인 평화를 공고히 할 수 있는 방안이라고 보고 있었다. 뿐만 아니라 이러한 평화체제는 궁극적인 목적이 아니라 평화통일로 나아가는 중간단계로서 잠정적인 성격을 지니는 것으로 규정되었다. 그런데 '4.16 제주선언'으로 인하여 한국과 미국의 접근법이 하향식으로 전환되고 있었다. 물론 의제를 규정하지 않음으로써 협상과정에서 선 신뢰구축 후 평화협정체결 등의 방법론이 논의될 수 있는 여지를 남기고 있지만 적어도 외형상으로는 북한의 하향식 형식을 용인하고 있다는 판단이 들었다.

우선 상향식과 하향식을 비교할 경우 전자는 협상당사국들의 경험과 합의에 기초하여 평화체제가 구축되는 경우 그 유지가 보장될 수 있다는 장점이 있는 대신, 단계별로 협상의 장애가 많고 타결에 시간이 더 걸린다는 단점이 있었다. 한편 후자는 평화체제 구축의 형식을 갖추는 데에는 시간을 절약할 수 있으나 평화보장조치를 실행에 옮기는 경우 상호신뢰조성이 미비하여 평화체제 자체가 무의미해질 수 있었다.

그런데 앞서 언급한 논리에 따라 한반도 평화체제를 한반도문제의 국제화라는 각도에서 접근했을 경우 하향식은 현실적으로 무리가 따른다. 즉 남북한 뿐만 아니라 주변관련국들이 함께 이해관계를 조정해 가는 경우 평화체제의 성격과 그 내용을 정하기 위한 자료축적 과정이 필요할 뿐만 아니라 평화체제 구성방식에 대한 합의도출 과정이 필히 수반될 것이기 때문에 상향식 접근을 하는 것은 불가피했다고 판단된다. 또한 한반도 평화체제를 의제로 협상한다는 자체가 이미 긴장완화 및 평화에 대한 기대를 유발하게 되고, 그 과정이 나름대로 의미가 있었기 때문에 또한 상향식이 의미가 있는 것이었다. 하향식 접근의 경우 우선 협상국의 범위와 의제 선정에 있어서 갈등이 표출될 가능성이 크며 그 때문에 평화체제 구축 자체가 무산될 공산이 크다. 당시 남북한과 관련당사국들은 한반도 평화체제에 대한 충분한 자료와 준비를 갖추지 못하고 있었으며 갈등의 본질에 대한 충분한 합의도 존재하지 않았던 것이 현실이었다.

2. 당사자 문제와 보장방안

여기서는 이미 한반도 문제의 국제화를 전제하고 있기 때문에 당사자 문제는 기존의 연구에서 주장되는 바와 다르며, 북한이 주장했던 북・미 간 협상 주장은 더더욱 찬성하지 않는다. 그러나 북한이 기왕에 북・미 직접협상을 주장하고 있었던 만큼 이에 대한 반론을 제기하는 선에서 논의를 전개하고자 한다.

주지하다시피 북한은 평화체제 구축을 평화협정 체결로 보는 전제에서 북한과 미국이 그 당사자임을 주장해 왔다. 그 논거는 다음과 같다. 즉 한국전쟁은 미국이 도발하였으며 정전협정 체결, 교전관계, 정전체계 파괴의 당사자도 미국이기 때문에 북한과 미국 사이에 새로운 평화보장체계 수립문제가 해결되어야 한다고 주장했다.[20] 또한 한국은 아직도 미제의 식민지로서 작전통제권이 미국에게 있고, 따라서 꼭두각시 정권인 한국은 평화보장체계 당사자가 아니며 미국만이 그 실제적 당사자가 될 수 있다고 주장했다.[21]

---

20) 『로동신문』 (1995. 8. 18).

21) 조선중앙방송, 1995년 3월 3일자 보도; 국토통일원, 『북한최고인민회의 자료집』, 제3집(서울: 국토통일원, 1988), p. 858.

한편 한국과는 이미 1992년 발효된 남북한 기본합의서에 의하여 평화보장장치가 확립되어 별도의 평화협정 체결이 불필요하다고 주장했다.[22] 그러나 무엇보다 더 중요한 이유는 북한의 소위 '정전론'에 입각한 전쟁관에 있었다. 즉 북한은 "우리가 수행하는 전쟁은 ... 모두 정의의 전쟁이다. 그것은 미제의 침략을 물리치고 제국주의 식민지통치기반에서 남조선을 해방하며, 민족의 자주권을 옹호하기 위한 민족해방전쟁이기 때문"[23]이라고 주장함으로써 이미 수행하였거나 앞으로 수행할 전쟁의 성격을 해방전쟁, 정의의 전쟁으로 규정했다. 또한 미제의 식민지인 한국은 주권을 보유한 국가적 실체가 아니며 분단은 되었지만 한반도에는 오직 '하나의 조국', '하나의 민족국가'인 북한만이 존재하기 때문에 한반도 문제의 해결은 하나의 조국인 북한과 제국주의 침략의 당사자인 미국 사이에 해결해야 할 문제로 보고 있었다.

한반도 평화체제의 요체가 평화협정 만이 아니라는 점은 이미 지적하였다. 하지만 평화협정에 관하여 고찰할 때에도 북한의 주장은 상당히 무리한 논리를 담고 있었다. 우선 제국주의론과 정전론에 입각한 한국배제 논리의 허구성이다. 한국이 미국에 비하면 정치적, 경제적으로 열세에 있고 미국의 영향권에 있는 것은 사실이지만 제국주의적인 경제적 수탈과 종속이 일어나고 있지 않았다. 오히려 냉전 시대에 미국은 한국에 대하여 자본과 시장을 제공하였고 한국은 미국 시장에서 상당한 경제적 성과를 거두어 이미 중진국에서 선진국으로 발돋움할 수 있는 기틀을 마련하였다. 만일

22) 1995년 2월 28일 및 4월 19일의 북한 외교부 성명; 『로동신문』(1995. 4. 13) 참조.

23) 허종호, 『주체사상에 기초한 남조선혁명과 조국통일리론』(평양: 사회과학출판사, 1975), p. 271.

한국이 미제의 식민지라면 전후 유럽과 일본 등 현재 최선진국들도 미제의 식민지라는 주장이 가능해야 하지만 이는 상식을 벗어난 주장이었다.

북한이 주장하는 '하나의 조국' 논리도 현실을 무시한 몽상에 불과하다. 한국은 독자적으로 엄청난 무력을 보유한 엄연한 주권국가로서 실질적으로 한반도를 통치하는 정치적 실체이며, 이는 북한이 한국과 유엔에 동시 가입함으로써 스스로 인정했던 부분이다. 또한 과거 북한의 동맹국이었던 러시아와 중국이 한국과 국교를 맺고 있으며 북한과 이념적 동지국가였던 과거의 동구권의 사회주의 국가들이 한국과 국교를 수립함은 물론 경제협력을 위하여 노력하고 있었다. 이러한 간단한 방증으로도 북한의 제국주의론과 정전론에 입각한 당사자론은 타당성을 상실한다.

한국전쟁의 도발, 교전관계, 정전협정 체결 및 파괴에 대한 미국 당사론도 설득력이 없었다. 한국전쟁은 북한의 무력남침에 의하여 시작되었다. 한국전쟁이 발발하던 당시 미국은 얼마 안 되는 군사고문단만을 남한에 남겨둔 채 모든 군사력을 철수하였으며 최초 교전은 북한군의 한국군에 대한 공격으로 시작되었다. 또한 당시 대한민국은 유엔이 인정한 한반도 내에 유일한 합법정부였으며, 북한은 이러한 합법정부에 대하여 교전을 시작했던 것이다. 또한 최근에 와서 러시아 측이 비밀문서를 공개함으로써 그 전모가 밝혀졌지만, 전쟁결정과정에서도 김일성이 스탈린과 마오쩌둥과의 지시와 협의를 거쳐 전쟁을 도발하였음이 분명해졌다.

뿐만 아니라 1950년 6월 25일에 긴급 소집된 유엔안전보장이사회는 북한의 무력남침을 평화의 파괴로 규정, 군사행동의 즉각 중지 및 38도선 이북으로의 북한군 철수를 결의[24]한 바 있고, 북한이 이에 불응하고 전투행위를 계속하자 6월 27일 한국에 대한 원조

제공을 회원국들에게 권고하는 결의안을 채택[25]함으로써 미국을 비롯한 16개국의 한국전쟁 참전이 이루어지게 되었던 것이다. 따라서 교전관계가 북한과 미국 간에만 성립된다는 주장은 형식논리로도 성립되지 않는다. 한국전쟁에서의 교전은 북한의 평화파괴 행위에 대한 제재적 성격의 집단적 강제조치일 뿐이었다.

또한 미군이 유엔의 이름을 빌린 실질적인 전쟁당사자라는 북한의 주장도 근거가 없다. 물론 한국전쟁 당시 미국이 유엔군사령부의 조직과 구성, 그리고 운영에 있어서 핵심적이고 주도적인 역할을 수행했던 것은 사실이었다. 그러나 이는 유엔헌장에 따라 국제평화와 안전에 일차적인 책임이 있는 5대 상임이사국의 역할과 당시의 국제정치적 역학관계를 반영했을 뿐 미국만이 한국전쟁의 실질적인 당사자가 됨을 입증할 수 없는 것이었다. 유엔안전보장이사회가 집단적 강제조치를 수행하는 과정에서 그 보조기관으로서 유엔군사령부를 설치하게 된 것이며 효과적인 전투수행을 위하여 참전16개국의 군대가 유엔군사령부의 지휘 하에 들어가게[26] 되었을 뿐이다.

정전협정 체결 당사자가 미국이라는 주장도 문제였다. 정치적으로 고찰할 때 당시 정전협정에 한국정부가 서명을 거부한 것은 사후적으로는 일종의 실수였다고 할 수 있다. 한국전쟁은 제2차세계대전이 종전된 지 5년도 채 안 된 시점에 발발하여 3년이 넘게 계속되었다. 자유진영과 공산진영 모두 일방적인 승리를 거둘 수 없는 교착상태가 계속되었고, 이 과정에서 소련이나 중국은 물론 유

24) 유엔안전보장이사회 결의 S/1501(1950. 6. 25).

25) 유엔안전보장이사회 결의 S/1511(1950. 6. 27).

26) 이에 관련하여 그 근거가 되는 결의는 유엔안전보장이사회 결의 S/1588 (1950. 7. 7)이다.

럽 국가들의 경우 전쟁에 대한 염증이 생겨나게 되었으며, 특히 미국 내에서 전쟁종식에 대한 요구가 거세게 일어났다.

그러나 이승만 정부는 전전상태의 회복으로 전쟁을 종결하는 것은 분단고착화로서 당시의 국민감정에 어긋나고 전후 한국에 대한 보장을 확보하기 위하여[27] 한국전 종식에 반대하였다. 이 과정에서 거제도 포로수용소의 반공포로를 석방하는 등 한국정부의 저항이 있었으나 종전은 당시의 대세였다. 당시 한국정부는 정전협정에 서명을 거부한 것일 뿐, 이것이 한국이 정전협정의 당사자가 아니라는 주장의 근거가 될 수 없다.[28]

또한 클라크 미군대장이 정전협정에 서명하였으나 이 또한 미국 당사자론을 합리화할 수 없다. 앞서 언급한 바와 같이 유엔군사령부는 유엔안전보장이사회의 강제조치 이행을 위한 보조기관이며 그렇기 때문에 클라크 유엔군사령관의 서명행위는 유엔을 위한 행동이지 미국을 대표한 행위는 아니었다. 유엔군 사령관이 미국인이라 하여 미국 당사자론을 주장하는 것은 정전협정 서명자와 그가 행한 법률행위가 귀속되는 당사자를 의도적으로 혼동하고 있었

27) 실제로 미국은 1953년 6월 24일부터 7월 12일까지 로버트슨(Walter Robertson) 국무성 극동담당 차관보를 미 대통령 특사로 파견하여 이승만 대통령으로부터 휴전을 방해하지 않겠다는 약속을 받아내는 댓가로 한・미상호방위조약 체결, 장기적인 군사적, 경제적 원조 제공을 약속하였다. U. S. Department of State, *Foreign Relations of the United States, 1952-1954, Korea*, vol. XV (Washington, D. C.: U. S. G. P. O. 1984), p. 1368.

28) 사후에 한국정부가 휴전에 동의한 것은 이승만 대통령이 1953년 7월 24일과 7월 27일에 덜레스 미 국무장관과 아이젠하워 미국 대통령에게 보낸 서한에 나타나 있다. 또한 북한 측도 한국 측의 휴전동의를 끝까지 요구하였는데 유엔군 측 휴전협정 교섭실무자인 해리슨이 북한 측 남일에게 1953년 7월 12일 한・미 간에 휴전협정에 대한 합의가 있었음을 공식적으로 통보함으로써 휴전협정 체결이 진행되었다. U. S. Department of State(1984), p. 1368, p. 1378 참조.

던 결과였다.[29)]

미국이 정전협정의 파괴의 책임이 있다는 주장에 근거한 당사자론의 경우는 더더욱 근거가 희박하였다. 미국이 패트리어트 미사일을 한반도에 끌어 들이고 각종 부당한 처사로 정전협정을 유린, 말살하였다고 북한은 주장하고 있었으나 이는 원인과 결과를 전도하여 공론을 호도하는 술책 이외의 의미는 없었다. 패트리어트 미사일의 위력은 1990년 걸프전쟁 당시에 미국이 사우디아라비아를 보호하기 위하여 실전배치함으로써 세상에 알려진 최신병기이었다. 이러한 패트리어트 미사일이 한반도에 배치되게 된 것은 당시 북한이 핵문제로 인하여 국제적 고립에 몰리게 되자 판문점 회담에서 소위 '서울불바다론'을 주장하게 됨으로써 결과된 것이었다.

이미 알려진 바와 같이 북한은 노동1호와 대포동1호 등 중단거리 미사일과 로켓 등 운반수단을 개발, 보유하고 있으며, 또한 상당량의 화학무기를 보유하고 있었다. 또한 흑연감속로에서 풀루토늄을 추출하여 핵폭탄을 개발했을 수도 있다는 의혹이 팽배해 있던 상황에서 '서울불바다론'이 제기됨으로써 한국 사회는 생필품 사재기 현상이 나타나는 등 일시적인 혼란이 야기되었던 바 있다. 이러한 상황에서 당시 신형 패트리어트 미사일이 배치되게 되었던 것은 한・미 상호방위조약에 의거한 당연한 조치였다고 할 수 있다.

한편 비무장지대와 군사분계선 지역에서의 도발사례는 북한 측이 자행한 경우가 훨씬 많았으며 거의 대부분이었다고 할 수 있다. 군사분계선 침범은 물론 서해 5도지역 해상에서의 도발행위 등은 헤아리기 불가능할 정도였다. 뿐만 아니라 정전협정을 지지하는 양대기구, 즉 군사정전위원회와 중립국감시위원회를 해체, 철수시

29) 이러한 논지의 주장은 다음을 참조. 제성호(1995), pp. 47-50.

켰던 것도 북한이며, 보다 원초적으로 미군을 한반도에 끌어들인 것도 또한 정전협정을 생기게 한 것도 북한이었다. 따라서 북한은 정전협정과 외국군 주둔을 비난했지만 스스로가 '원죄적 존재'였던 것이다.

작전지휘권과 관련된 북한의 주장에 대하여 주권국가인 한국의 입장은 상대적으로 약했던 것이 사실이다. 주권이란 영토에 대한 배타적인 지배권으로서 대내적으로는 최고의 권력이며 대외적으로는 독립적인 권력이다. 그런데 현재 작전지휘권이 미군에게 있고 한국이 자신의 무력에 대하여 배타적 통수권 행사가 제약받고 있었던 것이 사실이다.

한국전쟁 당시 이승만 대통령은 1950년 7월 14일 작전지휘권 이양 공한에 의거하여 포괄적인 군작전지휘권(command control)을 유엔군사령관에게 이양하였다. 그러던 것이 휴전 후 1954년 11월 17일 한・미 합의의사록에 의거 작전통제권(operational control authority)으로 축소되었으며, 이 또한 1978년 한・미 연합사령부 창설과정에서 '군사위원회 및 한・미 연합사령부에 대한 권한위임사항'에 의하여 유엔군사령부로부터 한・미연합군사령부로 재이양되게 되었다. 그 후 1994년 12월 1일 한국정부가 평시작전통제권을 환수함으로써 한・미연합사령부에 위임된 부분은 전시작전통제권에 국한되어 있었다.

이 문제와 관련하여 주의를 요하는 것은 한국정부가 미국이라는 특정한 국가에게 전시작전통제권을 이양하고 있는 것은 아니며, 또한 한국전쟁 당시 포괄적 작전지휘권의 이양도 미군장성에게 위임한 것이 아니었다는 점이다. 작전지휘권 또는 전시작전통제권은 유엔, 그리고 한・미연합사령부에 위임된 것이며 한・미연합사령부에 위임된 전시작전통제권의 경우도 한・미 간에 공유되고 있는 것이지 미국에게 전적으로 이양된 것은 아니었다. 물론 한국의 군사력에 대한 배타적이고 독점적인 통수권을 일부 제약받고 있다는 점에서 한국의 입장이 완전히 자유로울 수는 없으나 위임행위 조차도 주권적 행위이므로 북한이 이 문제에 관하여 왈가왈부하는 것은 내정간섭적인 의미를 갖는 것이었다.

이상과 같은 근거에서 고찰할 때, 북한의 평화협정 체결당사자론은 그 근거가 희박하며 단지 북한의 정치적 목적 달성을 위한 푸로파간다에 지나지 않았다. 더 중요한 문제는 한국정부와 미국정부가 북한의 주장을 수용할 가능성이 전혀 없었으며 북한도 또한 한국이나 미국의 입장에 따라올 가능성이 당시로서 거의 희박했다는 데에 있다. 주지하다시피 한국정부는 한국전쟁의 실질적인 교전당사자이며 정전협정의 실질적인 이행당사국이고 한국의 정치적 실체인정을 배제한 평화협정 체결은 한반도 평화체제로의 이행과 무관하다는 입장을 고수해 왔다.[30] 사실 북한은 한국에 65만 대군과 경제력에 의하여 뒷받침되는 거대한 군사력이 실재하고 있다는 점을 간과했으며, 더욱이 국제사회에서 북한보다는 훨씬 막강한 영향력을 가지고 있다는 점도 애써 외면했기 때문에 문제해결이 어려운 것이었다. 이 점은 북한이 스스로 극복해야 하는 것이지 한국의 양보해야 할 사항은 아니었다.

한국은 한국문제의 평화적 해결을 위하여 1954년 4월 26일부터 6월 15일 사이에 개최된 제네바정치회담에 북한과 함께 한국문제의 협의주체로 참석했던 적이 있다.[31] 또한 북한 스스로 한국과의

30) 한반도 평화체제 구축에 관한 3대원칙이 1995년 8월 15일 당시 김영삼 대통령의 광복절 경축사에서 제시된 바 있었는데 남북당사자 해결, 주변국의 협조를 통한 한반도의 평화보장, 남북한 간의 기존합의 사항 존중이 그것이다. 여기서도 분명한 것은 남북한이 당사자라는 점으로서 한국정부의 공식입장이었던 것이다.

평화협정 체결을 주장했던 적도 있다. 즉 1962년 10월 22일~23일의 최고인민회의 제3기 1차회의 시 김일성은 주한미군 철수를 조건으로 '북남평화협정체결'을 주장하였고 그 이후 남북한 평화협정제의는 1970년대 초까지 계속되었다.32)

또한 화해·협력 및 불가침에 관한 남북기본합의서에서도 남북한이 공동으로 현 정전상태를 남북한 사이의 공고한 평화상태로 전환시키기 위하여 노력하며 평화상태가 이룩될 때까지 정전협정을 준수한다고 합의한 바 있었으며, 1991년 3월 25일 한국군 장성이 군사정전위원회 유엔군 측 대표로 보임되기 직전까지 한국군 대표 1명이 군사정전위원회 유엔군 측 대표로 참석하여 왔으나 북한이 이에 대한 문제제기를 한 적이 없었다. 물론 북한 스스로 약속을 위반하고 협정준수를 거부한 경우가 한두번이 아니기 때문에 이러한 점들을 근거로 북한 측의 성실성을 문제 삼는 것이 한계가 있다. 그러나 이상의 예에서 한국이 한국전쟁의 당사자이며 평화체제 구축에 있어서 배제될 수 없는 정치적 실체라는 점을 북한 스스로 인정했던 셈이었다.

한반도문제의 국제화를 전제할 경우 당사자 문제는 상당히 복잡해진다. 물론 당시 '4.16 제주선언'으로 소위 '2+2'방식이 공식화된 만큼 이를 변경하기는 어려울 것이었다. 그러나 한반도문제의 국제적 성격을 고려하면 '2+2'방식만으로는 풀릴 수 없는 문제가 상

31) 제네바정치회담은 정전협정 제60항, 유엔총회결의 제711(VII)(1953. 8. 28), 그리고 미·영·불·소 4대국 외상회담 시 공동성명(1954. 2. 28)에 의거하여 개최되었다. 이에 관한 법적 성격에 관해서는 다음을 참조. 김명기, "분단한국의 정치문제의 법적 당사자," 『국제법학회논총』, 제33권 2호(1988), pp 56-65.

32) 국토통일원, 『북한최고인민회의 자료집』, 제2집(서울: 국토통일원, 1988): 남북대화사무국, 『남북한 통일.대화제의 비교: 1945-1986』(서울: 국토통일원, 1986) 참조.

당히 많았다. 한반도문제의 동시추진에 의한 일괄타결방식으로는 3자회담(남북한과 미국), 4자회담(남북한과 미국, 중국), 6자회담(남북한과 미・중・러・일), 20자회담(남북한, 참전16개국, 러시아, 중국), 21자회담(20자회담의 당사자와 유엔) 등이 있을 수 있다.

이 경우 모든 참가국들이 당사자가 되어 하나의 포괄적인 평화협정을 체결할 수도 있고 또한 사안에 따라서는 쌍무적인 평화협정을 체결함으로써 다층적으로 평화체제 전환 및 국제적 보장을 실현할 수 있는 이점이 있다. 물론 민족문제를 외세의 개입에 의하여 해결하게 되는 명분적 약점과 함께, 민족적 이익이 저해당하거나 남북한 간에 맺어진 기존 협정의 효력이 상실될 가능성에 대한 우려를 지울 수 없는 약점이 있는 것도 사실이었다. 그러나 한국의 외교적 능력이 전제되고 주변 핵심국들의 협조가 있다면 오히려 일괄타결의 동시추진 방식이 보다 효과적일 수 있었다.

한편 분리추진방식의 경우 남북한 주도의 협상결과를 보장하는 국가들에 따라 2+1(미국의 보장), 2+2(미국과 중국의 보장), 2+3(미국, 중국, 러시아의 보장), 2+4(주변4강의 보장), 2+18(한국전쟁 참전국 모두의 보장), 2+19(한국전쟁 참전국과 유엔이 보장)하는 방식이 있을 수 있다. 우선 2+1의 경우 남북한의 협상결과를 미국이 보장하는 방안인데, 이는 남북한 모두가 당시까지의 태도로 보아 수용하기 어려웠다. 북한은 한국을 우회하여 미국과의 직접 협상을 주장하고 있었는데 또한 그 결과를 미국이 보장한다는 것은 논리적으로 맞지 않는 것이었다.

다음 2+18의 경우 한국전쟁 참전 16개국과 러시아 중국이 보장하는 방식인데, 이는 참전 16개국 중 미국을 제외한 여타의 국가들이 한반도 평화체제 문제에 있어서 실질적인 이해관계를 가지고 있지 않을 뿐만 아니라 사후 보장에 있어서도 그 국가들의 현실과 능력을 고려할 때에 한계가 명확한 만큼 현실성이 떨어졌다. 더욱이 18개국과 남북한의 이해관계를 조정하는 과정은 의전절차와 외교교섭을 위한 비용에 있어서 많은 문제점을 가지고 있어 당장 고려할 수 있는 대안은 아니었다. 이는 2+19 즉 유엔이 포함되는 경우에도 사정은 마찬가지이다. 다만 16개국이 형식적인 보장을 그리고 유엔이 실질적인 보장을 하는 경우를 생각해 볼 수 있다. 탈냉전 이후, 특히 걸프전쟁 이후 유엔의 권위가 강화되고 있던 추세에 비추어 보면 이 방식은 상당한 설득력을 가질 수 있었다. 하지만 북한은 유엔군 대표와 맺은 정전협정을 파괴함으로써 유엔의 권위에 도전했었으며 북한 핵문제 처리과정에서도 유엔을 북한에 압력을 가하는 미국의 도구로 간주하고 있었던 만큼, 이는 북한 측에서 받아들이기 어려운 점이 있었다.

그렇다면 2+2방식, 2+3방식, 2+4방식이 남게 된다. 2+2방식은 남북한이 협상한 결과를 미국과 중국이 보장하는 방식인데, 남북한에 대하여 실질적인 영향력을 지닌 미국과 중국이 보장한다는 장점이 있으며 의제의 결정 및 이해관계의 조정이 간단하다는 이점이 있었다. 그러나 이 경우 미국이 한국의 입장을 끝까지 지지해 준다는 확신이 있어야 하며, 중국이 북·미 직접협상을 주장하는 북한의 입장을 지지하거나 또는 회담에서 철수하여 실질적으로 2+1의 형태가 되지 않도록 할 수 있는 방안의 강구가 전제로 된다. 뿐만 아니라 러시아와 일본이 자신들이 소외된 데에 반발할 경우 한반도 평화체제 정착에 필요한 외교적 협조를 구하기 어려운 단점도 있다.

2+3방식은 주변국들 중 일본이 제외된 경우인데, 일본에 대한 민족적인 감정이 가시지 않고 있는 상황에서 한반도 평화체제 구축을 과거 한민족에 대한 제국주의 침략을 자행했던 국가에게 보장을 맡기지 않는다는 명분적 고려에 맞는다. 또한 한반도에 국경

을 접하고 있으며 한국분단에 근원적인 책임이 있는 러시아가 구소련을 대신하여 참여하게 됨으로써 사후보장이 공고화될 수 있다는 실리적 고려에도 들어맞는 장점이 있다. 하지만 이 경우는 2+2보다는 이해관계의 조정이 복잡하며 또한 2+2방식에서 지적된 단점이 남는다는 한계가 있다.

2+4방식은 남북한의 합의를 주변4국 모두가 보장하는 방식이다. 이는 한반도에 대한 주요당사국들이 모두 참여함으로써 한반도의 평화체제를 실질적이고 유효하게 보장할 수 있는 방식이라는 장점이 있다. 뿐만 아니라 평화체제 구축 후 북한은 북·미, 북·일 수교를 통하여 경제교류를 확대하고 특히 일본으로부터는 80억달러 이상의 배상금을 받을 수 있는 길이 열리게 되어 2+2방식보다는 유리할 수 있으며, 한국으로서도 여타국가들이 중국의 일방적인 북한 편들기를 견제할 수 있고 또한 중도에 포기하여 북한이 원하는 미·북한 직접협상의 형식으로 나아갈 가능성이 없다는 점에서 수용할 수 있는 방안이다. 하지만 각국의 이해관계의 조정이 동북아 관련당사국들에 의한 방식 중 가장 복잡하며, 미국의 역할이 상대적으로 축소되어 가장 중요한 평화체제의 지렛대인 미국의 소극적 태도를 유발할 가능성이 있고, 주변국들의 입장이 깊이 반영됨으로써 장래 통일문제에 있어서 상당한 부담이 될 수 있다는 단점이 있다.

이상의 세 가지 중에서 가장 합리적이고 현실적인 방식은 2+4방식이었다. 그 이유는 어차피 한반도 문제에 주변국들의 이해관계를 인정하지 않을 수 없고 또한 사후적으로 남북한과 주변국들 간에 조정되어야 할 문제들이 있기 때문이었다. 하지만 한·미 양국 정부는 2+2 방식인 4자회담을 택하였다.

IV. 평화체제 구축방안

1. 상황의 정의: 북한살리기인가 북한죽이기인가

한반도는 언제나 가변적이며 단기간의 예측도 불가능한 상황의 연속이었다. 이는 그러한 예측이 북한의 정치체제 또는 현재의 집권세력이 유지되는가와 밀접하게 관련되며, 또한 한국과 미국의 대북한정책이 '북한살리기'인가 아니면 '북한죽이기'인가에 달려 있었기 때문이다. 따라서 상황을 정의하고 그에 따른 구체적인 방안이 강구되어야 했다.

국가 단위로서 북한은 정치적, 폭력적, 물질적, 이념적 그리고 국제적 기반 위에서 유지되고 작동한다.[33] 북한의 경우 우선 국제적 기반이 약화되었다. 1980년대 중반 이후 구체적으로는 구 소련의 고르바초프 서기장에 의한 뻬레스뜨로이까 정책과 80년대 말의 사회주의권의 대붕괴로 인하여 북한의 국제적 기반은 약화되기 시작하였으며, 1990년 9월 한・소 수교로 충격을 받았다. 또한 1991년 8월 소련 보수파에 의한 쿠데타가 실패한 이후 소련이 해체되고 1992년 8월 중국이 한국과 외교관계를 개설함으로써 북한의 국제적 기반은 결정적인 타격을 입었다.

한편 앞서 언급한 바와 같이 북한은 5년 연속 마이너스 성장을 기록한 데에다 1995년에는 유례없는 홍수피해를 당함으로써 물질적 기반도 붕괴되었다. 물론 이러한 북한의 경제적 어려움은 중앙집권적 계획경제체제의 비효율성, 국방경제병진정책으로 인한 경

---

33) 하영선(1993), pp. 53-54. 하영선 교수는 남북한의 정치적 신뢰구축은 북한이 국제적 기반과 물질적 기반을 이념적, 폭력적 기반으로 대체할 수 없을 때에 가능한 것으로 판단한다.

제부문의 압박, 기술 낙후, 설비 노후화, 생산의욕 저하 등의 국내적 요인에 더하여 사회주의경제권의 해체에 따른 시장축소가 큰 원인이었다.

따라서 북한을 유지할 수 있는 기반은 정치적, 폭력적, 이념적 기반일 수 밖에 없는데, 이중 정치적 기반과 이념적 기반이 동시에 붕괴되는 조짐이 나타났다. 이는 바로 급증하고 있던 고위층의 탈북사태였다. 북한에서 탈출하는 인사들의 성향이 과거와는 달리 고학력, 고위층, 고급군관 등 특권층 또는 지배계층에 몰려 있었으며 그 빈도와 탈북자의 수도 급증하고 있었다. 이는 분석하기에 따라서 다르겠지만, 일반론적으로 말하자면 북한체제에 대한 지식인들의 충성심의 전이 또는 이반현상으로 볼 수 있으며,[34] 정치권력의 지배수단이 마비되기 직전의 상태로 이해되고 있다. 이는 지식계급이 정치권력의 윤리적 정당성을 부인하게 되는 현상으로서 주로 외국의 정치와 사상에 영향을 받아 나타난다. 또한 초기에는 소수이다가 집권세력의 실정이 계속되고 생활불안이 가중되면 그 수가 늘어나게 된다.

이에 따라 당시 북한체제의 미래에 대한 전망이 엇갈리고 있었다. 북한의 체제붕괴에 관한 논란이 그것이다. 이는 처음에는 미국의 조야에서 거론되었다. 즉 미국 중앙정보국과 국방부는 북한이 이미 체제의 자기파괴과정 즉 붕괴의 과정에 들어섰다는 판단을 한 반면, 미 국무부는 당시 북한체제가 상황을 장악하고 있으며 경제적인 어려움은 있으나 체제붕괴로까지 이어지지는 않는다는 주장을 하고 있었다.[35] 이에 따라 북한의 연착륙을 유도하기 위한 방법

34) Lyford P. Edwards, *Natural History of Revolution*(Chicago: Chicago University Press, 1927), p. 38; Crane Brinton, *The Anatomy of Revolution*(Edward Cliffs, NJ: Prentice-Hall, 1952), p. 41

에 관한 논의가 분분하던 상황이 전개되고 있었다.

그런데 이 상황은 구 소련의 고르바초프 체제의 운명을 둘러싸고 미국 조야에서 벌어졌던 논란을 생각나게 한다. 1989년 미・소 간의 공식적인 탈냉전선언을 전후하여 구 소련에 대한 경제지원문제에 관하여 당시 베이커 국무장관은 적극적 지원을 주장한 반면, 게이츠 중앙정보국 국장은 이에 반대하였다. 그러나 이 둘은 구 소련의 장래에 관하여 일치된 판단을 가지고 있었다. 즉 베이커 국무장관은 구 소련의 급작스러운 붕괴는 국제적으로 엄청난 충격이 되어 미국의 외교정책 수행에 부담을 줄 것이기 때문에 원조를 통하여 서서히 몰락하도록 하자는 주장인 반면, 게이츠 중앙정보국장은 어차피 붕괴될 체제라면 충격이 있더라도 조속히 붕괴되는 것이 나은 만큼 원조를 통하여 더 이상 구 소련의 체제를 유지시킬 필요가 없다는 주장이었다. 당시 부시 미국 대통령은 원조를 택하였으나 2년도 되지 않아 구 소련은 붕괴되었다.

만일 북한체제의 갑작스러운 붕괴가 미국에게 부담으로 작용할 것이라면 이러한 북한체제의 운명에 관한 논란은 상당한 의미를 가질 수 있었다. 물론 당시 탈북인사들의 증언에 의하면 김정일 체제를 대체할 수 있는 세력이 존재하지 않고 있는 북한에서 체제붕괴가 일어난다는 것은 불가능하다고 했다. 그러나 구 소련에서도

---

35) 1996년 2월 22일 John Deutsch CIA국장은 미 상원 정보위원회 청문회에서 북한이 상황을 반전시킬 수 있는 능력이 없으며 정치불안이 상존하고 있어 붕괴할 가능성이 충분하다고 증언하였다. 반면 다음날 익명을 요구한 국무부의 관리는 북한이 당의 지배력이 약화되지 않았고 김정일에 대한 군의 충성심이 여전하기 때문에 북한체제는 안정되어 있다고 평가한 바 있다. 『조선일보』(1996. 2. 24). 한편 주한미군은 북한이 붕괴중이며 이는 식량난, 자원공급차별화, 지역독립, 중앙정부 억압, 저항, 균열, 권력의 재편의 붕괴과정 일곱단계 중 이미 2-3단계에 와있는 것으로 평가하였다. 이는 『조선일보』(1996. 3. 25) 참조.

대체세력이 당시에는 존재하지 않았다고 할 수 있다. 또한 동독을 비롯한 동구사회주의 국가들에 있어서도 대체세력의 존재는 확인되지 않았다. 그러나 체제는 붕괴되었고 같은 사회주의 세력에 의하여 자본주의 시장경제로의 전환이 추진되었던 것이다. 따라서 북한내의 역학관계의 변화와 그에 따른 체제유지 가능성에 대한 판단은 한반도 평화체제 구축에 또 다른 의미를 갖는 것이었다. 왜냐하면 당시 한국에게는 선택이 강요되고 있는 시점이었기 때문이다. 북한죽이기인가 아니면 북한살리기인가? 정책의 방향이 중요하였다.

한국은 공식적으로 통일비용의 부담으로 인하여 흡수통일을 할 능력도 없으며 그럴 의사도 없다고 밝힌 바 있었다. 또한 북한에서 대량난민이 발생하여 휴전선지역으로 남하하는 경우 이를 봉쇄하기 위한 계획도 준비한 것으로 보도된 바 있었다. 즉 북한의 체제붕괴로 인한 부담을 질 의사가 없으며 능력도 없다는 고백이었던 것이다.

그렇다면 공식적으로는 북한살리기를 선택할 수 밖에 없었다. 그런데 북한은 한국에게는 도움을 받지 않겠다는 것이었다. 물론 북한 내의 여론과 북한 정권담당자들의 자존심, 미국과 일본에 대한 기대 등이 작용하고 있었으며 내부용으로 한국카드는 체제유지에 부담이 될 것이라는 점을 쉽게 짐작할 수 있었다. 그리고 북한은 한국 이외의 국가들과 국제기구에 식량난을 호소하였다. 물론 한국의 경우도 국내적인 여론의 부담이 있었다. 당시 15만 톤의 쌀을 제공하고도 북한으로부터 얻은 것은 여전히 적대적이고 공격적인 태도였다. 여기에 한국의 딜레마가 있었다.

당시 한국 정부에게는 과감한 발상의 전환이 요구되었다. 이는 위협과 안보개념의 재정립에 관한 것이다. 북한은 이제 폭력적 기반에 의존하여 지탱되고 있는 체제이며, 이 경우 조야한 억지이론(Deterrence Theory)에 입각한 안보개념보다는 방어적 방어와 합리적 충분성[36]의 개념에 입각한 군사력 균형의 개념을 도입한다면 북한과의 협상의 길을 모색할 수 있을 것이었다. 더 나아가서는 공동안보 내지 협력안보의 수준으로 남북한 관계를 진전시키는 모험도 필요했다.

2. 가칭 '한반도 북한위원회' 창설

북한살리기가 정책의 목표이고 당시 북한이 보이고 있던 태도가 변하지 않으며 북한 직접지원에 대한 한국 내의 부정적 여론도 변하지 않는 경우 이 문제를 국제화시키는 것이 타당했다. 북한은 한·중 수교로 인하여 한국과 관계가 소원해 진 대만과 급속도로 관계를 개선해 가고 있었다. 또한 아프리카 지역의 기근에 대해서는 냉담한 미국과 유엔에서 북한의 식량난에 대하여 적극적으로 대처하고 있었으며,[37] 한국의 입장에 대한 고려가 없었다면 일본은 이미

36) 이는 수세적 충분성을 의미하는 것이다. 1990년 1월 CSCE/CSBM Military Doctrine Seminar에서 모이세이예프 당시 소련군 참모장이 밝힌 바 그 내용은 전쟁을 정책목표수단으로 간주하지 않으며, 군사적 선제공격을 가하지 않고, 실수에 의한 핵무기 사용을 배제하며, 영토에 대한 요구나 적대국 간주를 지양하고 낮은 수준의 군사력 균형을 유지하는 것이다. 이를 원용하는 것은 한반도의 군사문제의 해결에 상당한 도움이 될 수 있었다. 이에 관해서는 Axel Krohn, "The Vienna Military Doctrine Seminar," *SIPRI Yearbook 1991: World Armaments and Disarmament* (Oxford: Oxford University Press, 1991), Appendix 13D, pp. 501-511 참조.

37) 유엔과 미국의 대북 식량지원 계획으로 인하여 한국은 난처한 입장에 빠지게 되었다. 특히 미국의 경우 PL-480에 의한 대북 식량지원계획을 밝힘으로써 한국의 입장을 미묘하게 만들고 있다. PL-480은 한국도 원조를 받은 제도로서 주로 미국이 동맹국에 대하여 원조를 제공하는 방식인데 이것이 북한에 적용됨으로써 미국의 정책에 대한 의구심과 함

대북한경영에 나섰을 판이었다.

한반도평화체제 구축문제를 1996년 당시에 대입하면 다음과 같은 논리전개가 가능하다. 가칭 '한반도 북한위원회'를 설립하여 한국이 여러 국가의 일원으로 북한의 체제존립에 긍정적으로 영향력을 행사하는 방식은 북한으로서도 거부하지 않을 것이었다. 왜냐하면 한반도에너지기구(KEDO)의 경우에서 알 수 있듯이 한국이 전면에 나서지 않는 방안일 경우 북한은 한국으로부터 직접 원조를 받지는 않았다는 내부용 명분을 살릴 수 있으면서 당장 필요한 식량과 생필품 부족사태를 완화할 수 있기 때문이었다. 이 위원회는 기본적으로 비군사적인 부분을 담당하여 북한체제를 유지시키는 역할을 하며 동시에 대량난민 발생 등의 유사시에 대비한 대책을 마련하여 실행을 준비하는 기능을 수행한다.[38]

이 경우 한국은 한반도에너지기구에서와 달리 대북지원의 부담을 전적으로 짊어지는 역할에서 벗어나야 한다. 한국내의 여론도 그러한 부분에 대한 용인이 더 이상 어려운 상황이며 또한 그러한 조치로는 북한의 변화를 끌어낼 수 없기 때문이다. 즉 한국이 북한에 대하여 개혁·개방의 압력을 가한다는 인식을 주지 않으면서 국제적인 요구에 의하여 북한이 스스로 변화하도록 유도하는 방법은 북한문제의 국제화가 가장 좋은 방법이라는 것이다.

물론 상당한 부담이 수반될 것이다. 즉 대내적으로는 두개의 한

께 한국은 자국민들에 대한 설득의 부담을 지게 되었다. 『세계일보』 (1996. 6. 14).

38) Economist지의 판단에 의하면 북한의 당시 상황은 심각하며, 북한체제가 유지되든 붕괴되든 간에 북한문제는 동아시아에 닥쳐올 가장 커다란 위기로 인식되고 있었다. 여기서는 이에 대한 대처방식으로 남북대화나 2+2 방식보다 광범위한 다자간 지역안보망(security net)이 필요함을 주장하고 있는데, 가칭 '한반도 북한위원회'는 이러한 성격의 회의체인 것이다. 관련기사는 *The Economist* (May 25, 1996), p. 20.

국 획책, 분단고착화, 반민족적 반통일론 등의 비난이 생겨날 것은 명약관화하다. 특히 재야 또는 학원가에서 감상적 통일론에 불타는 일부세력들의 반발이 거셀 것이며 그로 인하여 자칫 국론의 분열이라는 부담을 질 수도 있다. 또한 대외적으로는 단기적으로 한국의 소극적인 태도에 대하여 미국 또는 유엔 등에서 식량문제 해결과정에서와 같이 비판적인 반응이 나타날 수 있고 북한의 역선전공세가 강화될 가능성도 있다. 또한 장기적으로는 북한에 대한 한국의 기득권이 축소되어 정작 통일을 이루는 작업에 있어서 그 이상의 댓가를 치룰 수도 있다. 하지만 이러한 부담들은 북한살리기와 통일문제의 연계를 회피함으로써 어느 정도 해소할 수 있다. 즉 북한살리기는 북한주민 살리기로 규정하고 그로 인하여 북한이 경제난을 어느 정도 극복할 수 있고 나아가 경제적 생활 수준이 향상된다면 점진적인 통일방안도 의미를 가질 수 있게 된다는 논리가 그것이다.

북한살리기의 중심에는 미국이 있게 될 것으로 판단된다. 주변국들 중 국제적으로 정치적, 경제적 능력을 보유한 국가이며 동시에 일본이 가지고 있는 약점, 즉 민족감정에 반하는 역사에서 벗어나 있었기 때문이다. 또한 당시 동북아 질서재편을 시도하던 미국의 입장[39]에서도 북한살리기가 외교정책의 기조에 들어맞을 수 있

---

39) 클린튼 미국 대통령은 1993년 7월 일본과 한국을 방문했을 때, 소위 '신태평양 공동체구상'을 밝힌 바 있다. 여기에는 동북아지역의 안보 중요성을 인식하고 지역안보문제에 지속적으로 개입해야 한다는 것과 지역안보에 대한 위협 대처 및 지역경제성장 보호를 위하여 미군의 주둔이 필요함이 골자를 이룬다. *U.S. President Bill Clinton's Address to the National Assembly*(July 10, 1993). 또한 1995년 2월에는 1990년과 1992년에 발표된 East Asia Strategic Initiative를 확인하는 *United States Security Strategy for the East Asia-Pacific Region*이 발표되었으며, 1996년 4월 미·일 정상회담에서 신안보선언으로도 확인되었다.

었다. 북한 카드를 이용하여 중국과 일본을 동시에 견제할 수 있기 때문이었다. 미국의 독주가능성에 대해서는 우려할 필요가 없다. 중국이 정치적으로 균형을 취할 것이 분명하기 때문이다. 다만 한국으로서는 '한반도 북한위원회' 구성에서 배제되는 경우가 발생하지 않도록 관리하는 것이 중요할 것이다. 이는 한반도에너지기구의 예에서와 같이 한국의 외교적 능력이면 가능할 것이었다.

하지만 결국 한반도 북한위원회와 같은 것은 10년이 넘도록 만들어지지 않았다. 4자회담, 남북정상회담, 6자회담을 거쳤지만 아직도 관련국들이 본격적으로 북한문제를 담아내는 제도나 기구를 만들지 못한 것은 북한 자체의 문제점도 있었고, 또한 미국을 중심으로 중국, 한국 등이 제 역할을 다하지 못한 때문일 수도 있었다. 베이징 6자회담에서의 합의내용인 평화체제를 다루는 회의체는 바로 이러한 한반도 북한위원회와 성격이 유사할 것이다.

3. 한반도 정치·군사적 신뢰구축 조치

한반도 평화체제 구축의 핵심은 한반도의 정치·군사적 신뢰구축조치와 이를 기초로 한 분쟁방지체계로 구성되어야 한다. 한반도 정치적 신뢰구축 조치에 관련해서 기존의 방안들은 대체로 북한의 노동당규약 전문, 북한헌법 제5조, 북한형법 등에서 규정되고 있는 대남적대관계 관련규정과 한국 헌법의 영토규정, 국가보안법에서 규정하고 있는 대북적대관계 관련규정의 포기 등을, 그리고 군사적 신뢰구축 조치에 관해서는 남북한 군사당국자 간의 직통전화개설, 군사정보의 상호교환 및 군사훈련의 상호감시체제 수립 등 남북한 국내적인 법적 조치와 남북한 군사력 운용에 관한 정보의 관리를 중심으로 하고 있었다.

그러나 이는 한반도 평화체제가 남북한 만의 문제가 될 수 없는 사안이라는 데에 그 한계가 있었다. 앞서 언급한 바와 같이 한국문제는 이미 국제적 문제였으며 이를 한반도 내부의 문제로 환원하는 한 그 해결이 어려웠다. 한반도 평화체제 문제는 국제적 문제이며 주변국들이 고도의 정치적 이해관계를 걸고 있는 쟁점사안이었다. 따라서 동북아 차원의 문제와 한반도 차원의 문제를 동시에 고려하여야 했다. 그렇다고 해서 한반도 문제를 동북아 문제와 동일시하게 되면 한반도 평화체제 문제는 해결되기 어렵다. 이는 한반도 문제가 동북아 문제의 부분이기 때문이다. 따라서 한반도 문제와 관련된 동북아 문제를 특화하여 접근할 필요가 있었다.

동북아 문제와 한반도 문제가 중첩되는 부분 중 정치적 신뢰구축에 해당되는 부분으로서 핵심적인 부분은 남북한과 주변국들 간의 관계개선 문제, 즉 한국·중국, 한국·러시아, 북한·미국, 북한·일본 간의 외교관계 개선문제이다. 이중 한국·러시아, 한국·중국 문제는 각각 1990년과 1992년에 해결되었으나 북한·미국, 북한·일본의 문제는 아직 해결되지 않고 있었으며, 당시 북한의 말썽도 이와 관련되어 있었다. 따라서 한반도 평화체제 문제와 북한의 미·일과의 외교관계 문제를 분리하는 방안도 모색할 필요가 있었다. 이 경우 한국은 남북한 관계 개선을 전제로 한 한반도 평화체제 구축의 부담에서 잠시 벗어나게 되고 그로 인하여 북한의 소위 "통미봉남"적 전략에 의하여 피해를 볼 수 있었다. 그러나 이는 한반도 북한 위원회의 운영을 통하여 견제할 수 있다. 즉 북·미, 북·일 수교협상을 진행하는 과정에서 수교협상 타결 직전까지의 남북한 관계 개선을 전제로 한다면 북한의 입장에서는 이를 거부할 수 있는 명분이 약해진다.

또한 북한·미국, 북한·일본의 문제는 우려하는 바와 같이 한국에게 일방적으로 불리하게 전개될 가능성이 낮다. 즉 북・미 간의 협상에는 핵문제의 투명성 보장, 미사일 통제,[40] 테러국가 지정문제,[41] 인권문제, 경제제재 문제, 주한미군 문제 등 북・미 간에만 관련되지 않는 문제이며 동시에 북한이 해결하지 않으면 안 되는 문제가 많고, 이를 풀기 위해서 북한은 상당한 양보를 하지 않을 수 없다. 또한 북・일 간의 문제도 그리 간단하지 않다. 핵문제, 미사일 문제, 일본인 납치사건 등은 북한이 상당한 양보를 하지 않으면 안 되는 사안이며, 과거역사문제와 청구권 문제 등에 있어서도 북한의 의도대로 일방적인 이득이 돌아갈 가능성은 거의 없다. 또한 일본에 대한 핵관련 의구심 등을 북한이 문제제기함으로써 한반도와 일본의 핵문제가 동시에 현안화될 가능성도 있다.

이와 동시에 한국은 중국, 러시아와 미해결문제를 다룰 수 있을 것이었다. 사실 북방정책으로 인하여 북한의 배후동맹세력과 외교관계를 개설하고 외교적으로 상당한 성과를 거둔 것도 사실이지만 국제적 역학관계와 정치적 상황으로 인하여 해결하지 못한 문제가 있었으며, 특히 중요한 것은 한국전쟁과 관련된 것이었다. 한국은 중국과의 외교관계를 개설하면서 한국전쟁에 관한 어떠한 유감표명의 언급도 받아내지 못하였다. 이는 러시아의 경우도 마찬가지이다. 따라서 과거사에 관한 평가와 함께 이들 국가들과의 불가침협정 내지 평화협정을 체결할 수 도 있는 근거가 된다. 즉 남북한

---

40) 미국은 북한이 소위 '말썽국가들'(rogue states)인 이란, 이라크, 시리아, 리비아 등지에 미사일을 수출한 것으로 파악하였던 바, 이것이 미사일기술통제에 방해가 된다고 판단하고, 미・북한 관계개선의 전제조건으로 미사일기술통제협상을 진행하고 있었다. 미국의 북한에 대한 판단에 관해서는 Congressional Research Service, *North Korea: Military Relations with the Middle East*(Washington D.C.: The Library of Congress, Sept. 27, 1994) 참조.

41) 북한은 1996년에도 테러국가 리스트에서 제외되지 않았다.

관계 개선을 한반도 평화체제 구축의 전제에서 해방하고 대신 중국, 러시아의 유감표명과 보장을 획득함으로써 다음 단계에서 북한이 한국과의 관계개선을 모색하지 않으면 안되는 환경을 조성하는 것이다.

이러한 과정은 남북한 간의 정치적 신뢰구축에 상당한 기여를 할 수 있었다. 즉 한국이 북한의 대미, 대일 관계개선에 협조적이라는 이미지를 형성하고 북한 배후국들의 보장을 획득함으로써 북한의 대남적대행위에 관하여 억지의 효과를 달성할 수 있으며, 또한 북한의 대남협상 거부태도의 근거를 상실케 하는 효과가 있었다. 그렇게 되면 남북한 간의 정치적 신뢰구축이 본격적으로 논의될 수 있었다.

남북한 간의 정치적 신뢰구축 문제는 각각의 헌법을 포함한 국내법 조항의 수정에만 한정되지 않는다. 물론 남북한이 정치적 신뢰관계를 형성하면서 적대적 내용을 담고 있는 법 규정을 그대로 둔다는 것은 모순일 수 있다. 그러나 각각의 국내적 사정을 고려한다면 이는 일정한 기간 그대로 있어도 상관없다. 왜냐하면 남북한 간의 정치적 신뢰구축 문제와 국내적 통제문제는 분리되어야 하기 때문이다. 북한은 북한대로 50여년 간 지속해 온 대남 적대관계의 해소를 하루아침에 북한 주민들에게 설득할 수는 없을 것이다. 따라서 내부용으로 존재하는 북한 국내용 법 규정을 한국에서 거론할 필요는 없다. 또한 한국도 한국대로 대북관계의 혼란을 회피하고 또한 제5열의 침투나 교란을 방지하며 정책의 일관성을 유지하기 위하여 국내법 규정을 유지할 필요가 있다. 물론 이 경우 광범위한 국민들의 동의가 요구됨은 두말할 나위 없다. 그리고 이 문제는 남북한 간의 협상 시 연계하여 해결하면 된다. 중요한 것은 남북한 각각의 국내적 법 규정은 문제 삼을 필요가 없다는 점이다.

이보다 더 실질적으로 중요한 것은 남북한 정상회담의 개최문제였다. 남북한 정상의 회동은 그 자체만으로도 큰 의미를 갖는다. 정상회담의 실패 시 그에 대한 책임문제가 심각하게 부각될 가능성도 있었다. 그러나 남북한 정상회담은 분단 이후 최초의 정상의 만남이라는 의미 이외에도 양측이 상대를 협상의 주체로 인정한다는 의미를 갖는다. 그리고 이것이 남북한 정치적 신뢰구축에 가장 커다란 상징적 의미를 부여하는 효과를 갖게 된다. 이를 계기로 남북한 간의 실질적인 평화구축문제는 급진전될 수 있을 것이었다.

이를 위하여 선행되어야 할 것은 남북한 간에 현상유지에 대한 합의이다. 남북한 간에 적대관계를 해소하고 한반도 평화정착에 대한 확고한 의지가 있음을 천명하고 이를 위하여 현재의 상태를 유지하는 데에 남북한이 협력한다는 선언적 합의이다. 이는 국내법 규정의 일정기간 존속과 모순되기는 하지만 북한은 북한대로 한국은 한국대로 해결할 수 있는 문제라고 생각된다. 이에 해당하는 것으로 한국은 흡수통일 의사가 없음을 북한은 무력적화 의사가 없음을 선언하는 정도로도 충분할 것이다.[42)]

다음으로 군사적 신뢰구축 문제이다. 이는 군사력의 보유, 배치, 운용에 관한 정보의 교환과 군사훈련의 통보 및 교환참관, 군사적 직통전화의 가설 및 운용 등을 통하여 달성될 것이다. 그러나 무엇보다도 중요한 것은 정보의 성실성 및 투명성 문제이다. 이를 위하여 군사정보 및 데이터의 상호공개를 추진할 필요가 있다. 유럽에서의 재래식 군비축소 협상도 결국 구 소련 측의 군사력 배치에 관

42) 정상회담 개최문제는 2000년 남북정상회담 개최로 현실에 반영되었다. 그러나 김정일 위원장의 답방이 이루어지지 않아서 남북정상회담의 의미가 퇴색되었다. 또한 평화체제구축 문제도 진척되지 못하였다. 이 부분은 제1장 참조.

한 데이터가 자진 공개됨으로써 협상 급진전의 토대가 마련될 수 있었다.43) 또한 남북한이 어차피 전쟁을 할 수 없는 상황으로 상호 구속하기 위한 합의가 필요한 만큼 군사전략 및 전술에 관한 세미나를 개최할 필요가 있다. 이 또한 유럽에서의 군축협상에서 얻을 수 있는 교훈 중의 하나이다.44)

이와 함께 군사분계선 상에 배치된 군사력의 상호철수 및 후방재배치를 추진해야 한다. 이 경우 북한은 한국의 수도권 지역에 대한 위협이 감소됨으로 인하여 군사적인 이점이 축소될 가능성이 있고 한국의 경우는 그에 상응하는 반사이익이 있을 수 있다. 하지만 북한은 한반도 평화체제 구축에 대한 진정한 성의를 인정받을 수 있고 평화지향의지를 확인받을 수 있으며, 이를 통하여 대미, 대일 관계개선의 입지를 넓힐 수 있다.

이 국면에서 북한 측이 주한미군 문제를 거론할 것은 분명하다. 주한미군 문제는 그 명분만으로는 북한이 유리하다는 인상을 지울 수 없다. 그러나 그 역사와 북한의 태도로는 주한미군 철수를 고집할 수만은 없다. 왜냐하면 앞서 언급한 바와 같이 주한미군의 존재로부터 북한이 그 "원죄"를 벗어날 수 없기 때문이다. 하지만 주한미군은 북한에 대한 전쟁억지력을 구성하고 있는 동시에 한국에 대한 억지력도 구성하고 있으며, 주일미군의 존재와 결합될 경우 동북아 지역의 정치적, 군사적 안정에 무력적 축을 형성하고 있다.

---

43) 당시 바르샤바 조약기구 국방장관들은 소련 공산당 기관지 푸라우다지를 통하여 유럽지역에 배치된 소련군사력의 내역을 공개함으로써 CFE협상을 급진전시킬 수 있었다. "О соотношении численности вооруженных сил и вооружений Огранизации Варшавского Договора и Североатлантического союза в Европе и прилегающих акваториях(유럽 및 인접수역에 있어서 NATO-WTO간의 군사력균형에 대하여)," *Правда*(30 января 1989 года).

44) Axel Krohn(1991), pp. 501-511.

따라서 이 문제는 북한의 일방적인 주장에 의하여 변경될 수 있는 사안이 아니며 중국도 주한미군의 존재에 대하여 절대 거부의 입장은 아니고 북한도 대 주변국 관계개선의 전제로 주한미군 문제를 고집하지 않을 의사를 표명한 바 있는 만큼 절대적 장애는 아닐 것이다.

4. 미 · 북, 한 · 중 평화협정 체결

필요하다면 평화협정 체결을 추진할 수 있다. 평화협정 체결문제가 한반도 평화체제 구축의 전부는 될 수 없다. 하지만 북한이 평화협정 체결문제를 문제화하고 있었으며 또한 1996년 당시 정전협정이 계속성을 보장받기 어려운 상황에 와 있었기 때문에 평화협정 체결문제는 긍정적으로 검토할 수 있었다. 이미 북한의 대미 평화협정 체결문제를 고찰한 바 있는데 문제는 당사자문제이다.

미 · 북 만의 평화협정 체결로 한반도 평화체제 구축, 또는 정전체제의 평화체제로의 전환이 완료되었다고 보는 입장은 정당화될 수 없다. 미 · 북한 평화협정이 한국전쟁 상황을 정리하는 것이라면 한 · 중 평화협정도 이를 위하여 필수불가결하다. 또한 남북한 평화협정은 더욱 그러하다. 다만 남북한 평화협정을 미 · 북한 평화협정의 전제로 삼는 데에 대하여 북한이 절대 반대의 입장에 있었던 만큼, 이를 우회하여 미 · 북한 평화협정과 한 · 중 평화협정을 연계하고, 이를 통하여 미 · 중 양국이 남북한 평화협정을 주선, 보장하는 방식을 선택할 수 있을 것이다.

다만 평화협정 체결 시까지 군사분계선 지역의 안정을 위하여 북한이 무력화시킨 군사정전위원회와 중립국감시위원회의 기능을 회복시키는 조치가 필요하였다. 이러한 조치는 한반도 현상유지의 의미를 확고히 하고 정전체제와 평화체제의 계속성을 보장하기 위해서도 필요하였다.45) 만일 정전협정이 무효화되었다면 휴전이 깨어진 상태인데, 그렇다면 남북한 또는 여타 이해당사국이 한국전쟁의 명분적 연장선 상에서 공격적인 군사행동을 한다 하더라도 합리화될 수 있으며, 그러한 상황에서 평화협정의 협상이라는 것은 의미가 없기 때문이었다. 따라서 한반도의 정전체제의 회복이 전제되어야 했다.

평화협정에는 한국전쟁을 최종적으로 정리하는 내용만 포함되어야 한다. 포츠머쓰 조약이나 베르사이유 조약 등 전통적인 평화협정은 당사국들의 상대적 지위가 불평등하였기 때문에 일방이 타방에 대하여 전쟁의 책임과 원인을 부담시키는 형식이었다. 그러나 한국전쟁의 경우 내전이면서 동시에 국제전이었던 국제적 내전이었으며 그 결과도 승패가 불분명한 전쟁이었으므로 전통적인 의미의 평화협정의 내용46)을 한반도의 평화협정에 그대로 적용하는 것은 무리가 따른다.

우선 전쟁의 책임문제이다. 당시 옐친 러시아 대통령이 김영삼

45) 이러한 점에서 1996년 2월 22일 북한이 외교부 대변인 성명을 통하여 밝힌 미·북 잠정협정체결과 그에 이은 미·북한 공동군사기구 조직·운영 제의는 타당성이 떨어졌다. 북한 외교부 대변인 성명에 관해서는 『서울신문』(1996. 2. 23).

46) 전통적인 평화협정에는 대체로 적대관계 및 전쟁상태의 해소와 평화상태로의 회복을 규정하는 조항, 전쟁책임문제에 관한 조항, 상호불가침, 무력행사포기, 국경의 존중, 전쟁의 원인이 되었던 분쟁의 처리문제, 전범처리 문제 등 정치·영토관련조항, 전쟁배상, 전후보상, 전전의 조약 및 계약 이행문제에 관한 경제·재정관련조항, 비무장지대 설치, 군비통제, 국제적 보장 등 보장관련조항 등이 포함된다. 평화협정의 내용에 관해서는 다음을 참조. Wilhelm G. Grewe, "Peace Treaties," *Encyclopedia of Public International Law*, vol. 4(Amsterdam: North Holland Publishing Company, 1982), pp. 102-110.

대통령에게 전달한 한국전쟁에 관련된 비밀문건에 따르면 전쟁의 원인 제공과 책임은 북한, 그것도 김일성에게 있으며 따라서 이는 전범에 해당될 수 있었다. 따라서 한국은 전쟁배상과 책임에 관하여 북한에게 요구할 수 있는 입장에 설 수 있다. 그러나 승패가 모호하게 끝난 한국전쟁에서 일방이 타방에 대하여 전쟁의 책임과 배상을 요구하는 것은 현실적으로 불가능하며 또한 한반도 평화체제 구축의 일환으로서 평화협정 체결을 목표로 하고 있는 이상 전쟁책임과 배상문제는 미래지향적으로 사고할 필요가 있다. 이는 한국이 중국에 대해서도 마찬가지로 견지해야 하는 사항일 것이다.

남북한 간의 평화협정을 우회하는 경우에는 다음과 같은 구도가 예상된다. 우선 미・북 평화협정의 경우이다. 미・북 간의 적대행위가 공식적으로 종결되고 양국 간의 평화관계가 정착됨을 선언하는 것이다. 물론 여기에는 미・북한의 관계개선에 관한 합의도 포함될 가능성이 높다. 다만 북한의 핵문제 재발방지, 테러지원 금지, 인권문제 개선, 미사일기술통제 등의 문제가 연계되어 북한 측의 상당한 양보가 있지 않으면 안 될 것으로 예상된다. 또한 미・북 불가침협정이 포함될 것이다. 이는 북한이 가장 바라는 사항이기도 하다. 미국은 1994년 10월 제네바 기본합의서에서 북한에 대하여 핵무기를 이용한 위협이나 핵무기 사용을 하지 않을 것을 공식적인 문서로 확약하겠다는 약속하였다. 또한 당시 한반도에너지기구를 중심으로 기본합의서의 이행이 진행 중인 만큼 상황의 변화와 미・북의 협상 속도 및 방향에 따라서는 핵선제불사용 뿐만 아니라 미・북 불가침협정이 평화협정에 포함될 수도 있었다.

다음으로 한반도 군비통제문제가 포함될 것이다. 우선 한반도에서의 군사적 긴장상태를 해소하기 위하여 전진 배치된 북한군의 후방재배치 문제가 거론될 것이며, 또한 북한의 미사일기술통제체제(MTCR: Missile Technology Control Regime)에의 가입이 요구될 것이다. 그런데 이 문제에서 북한은 한국이 개입되게 됨을 피할 수 없게 된다. 즉 북한군의 재배치 문제는 곧 한국과의 전략적 상관관계가 있는 문제이기 때문에 북한으로서는 미국과의 일방적인 약속만으로 만족하지 못할 것이다. 사실 이 부분이 북한의 주장이 갖고 있는 약점인데, 이는 향후 남북한 간의 평화협정체결과 연계시키면 될 것이다.

주한미군문제는 앞서 언급한 바와 같이 북한이 적극적으로 주장하지 않을 가능성이 크다. 다만 작전통제권 문제와 유엔군사령부 해체문제는 강력하게 거론할 것이다. 앞서 언급한 바와 같이 현재는 전시작전통제권만 한・미 연합사령부에 이양되어 있는 상태이며, 유엔군사령부의 해체문제도 유엔에서 결정할 사항이라는 것이 미국의 입장이다. 이는 정전체제의 정상화, 북・미 평화협정체결과 이행, 남북한 관계개선과 연계될 것이 분명하다. 따라서 북한의 성실성과 연계된 이에 관한 단계적 보장조치가 규정되면 될 것이다.

북・미 평화협정에 의하여 정전협정이 대체될 가능성은 거의 없다. 왜냐하면 실질적인 교전당사자가 남북한이었으며 전후 적대행위의 주체도 남북한이었고 현재에도 실효적이고 실체적인 무장력을 갖춘 당사자가 남북한이기 때문이다. 뿐만 아니라 미국은 정전협정 대체문제가 남북대화에 의하여 모색되어야 한다는 입장47)을 견지하고 있었다. 따라서 정전협정 대체문제는 한・중 평화협정 및 남북한 평화협정과 연계될 수 밖에 없고 그 점이 북・미 평화협정에서 확인되면 될 것이다.

---

47) U. S. Department of Defense, *United States Security Strategy for the East Asia-Pacific Region* (Office of International Affairs, Department of Defense, 1995), p. 10.

다음으로 한·중 평화협정 체결이다. 이는 미·북 평화협정 체결과 '철저하게' 연계되어야 한다. 비록 한·중 간에는 1992년 국교가 수립되었고 양국 간의 경제교류가 급증하고 있으나 한국전쟁과 관련하여 최종적으로 정리된 것은 하나도 없다. 따라서 한반도 평화체제 구축을 위한 또 다른 축으로서 한·중 간의 평화협정 체결은 필수적이다. 한·중 간에 국교가 수립되어 있기 때문에 한·중 평화협정이 무의미할 수도 있고 형식적일 수도 있다. 하지만 한반도 평화체제의 틀을 짜는 데에 있어서 이는 과정의 의미로서 중요성을 갖는다.

여기에는 필히 한·중 불가침협정이 포함되어야 한다. 중국은 한국전쟁 당시 '중국인민의용군'이라는 이름으로 참전하여 한국군 및 유엔군과 교전을 벌인 당사국이며, 중국·북한 연합군의 작전을 실질적으로 통제했던 국가이다. 따라서 한·중 간에 한국전쟁을 종결하는 평화협정은 의미가 있으며, 또한 불가침협정은 그 자체로도 의미를 갖는다.

평화협정과 정전체제와의 관계에 있어서 중국은 한반도 평화체제 전환문제는 신중히 처리되어야 하며 평화체제 구축 시까지 정전체제가 존속되어야 한다는 입장을 가지고 있다. 또한 미·북 뿐만 아니라 한국과 중국도 한반도 평화체제 구축의 당사국으로 참여해야 한다는 입장[48]이다. 따라서 미·북한 평화협정 만으로 한반도 정전체제가 대체될 수 없는 한계가 있으며, 그렇기 때문에 남

48) 이는 1995년 5월 이홍구 당시 국무총리의 중국 방문시 이붕 중국총리가 한반도의 정전체제가 당분간 유지될 필요가 있으며 새로운 평화체제 수립에는 남북한 당사자의 참여가 필요하다고 언급한 바에 의하여 확인되었으며, 같은 해 9월 공로명 외무장관에 의하여서도 정전체제의 유지에 대한 중국의 입장은 확인된 바 있었다. 『동아일보』(1995. 5. 11); 『동아일보』(1995. 9. 27).

북한 평화협정 체결과의 연계 및 추진에 관한 보장이 포함되면 될 것이다.

한편 한·중 평화협정에 있어서 주한미군의 문제가 거론될 수 있다. 주한미군과 주일미군의 경우 중국이 구 소련으로부터 군사적 위협이 심각하다고 인식하던 때에는 이에 대한 견제수단으로서 의미가 있다는 입장이었으나, 구 소련의 해체 이후 중국과 러시아 간의 관계개선으로 러시아로부터의 안보위협이 거의 해소되었고, 또한 천안문 사태와 중국의 파키스탄에 대한 미사일 수출문제로 인하여 미국으로부터 경제제재를 받고 있는 상황에서 중국 주변에 미군이 존재하는 것을 달가워하지 않고 있었다.[49]

그럼에도 불구하고 주한미군의 급격한 철수에 대해서는 유보적인 입장을 보이고 있었는데, 이는 북한이 주민들의 관심을 외부로 돌려 심각한 경제난과 국제적 압력에 의한 어려움을 해결하기 위하여 돌발적인 모험을 감행할 가능성[50]이 있으며, 또한 주한미군의 철수는 곧 주일미군의 철수로 연결될 수 있어 일본에 대한 통제가 약화될 가능성이 있기 때문이었다. 당시 서태평양 지역의 미군은 감소추세에 있고, 또한 상황에 따라서는 점진적인 감축이 계속될 수 있었기 때문에, 이 문제가 한·중 평화협정 체결 시 심각한 장애로 작용하지는 않을 것이었다.

---

49) David Shambaugh, "The Insecurity of Security: The PLA's Evolving Doctrine and Threat Perceptions towards 2000," *Journal of Northeast Asian Studies*, vol. 13, no. 1(Spring 1994), p. 12.

50) 이러한 중국의 우려는 북한 핵문제를 해결하는 과정에서 제기된 바 있다. Wang Dajun and Jang Ye, "The Nuclear Issue of the DPRK," *Beijing Review*(July 4-10, 1994), p. 17.

5. 남북한 평화협정 체결

이러한 상황이 되면 남북한 평화협정 체결문제는 한반도 평화체제 구축의 마지막 열쇠가 될 수 있다. 남북한 평화협정은 한국 측이 가지고 있는 원칙, 즉 남북한 당사자 해결원칙, 남북한 간 기합의 사항 존중원칙, 관련국의 협조에 의한 실효적 보장 등의 원칙에 의하여 추진되어야 한다는 것이 한국 측의 입장인데, 세 번째 조건이 충족되고 이제 첫 번째 원칙과 두 번째 원칙에 이르게 된 것이다.

북한이 남북한 기본합의서에 관하여 부정적인 입장에 있다는 것이 확인되면 전혀 새로운 각도에서 접근하는 것도 고려할 수 있었다. 그렇다 하더라도 남북한 간에 기합의된 사항으로 돌아올 것이 분명하다. 왜냐하면 남북한기본합의서의 내용은 남북한이 만들어낼 수 있는 최선을 담고 있었기 때문이다. 그럼에도 불구하고 필요하다면 기합의된 사항을 우회한 협상과정을 택하는 이유는 한반도 평화체제의 공고화를 기하기 위함이다. 북한이 남북한 평화협정을 파기하거나 무시하는 경우가 발생하지 않도록 하는 첩경은 북한에게 시간을 주는 방법이 최선이다.

남북한 평화협정에서 전쟁책임문제와 배상문제는 제외되는 것이 바람직하다.[51] 물론 전쟁의 책임은 북한에게 있으며 따라서 배

---

51) 문제는 북한의 태도일 것이다. 북한의 평화협정 내용은 미국과의 협상을 통한, 한국전쟁으로 인한 손해배상 문제, 전범자 처단문제, 한국전쟁의 법적 종결 문제 등의 해결을 포함하고 있다. 그러나 이 문제는 북한의 입장이 수용되기 어렵다. 이미 구 소련 비밀문서가 공개됨으로써 전쟁책임이 김일성에게 있다는 것이 판명되었기 때문이었다. 위의 내용과 함께 북한은 미군철거문제, 군축과 긴장완화를 위한 대규모 군사연습 중지, 남한에서 미국의 무력증강 책동 및 무기반입 봉쇄, 미군기지의 폐쇄, 한・미 상호방위조약파기, 미국의 남한에 대한 정치・경제・군사 등 모든 분야의 결정적 영향력 제거를 통하여 한반도의 자주화를 달성

상의 책임도 북한에 있는 것이 분명하지만 북한의 경제사정이나 국내정치적 상황으로 볼 때, 이에 대한 책임이행의 강요는 실익이 없다. 다만 전쟁상태의 종결을 통하여 적대관계를 해소하고 남북한 관계개선 및 통일지향의 미래상 실현을 위한 것이 평화협정체결의 목적이 되어야 남북한 평화문제는 해결될 수 있다.

남북한 평화협정에 포함될 사항은 다음과 같다. 우선 남북한 간의 평화공존 및 불가침 관련 사항이다. 평화협정이라는 용어의 의미를 최대한 살려서 전쟁상태의 종결과 평화공존관계로의 전환을 규정함으로써 한반도에서의 항구적 평화 정착의 의지를 밝힌다. 이 때에 남북한의 정치적 실체 인정이 전제되어야 함은 물론이다. 이와 관련하여 남북한 관계를 민족내부문제로 간주하여 주권, 국경, 내정불간섭 등의 국가승인적 의미를 부여해서는 안 된다는 주장이 있으나[52] 이는 어떻게 되어도 상관없을 것이다. 왜냐하면 주권, 내정불간섭 등의 용어는 남북한 양측이 이미 사용하여 왔고 또한 국제적으로 국가로 승인되고 있기 때문이며, 또한 남북한 평화협정에서 국가승인에 준하는 실체인정을 받고 싶은 측은 북한일 것이기 때문에 이를 원초적으로 봉쇄할 필요가 없기 때문이다.

경계선 문제의 경우 현재의 정전협정에서 규정한 군사분계선을 경계로 하며 정전협정에서 규정되지 않은 서해상의 경계지역은 경우 새로운 협상을 시도해야 한다. 비무장지대는 평화지대로 전환하고 잠정적으로 완충지대로 두든가 또는 공동 개발하는 방안도 모색할 수 있다. 또한 남북한 상호간 무력행사의 포기 및 불가침을

하는 것을 최종목표로 들고 있었다. 이에 관해서는 통일원, 『북한의 평화협정체결제의 관련자료집』(1994. 12), pp. 265- 286 참조.

52) 이는 거의 대부분의 연구들이 고수하는 입장이다. 예컨대 강원식 외(1995); 제성호(1996); 백종천(1995) 등이다.

규정하는데, 여기에는 테러, 파괴, 사회교란, 정부전복 행위 금지 등을 포함시킴으로써 평화공존 의지를 명확히 한다.

다음으로 평화체제관리기구를 설치한다. 남북한 평화협정에 의하여 실질적으로 정전체제가 대체되는 만큼 정전체제 이후를 관리하는 기구가 필요하게 되는 것이다. 이 경우 미국은 평화체제관리기구의 일차적 당사자에서 제외될 가능성이 있는데, 유엔군사령부의 존재로 인하여 해결이 간단하지 않을 것이다. 그러나 남북한 만의 독자적인 관리체제를 확립하는 것은 이미 미・북한, 한・중 평화협정에 의하여 보장체계가 달성되었기 때문에 어느 정도 가능할 것이다. 뿐만 아니라 이 기구를 통하여 남북한 간의 분쟁 발생 시 이를 평화적으로 관리할 수 있는 방안이 모색되어야 하는 바 분쟁조정방지기구의 기능도 함께 규정한다.

군사적 신뢰구축을 위한 조치도 명시되어야 할 것이다. 즉 남북한 군당국자 간 직통전화 개설, 군사관련 데이터의 공개, 군사정보의 교환, 부대의 이동 및 배치, 그리고 훈련에 관한 사전통보와 교환참관, 검증체계, 군사전략 및 군사독트린에 관련된 학술회의 공동개최, 군사력 균형 유지 및 군비축소 방안에 관한 의견 교환 등이 규정되면 된다.

또한 기체결된 조약과 관련하여 남북한 평화협정이 영향을 주지 않는다는 조항도 필요하다. 왜냐하면 남북한 평화협정이 각각 제3국과 체결된 조약에 영향을 주는 경우 남북한 평화협정 체결 자체가 불가능해 질 수도 있으며 또한 남북한 평화협정의 보장체제를 불가능하게 할 우려가 있기 때문이다.[53]

한편 통일에의 의지는 포기되어서는 안 될 것이다. 남북한 공히

53) 이러한 조항은 1972년 12월 21일 동서독 간에 체결된 기본조약 제9조에도 규정된 바 있다.

통일을 포기한 상태에서 현상유지를 합의하는 것은 국내적으로 엄청난 부담을 안게 될 것이 분명하며, 또한 장기적으로 대주변국 관계에 있어서도 이는 고수하는 것이 유리할 것이다. 특히 북한은 군부를 중심으로 한 강경파에 대하여, 그리고 한국은 이북출신과 재야세력에 대하여 남북한 평화협정으로 인하여 통일에 장애가 올 가능성이 없음을 설득할 필요가 있을 것이다. 하지만 통일문제와 남북한 평화협정 문제를 직접적으로 연계시킬 필요는 없다. 통일방안과 조건은 한반도 평화체제 구축 이후에 또 다른 형태로 나타날 가능성이 높고 또한 이를 사전적으로 규정한다 하더라도 별의미가 없음이 60년의 경험을 통하여 분명해졌기 때문이다.

이상의 내용은 남북한 기본합의서의 내용과 거의 다를 것이 없다. 현실적으로 남북한이 평화협정을 체결하기 위하여 재협상을 시도하는 경우도 남북기본합의서의 내용을 크게 벗어나지는 않을 것으로 생각된다. 이는 남북기본합의서의 내용이 남북한이 생각해 낼 수 있는 최선의 사항이기 때문이다.

V. 국제적 보장문제

지금까지 남북한 당사자 해결이 전제되는 평화체제 구축 방안의 한계를 지적하고, 이를 우회하여 한반도 평화체제 구축을 실현할 수 있는 방안을 모색하였다. 그 과정에서 이미 미·북, 한·중 평화협정 체결을 통하여 남북한 평화협정으로 통하는 방식, 즉 미국과 중국에 의한 보장구도를 내재하였다. 이는 미국과 중국이 정전협정 조인 당사국으로서 남북한에 대하여 실질적으로 영향력을 행사할 수 있는 강대국이기 때문이다.

다만 이 경우 한반도에 대한 또 다른 의미의 영향력을 행사하고 있는 러시아와 일본이 배제된다는 단점이 있다. 러시아는 한반도와 국경을 접하고 있는 국가로서 아직도 여전히 군사대국이다. 더욱이 러시아의 군사기술과 무기체계는 군사적으로 유용하며, 구소련 해체 이후 군사기술과 무기체계의 공·밀매가 성행하고 있어 한반도 평화체제 유지에 러시아가 협조하지 않는다면 군사기술과 무기체계의 확산을 통한 불안정성이 높아질 가능성이 있다.[54)]

또한 일본의 경우도 중국과 정치적 경쟁관계에 있는데, 한반도 평화체제 구축에서 자국이 배제될 경우 정치적 교란요소로 작용할 수 있다. 중요한 점은 평화체제의 유지는 물론 통일과정에서 일본으로부터 성실한 정치·외교·군사·경제적 협력을 얻어내기 어려울 수 있다는 것이다. 따라서 일차적으로는 미국과 중국의 보장을 중심으로 하되, 이차적으로는 러시아와 일본의 보장도 확보해야 할 것이다. 또한 이들의 협조는 남북한 분쟁시 중재역할, 평화체제 운용의 감시 및 검증 등 평화체제 운용에 있어서 유용할 것이다. 이 국면에 오면 4자보다는 6자에 의한 해결구도가 된다.

나아가 한반도에 대한 보장을 다층적으로 구도화하는 방안도 고려할 수 있다. 실제로 독일통일 과정에서 통일독일에 대한 정치적 우려가 있었으나, 독일이 일차적으로 유럽연합, 이차적으로 북대서양조약기구, 삼차적으로 유럽안보협력회의의 구도에 묶임으로써 이에 대한 부담이 덜어질 수 있었다.[55)] 이러한 구도는 한반도에서

---

54) 러시아의 경우 경제사회적 어려움과 중앙정부의 통제 불능상태로 인하여 중요한 기술이나 무기체계가 불법적으로 해외에 이전될 가능성이 컸다. 이는 유럽지역에서 간간히 포착되고 있는 풀루토늄의 암거래나 북한이 시도한 바 있던 핵물리학자들의 영입 등에서 증명되었다.

55) 이러한 시각에서 독일통일과정을 분석한 연구보고서로는 김주홍 외, 『동서독 통일의 전망과 통독움직임이 한반도에 미치는 영향』(세종연

도 유용할 것을 판단된다. 즉 한반도 평화체제를 통하여 한반도에서 또는 한반도를 둘러싸고 일어날 수 있는 전쟁가능성을 최소화하기 위하여 한반도를 다층적인 보장의 틀로 묶는 것은 바람직할 것이다. 이는 시간이 소요될 것이기는 하지만, 당시 클린튼 미 대통령의 동아시아에서의 NATO형, 또는 평화를 위한 동반자 구상이 구체화되거나, 동북아안보협력회의가 구체화되거나, 또는 존재하고 있는 유엔의 보장을 받는 방식이 될 것이다.

한반도 평화체제는 남북한 간 평화체제와 동북아 관련당사국들 간 평화체제의 이중적 구도를 가지고 있다.[56] 이는 한반도가 이미 국제화되어 있으며, 한국전쟁으로 인한 현재의 상황도 국제화되어 있기 때문이다. 따라서 남북한 당사자 해결원칙은 명분은 있으나 실현되기 어려운 측면이 있다.

그간 한국정부의 대북한 정책은 진폭이 상당히 컸다. 이는 상황의 정의가 서로 다른 정책담당자들이 교체되면서 빚어진 사태로 해석되는데, 변화된 국제환경과 증진된 한국의 국력을 바탕으로 한반도에 평화를 정착시키고 남북한 관계를 획기적으로 전환할 수 있는 새로운 인식이 필요한 시기라고 판단된다.

이상의 논의들이 진행된 지 10년이 지난 지금도 한반도의 상황은 별로 변한 것이 없다. 다만 2000년 남북정상회담 이후 한국 정부의 대북지원이 훨씬 늘어나고 남북 간의 교역이 증가하면서 인적, 물적 교류가 활발해졌으며, 군사분야의 초보적 신뢰구축이 필

구소, 1990) 참조. 또한 *The Economist* (May 25th, 1996), p. 20도 참조.

56) Joo Hong Kim, "Toward Peace and Stability on the Korean Peninsula: Prospect for North-South Relations," in Dong-Sung Kim et. al(eds.), *Fifty Years After: The Post-Cold War Northeast Asian Security Environment* (Seoul: Korea Association of International Studies, 2000), pp. 261-286 참조.

요에 의하여 이루어졌다. 하지만 한반도 평화체제의 핵심인 북핵 문제는 아직도 진행 중이며, 북·미관계는 긴장의 연속이다. 베이징 6자회담에서 돌파구를 모색하고 있지만, 북한의 비대칭적 전략 추구와 미국의 강경대응이 해소될 전망도 분명치 않다.

10년 전이나 지금이나 분명한 것은 한반도 평화체제는 당사국들의 평화공존에 대한 확고한 의지가 없는 한 성립될 수도 없고, 유지될 수 없다는 점이다.[57] 더욱이 남북한 간에 평화공존에 대한 의지가 확인되지 않으면 이는 더욱 어렵다. 또한 북한은 자신의 자폐성을 스스로 극복할 수 있어야 한다. 선군정치, 강성대국론 등과 같은 시대착오적 정책과 전략으로는 한반도 평화 달성이 불가능하다는 현실을 분명히 인식할 필요가 있다. 그럴 때에만 한반도 평화체제의 구축과 유지가 가능해 질 것이다.

57) 백진현, "정전체제의 평화체제 전환방안," 『미·북관계의 개선과 남북관계 발전방향』(서울: 통일원 남북대화사무국, 1994), p. 59.

제7장
'북한문제' 관리 방안
- 북한문제의 국제화 -

I. 한반도의 복합적 불안정성

1997년 한반도를 둘러싼 정세는 남북한 각각의 내부에 있어서, 한반도 차원에 있어서, 그리고 동북아 국제관계의 차원에 있어서 상당한 모순과 갈등이 교차하며 불안정한 양상을 나타내고 있었다. 북한에는 가중되고 있는 경제적 곤란과 식량난, 황장엽 노동당 비서의 탈북으로 대표되는 북한 지식층의 동요, 김정일 노동당 총비서 체제의 공식적 출범, 북한 군부의 영향력 증가, 북한의 군사화 추세의 강화 등 북한 내부에서 일어나고 있는 불안정 요소들이 있었다.

한국에는 또 다른 성격의 불안정 요인들이 있었다. 한국경제의 구조적 경기침체, 실업률 증가, 외채 급증, 경상수지 적자 확대 등의 경제적 문제들과 그로 인한 경제적 기반의 동요, 정치적 스캔들로 인한 대통령의 급격한 권위 쇠락, 대통령 선거를 즈음한 국내 제정파 간의 갈등과 충돌, 정권 말기 국가부문의 비효율과 공무원의 복지부동, 각종 인연에 의한 이합집산으로 인한 국론의 분열상, 그리고 IMF 사태 등 한국 내부에서 총체적 위기의 징후들이 나타나고 있었다.

그리고 국제적으로는 남북한과 주변국들의 관계에서, 그리고 주변국들끼리의 관계에서 마찰이 발생하고 있었다. 중국의 급속한 경제발전과 군사력 증강, 미·일 방위가이드라인 개정과 그에 따르는 일본의 군사적 역할 강화 추세, 이에 반발하는 중국과 미·일 간의 갈등, 자동차, 통신, 반도체, 농산물 등에 있어서 한·미 간에 벌어지고 있는 무역분쟁, 러시아의 대북한 관계 복원 움직임, 대만의 대북한 핵폐기물 수출 기도, 북한문제에 관한 한·미 간 공조체제의 약화 등 동북아지역 국제관계의 불확실성 증가, 이 모든 것들은 각각 그 자체로 한국의 안보에 심대한 영향을 미칠 뿐만 아니라 통일에 대한 전망에 있어서도 암운을 드리우고 있었다.

뿐만 아니라 한반도 차원, 즉 남북한관계에 있어서도 불안정도는 그 어느 때보다 높았다. 남북한관계가 북한의 도발과 억지주장에 의하여 불안이 증폭되었던 것은 어제오늘의 일이 아니기는 했지만 남북한이 각각 내부적인 어려움을 겪고 있는 상황에서 목도되는 남북한 관계의 불안정은 그 위험성이 과거의 어느 때보다 심각했다.

우선 북한은 1994년 4월 28일 외교부 성명을 통하여 미국과의 평화협정 체결을 포함한 '새로운 보장체제'를 수립하기 위한 포괄적 협상을 제의한 이래, 한반도에서 그나마 전쟁 재발을 방지하는 장치인 정전협정을 무력화하기 위한 시도를 단행하여 한반도의 군사적 위기를 고조시킨 바 있다. 또한 1996년 9월 18일에는 잠수함을 이용하여 무장공비 침투를 시도하였으나 잠수함이 좌초되는 바람에 실패하는 사건을 일으켰으며, 1997년도 '신년공동사설'1)에서는 '현 남조선 정부와는 대화하지 않겠다'는 기존의 입장을 되풀이함으로써 한국 배제전략을 고수하며 남북한 관계의 개선을 외면했다. 또한 4자회담을 위한 2차 준비회의에서 주한미군 철수를 주장하면서 퇴장함으로써 4자회담의 장래도 불투명하게 만들었다. 더욱이 북한의 정치경제적 상황이 호전될 가능성이 전혀 보이지 않는 가운데 김정일이 공식적으로 권력을 승계함으로써 향후 북한의 정책방향에 주목이 쏠리고 있었으며, 특히 군부의 영향력이 강화되고 있는 상황에서 한반도는 정치군사적으로 상당히 불안한 상태가 지속되고 있었다.

이러한 상황 하에서 한국 정부는 기존의 4자회담의 틀을 고수하면서, 과거 남방삼각관계를 구성하였던 미국, 일본과의 공조에 의존하는 대북한 정책을 수행하고 있었지만, 북한의 외면에 의하여 실질적인 효과를 거두지 못하였으며, 특히 북한의 기아 상황을 외면하고 있다는 우회적인 압력을 국제적으로 받기까지 하였다. 이는 한반도 에너지 개발기구(KEDO)에서 거의 전액을 부담하면서도 영향력을 전혀 행사하지 못하고 있는 한국의 입장과 견주어 보면 상당한 아이러니가 아닐 수 없었다. 뿐만 아니라 한국 내부적으로도 북한에 대한 지금까지의 대응방식에 대하여 상당히 회의적인 입장이 나타나고 있었던 만큼 한시 바삐 새로운 방향으로의 정책전환이 이루어지지 않으면 안 되는 상황이었다.

한국이 분단됨으로 인하여 발생하는 모든 문제는 통일문제로 귀착되게 되는데 따라서 '한국문제'는 통일과 관련되는 문제라고 할 수 있다. 그렇다면 소위 '북한문제'란 통일과 관련되는 한국문제의 일부로서, 북한의 국가기반 붕괴와 그로 인하여 발생하는 문제의 총체라고 할 수 있다. 여기서는 특히 '북한문제'의 성격을 고찰하

---

1) 『노동신문』(1997. 1. 1).

고, 한국정부의 정책대응 상의 딜레마를 고려하여 북한의 변화가능성에 대비한 관리방식의 도출에 초점을 둔다.

II. 소위 '북한문제'의 성격

1. 북한 국가기반의 붕괴

대체적으로 하나의 국가는 정치적, 경제적, 이념적, 군사적, 국제적 기반에 기초하여 유지되고 발전한다. 그러한 국가기반의 제요소는 상호 연계되어 있으며, 어느 한 요소라도 결함이 있는 경우 국가를 경영하는 데에 있어서 심각한 문제를 야기할 수 있을 뿐만 아니라, 심지어 국가의 기틀이 동요하거나 국가체제가 붕괴하는 최악의 사태에 이를 수도 있다.

1998년 당시 북한은 이러한 국가기반의 총체적 붕괴 직전의 상황에 처해 있는 것으로 판단되는데, 그 과정을 살펴보면 다음과 같다.[2] 기본적으로 북한의 경제운용방식에는 문제점이 산재해 있었다. 스탈린주의에 입각한 계획경제체제는 이데올로기에 의한 동원방식을 통하여 일정한 기간 동안에는 상당한 성과를 거둘 수 있었다. 하지만 그 성과의 이면에 자리 잡은 근본적인 문제는 시간이 경과함에 따라 북한의 경제를 악화시키는 구조적인 요인으로 작용하게 되었다. 즉 당의 지배에 의한 중앙집권적 계획에 의하여 경제운용이 그 목표를 급속한 산업화가 아닌 사회주의 경제혁명의 발전에 두고, 경제운용의 행정적, 기술적 혁신보다는 이데올로기적인

2) 연하청, "사회주의 경제계획," 최명 편, 『북한개론』(서울: 을유문화사, 1994), pp. 145-146.

수단에 더욱 크게 의존함으로써 행정적인 개혁이나 물질적인 유인보다는 정치적 동원에 역점을 두게 되었다. 그 결과 주민에 대한 통제와 노력동원을 강화하여 단기간에 경제적 성과를 거둘 수는 있었지만, 고도의 중앙집권화로 인하여 부문 간 조정 결여와 업적에 대한 과대평가가 내려지게 되었으며, 엄격한 정치적 통제는 기획의 경직성을 야기했다.

그런가 하면 정치적 동원과 이데올로기에 대한 지나친 의존으로 인하여, 오히려 경제적 효과가 수익체감의 단계에 도달하였다. 또한 경제의 정치적 도구화를 초래하게 되어 정치동원과 경제침체의 악순환을 반복하게 되었으며, 사회주의 혁명발전에 대한 지나친 강조와 이에 따른 중화학공업 및 군사부문 우선정책은 경제성장의 침체와 부문 간 불균형을 심화시켰다. 이에 따라 1972년을 기점으로 남북한의 경제지표는 역전되기 시작하여 그 이후 그 격차가 더욱 벌어지게 되었다.

이처럼 구조적인 문제를 안고 있던 북한의 경제가 결정적으로 타격을 입게 된 것은 북한이 탈냉전 과정에 제대로 적응하지 못함으로써 초래한 국제적 기반 붕괴 때문이었다. 사실 냉전체제에서 사회주의 국제체제는 종주국인 소련과 이를 중심으로 한 사회주의 국제시장에 의존하였는데, 이는 소련의 군사적, 경제적 원조와 시장제공이 중심이 되어 사회주의 국가들 간의 물물교환적 교역에 의하여 유지되어 왔으며, 북한도 이러한 방식에 의거하여 국제적 기반을 유지하고 있었다. 그러나 고르바초프의 등장과 함께 구 소련에서 제기한 개혁, 개방, 신사고 등은 이미 사회주의 체제가 자본주의 체제와의 총체적 경쟁에서 패배했음을 자인한 정책적 슬로건으로서, 그 이후 구 소련과 사회주의 국가들 간의 관계는 과거 이데올로기, 사회주의 혁명동지 의식에 입각한 관계에서 냉정한 계산과 이해관계에 입각한 관계로 변화되게 되었다.

고르바초프는 사회주의 국가들에게 뻬레스뜨로이까 정책의 수행을 촉구하는 한편, 이들에게 대한 경제적 원조를 감소시켜 갔으며, 교역도 물물교환이 아닌 경화(hard currency)에 의한 결재를 요구하기에 이르게 되었는데, 북한의 대외무역은 이때부터 심각한 위기상황으로 빠져들게 되었다. 또한 1990년대에 들어 동구권 국가들의 사회주의체제가 붕괴하고, 소련에서 불발 쿠데타가 발발함으로써 소련이 해체되게 되어 북한의 해외시장은 급속하게 위축되게 되었다. 반면에 한국이 북방정책을 성공적으로 수행하여 소련, 중국과 국교관계를 수립하게 됨으로써 북한은 직접적으로 정치군사적 배후세력이 중립화되는 위기를 맞이하게 되었던 것이다.

이러한 북한의 국제적 기반의 붕괴는 경제적 기반의 약화를 더욱 가속화시키게 되었다.[3] 1989년 미・소 간의 몰타 섬에서의 탈냉전 선언 이후, 그리고 동구권 국가들의 사회주의 체제가 붕괴되면서, 북한은 1990년에 휴전 이래 최초의 마이너스 성장(-3.7%)을 기록하게 되었다. 물론 그 이후의 계속적인 마이너스 성장 기록은 앞서 언급된 경제체제 자체의 모순에다 과도한 국방비 지출, 1983년 주체사상탑 및 개선문 건립, 1984년 남한의 홍수 피해에 대한 구호물자 제공, 1989년 제13차 청년학생제전 개최, 105층의 유경호텔 건립, 능라도 5.1경기장 건립, 외국인 무료초청 등의 엄청난 재정 탕진으로 인한 것이기도 했다. 하지만 그 이전에도 이러한 부문에 대한 지출은 있어 왔고, 1970년대에 알제리, 마다가스카르,

3) 통일원, 『1990년도 북한경제의 종합평가』(통일원, 1991. 8); 한국개발연구원, 『남북한 기본관계 발전을 위한 기본구상』(한국개발연구원, 1991. 10); 통계청, 『남북한 경제사회상 비교』(통계청, 1996. 11); 『동아일보』(1994. 6. 11); 『조선일보』(1997. 3. 21) 등 참조.

자이레, 탄자니아 등에 대한 대규모 원조와 UN에서 남한과의 체제 대결을 위한 재정출혈이 있었던 점을 고려하면, 1990년의 마이너스 성장 기록은 북한의 국제적 기반 붕괴로 인한 것이라는 점을 쉽게 짐작할 수 있다.

또한 소련과 중국은 1991년부터 북한에 대하여 무역에 있어서 적용되던 우호가격을 폐지하고 국제가격의 경화결제를 요구하게 되어 외화부족과 외채과다로 어려움을 겪고 있던 북한의 대외경제를 더욱 어렵게 만들었다. 특히 소련은 기존의 채무 상환을 요구하기도 하였으며, 1991년에 북한과 소련의 무역규모는 1980년대 후반의 10%선으로 후퇴하여 북한의 총교역량의 14.1%에 불과하게 되었다. 이러한 소련과의 무역축소와 원조축소는 특히 에너지분야의 병목현상을 가속화하였으나, 이를 중국이 모두 담당하기에는 한계가 있어 북한의 에너지난은 가중되어 왔다.

국제적 기반의 붕괴로 인한 어려움은 소위 '주체농법'의 실패와 삼림황폐화, 그리고 이로 인한 만성적인 홍수와 가뭄의 악순환과 겹쳐 북한의 경제적 기반을 뿌리까지 뒤흔들고 있었다. 즉 북한은 1990년 -3.7%, 1991년 -5.2%, 1992년 -7.6%, 1993년 -4.3%, 1994년 -1.7%, 1995년 -4.5%를 기록한 바 있으며,[4] 1996년과 1997년에도 마이너스 성장을 기록한 것으로 알려졌는데, 이를 1989년의 경제규모와 비교하면 약 65%정도에 이르는 것이었다. 특히 곡물의 경우 북한의 연간 최소필요량은 670만톤 정도인데, 1995년과 1996년의 대홍수로 인하여 곡물생산이 340만~370만톤에 그쳐 약 300만톤 이상이 부족한[5] 것으로 나타나 북한의 경제적 기반의 붕괴가

---

4) Bank of Korea, *Estimates of North Korea's GNP*(Seoul: Korean Government, June 1995); 대한무역투자진흥공사, 『북한뉴스레터』(서울: 대한무역투자진흥공사, 1996. 7), p. 28.

심각함을 짐작케 하였다.

한편 북한은 정치적 기반의 동요와 이념적 기반의 동요를 동시에 겪고 있었다. 우선 김일성이 1994년 7월 8일 사망한 이후 사실상의 최고권력자인 김정일은 공식적인 권력승계를 하지 못한 채 4년을 보내야 했다. 물론 명분적으로는 3년 탈상이라는 전통적 관습을 지키며, 또한 김일성에 대한 존경과 애도의 마음에서 그가 가지고 있던 권력을 곧바로 승계하지 않았다고 하지만, 과거 소련과 중국에서의 예에 비추어 보거나 또한 공식적인 국가권력의 승계과정을 보더라도 이는 매우 비정상적인 것이었다.

김일성이 사망한 이후 김정일이 비공식적인 지배를 통하여 북한사회를 통치하여 왔지만, 이는 김일성의 카리스마와 권위를 빌린 유훈통치 방식이었으며, 그러다 보니 자연 지근거리에 있는 측근을 통한 정치를 할 수 밖에 없었다.[6] 김정일의 권력기반이 당, 군부, 강동혁명학원 출신, 3대혁명소조, 친인척 등에 있다고는 하지만 이들의 다른 부분은 동시에 김정일에 대한 잠재적인 도전세력이기도 하였다.

당시 심화되고 있던 이들의 체제이반 현상은 바로 북한의 정치적 기반의 동요를 반영하고 있었다. 즉 북한을 이탈하는 주민의 숫

---

5) 통계청, 『남북한 경제사회상 비교』(1996. 11), p. 205.

6) 김정일은 김일성 사망 이후 측근들에 의한 통치를 해왔는데, 소위 '20인회'라는 것이 그 핵심인 것으로 알려졌다 여기에는 계응태, 김국태, 전병호 등 당 중앙위 비서, 조명록 군 총정치국장, 김영춘 총참모장, 오극렬 당 작전부장, 강주일 당 사회문화부장, 김영룡 국가안전보위부 제1부부장, 원응희 보위국장, 이명제 서기실 책임비서, 김동운 39호실장, 정하철 중앙방송위원장, 김시학 당 부장, 장성택, 문성술, 염기순 당 제1부부장, 이수영 조직지도부 부부장, 박성범 근로단체부 부부장, 강석주 외교부 제1부부장, 정순구 기계공업부 제1부부장 등 군, 당, 정의 핵심인사들이 망라되고 있었으며, 이는 권력승계 지연에 따른 과도체제의 안정을 위한 것으로 보였다. 『중앙일보』(1997. 9. 20).

자가 증가 추세에 있었지만 그 구성에 있어서는 벌목공, 군인, 노동자, 가족귀순 등이 대부분을 차지하고 있었으나, 점차 항공기 조종사, 해외공관 주재 외교관, 고위관료 등 북한의 지도층에 속한 인사들의 귀순이 늘어났으며, 이러한 경향은 황장엽의 망명사건에서 최고조에 이르게 되었다. 이는 곧 지식인들에 의한 충성심의 이반현상으로서 급격한 권력변동 전야의 위기감을 예측케 하는 지표라고 할 수 있었다.7)

그리고 이러한 정치적 기반의 동요는 이념적 동요를 수반했다. 김일성이 사망한 이후 북한은 소위 주체사상과 이를 계승하는 유훈통치를 지도이념으로 내세웠으나, 1996년부터는 '붉은 기 사상'과 '고난의 행군정신'을 새로운 통치이념으로 제시했으며, 이를 기반으로 '통 큰 정치'와 '인덕정치'를 강화하였다.8)

그러나 엄밀한 의미에서 붉은 기 사상은 국가지도이념으로서 자리매김 되기에는 일천하여 주체사상과는 달리 구호의 수준에 머물

---

7) 이를 정치권력의 이완조짐으로 보는 전문가들의 견해도 있지만(『한국일보』, 1996. 2. 12), 이는 또한 정치권력의 혁명적 변화의 조짐으로 해석될 수 있었다. 혁명을 연구한 몇몇 견해에 의하면 지식인들의 충성심의 이전, 또는 이반현상은 정치권력의 지배수단이 마비되기 직전의 상태로 이해되고 있다. Lyford P. Edwards, *Natural History of Revolution*(Chicago: Chicago University Press, 1927), p. 38; Crane Brinton, *The Anatomy of Revolution* (Edward Cliff, N.J.: Prentice-Hall, 1952), p. 41 참조.

8) 붉은기 사상은 1996년 1월 9일 '붉은 기는 조선혁명의 백전백승의 기치이다'라는 제목의 노동신문 정론을 통해 발표된 바 있으며, 고난의 행군정신은 1996년 3월 24일 평양에서 개최된 전국농군맹 해설 강사회의에서 제시되었는데, 이는 '제힘으로 혁명을 끝까지 해나간 자력갱생 간고분투의 혁명정신이며 아무리 어려운 역경 속에서도 패배주의와 동요를 모르고 난관을 맞받아 뚫고 나가는 낙관주의 정신'이라고 정의하였다. 『내외통신』10358호(1996. 12. 3); 내외통신 『10430호』(1997. 1. 21) 참조. 또한 인덕정치, 광폭정치에 관해서는 『노동신문』(1993. 1. 28); 『내외통신』 9272호(94. 12. 14); 『내외통신』 910호 A4 등 참조.

고 있는 정도였고, 고난의 행군정신이라는 것도 한편으로는 70년대의 속도전 방식으로 북한주민의 동원을 극대화하는 동시에 북한의 경제적 어려움을 북한 주민에게 강요하기 위한 눈가림에 불과했다. 결국 김일성 사망 이후 새로운 지도이념의 제시는 북한의 정치·경제적 어려움으로 인하여 거의 설득력을 가질 수 없는 상황이 되었으며, 특히 주체사상의 제창자의 한 사람인 황장엽이 한국으로 망명함으로써 주체사상 뿐만 아니라, 김정일 체제의 이념적 기반도 심대한 타격을 입은 것은 분명해 보였다. 이에 따라 김정일 체제는 사상교육을 강화하고 주민에 대한 통제를 강화하였다.[9)]

이상에 언급된 정치적, 경제적, 이념적, 국제적 기반의 동요와는 달리 군사적 기반은 당시까지 건재하였다. '모든 권력은 총구로부터 나온다'는 마오쩌둥의 언급과도 같이, 북한은 군에 대한 통제를 체제유지의 핵심적 요소로 간주해 왔다. 김일성 생존 시 인민무력부를 중앙인민위원회 산하에 두고 그 실질적 통수권이 김정일에게로 일찍이 승계된 바 있었고, 김일성 사후인 1994년 12월에는 김정일이 공식적으로 북한군 최고사령관에 추대되었다. 또한 군에 대한 경제적 지원은 다른 부문보다 우선하여 지원하고 독립적으로 운영해 왔다.

더욱이 김일성 사망 이후 북한체제의 동요를 막기 위하여 김정일은 군부에 대한 관리와 통제를 강화하였는데, 그 결과 군부의 정치적 영향력이 점점 커지게 되었다. 즉 북한의 권력서열에 있어서 인민무력부장 최 광의 경우 1994년 7월까지 권력서열 9위에서 1996년 9.9절 행사시 권력서열 3위로, 이을설 호위총국장은 1995년 김일성 생일 당시 권력서열 18위로 처음 상위서열에 등장한 이

---

9) 『노동신문』(1997. 3. 31).

래 1996년 9.9절 행사시에는 권력서열 7위로 급부상했었다. 물론 조명록, 김영춘 등 차수급의 경우는 김일성 사망 2주기 행사시까지는 각각 권력서열 12, 13위를 차지하고 있었으나 그 이후에는 25위 밖으로 밀려나기도 하였지만, 전반적으로 북한 사회에 있어서 군부의 영향력이 김일성 사망 이전에 비하여 커져가고 있던 것은 분명해 보였다.[10)]

이러한 모습은 북한 체제가 군사적 기반에 의하여 운용되고 있음을 보여주고 있는 것이었다.[11)] 북한 군부의 영향력은 북한의 대외관계에까지 미쳐, 북한의 경제·외교관료가 핵, 식량 등에 관하여 협상하는 경우 군이 강경입장을 강요함으로써 협상의 교착, 또는 실패를 자초토록 하기도 하였으며, 그 결과 언제나 북한과의 협상은 파국 직전의 합의방식인 '벼랑끝전술'의 긴장을 수반하게 되었다. 대내적으로도 북한 군부의 영향력이 북한체제 내의 반혁명세력에 대한 제재와 진압, 사회통제, 김정일 체제 경직화 등에서 뚜렷이 나타나고 있었으며, 그에 따라 김정일의 군부에 대한 의존은 더욱 심화되게 되고 또한 이와 함께 군부의 영향력이 강화되는 악순환이 계속되었다.

요약컨대, 북한은 국가로서 운용될 수 없을 정도로 그 정치적, 경제적, 이념적, 국제적 기반이 붕괴된 상태에 있었으며, 그에 따라 군사적 기반에 대한 의존이 강화될 수 밖에 없었고, 따라서 군사적 기반의 강화를 위하여 군부의 입장을 지지할 수 밖에 없는 선택이 항상 강요되는 바람직하지 않은 상황이 계속되고 있었다. 그렇기

10) 북한의 권력서열에 변화에 관한 상세한 설명은 다음을 참조함. 유석렬, 『북한의 체제위기와 한반도 통일』(서울: 박영사, 1997), pp. 34-46.

11) 한 예로 김정일의 군 관련 행사 참석회수를 보면 1995년 20회에서 1996년 31회로 55% 증가하였으며, 이중 군부대 방문은 18회로 가장 높은 빈도를 나타냈다. 『동아일보』(1996. 12. 11).

때문에 한국의 대북정책이나 한·미·일 공조에 의한 대북정책이 항상 벽에 부딪히게 되었으며, 핵문제 이후 계속된 북한과의 회담과 북한에 대한 식량, 에너지, 의약품 등 경제지원활동이 언제나 한계에 부딪히게 되었던 것이다.

2. 북한 위협의 구조

북한으로부터 제기되는 위협의 성격은 냉전기와 탈냉전기에 있어서 분명한 변화를 보였다. 냉전기에 북한으로부터 제기되는 위협은 대부분 북한 단독에 의한, 또는 북한과 그 배후세력의 연계된 무력도발 또는 그로 인한 전쟁의 발발 가능성에 있었으며, 따라서 위협의 성격은 단선적인 정치·군사·안보 위협이었다고 할 수 있다. 그러나 탈냉전 이후 급속한 북한 국가기반의 붕괴와 그로 인한 북한의 취약성 증가로 인하여 북한으로부터의 위협은 정치, 경제, 사회, 군사, 안보 등 다양한 차원에서 동시다발적으로 제기되는 복합적 위협으로 변화되었다. 이러한 다원적 위협이 종합적으로 표현된 것이 북한체제의 유지가능성에 대한 다양한 시나리오였다. 북한 체제의 장래에 대한 논의를 몇 가지로 대별하자면, 북한의 조기붕괴가능성, 점진적 붕괴가능성, 체제유지 가능성 등으로 제기되었다.[12)]

12) 이를 경착륙(hard-landing), 연착륙(soft-landing), 불착륙(no-landing)으로 개념화했던 회의는 1996년 4월 17일 미 하원 아·태소위원회 청문회로서, 여기서 미 국방대학원의 Marvin Otto교수는 북한을 고장난 비행기에 비유하여 그러한 세가지 시나리오를 제시하였으며, 그 이후 북한의 미래를 예측하는 기본적 틀이 되어왔다. 이에 관한 보도는 『조선일보』(1996. 4. 18) 참조. 그러나 오토 교수의 용어는 사용하는 사람에 따라 그 개념이 달라서 혼란을 가져올 수 있다. 따라서 여기서는 그가 사용한 용어의 사용을 자제했다.

우선 북한 체제가 조기에 붕괴[13]하는 경우의 근거로 제시되었던 것은 다음과 같은 것이 있었다. 당시 북한의 어려움은 일시적인 정책의 실패에 기인하는 것이 아니라 총체적인 경제구조의 모순과 국제적 고립으로 인한 것이며, 북한 지도부가 개혁・개방에 대하여 거부감을 가지고 있고, 설사 한다 하더라도 시기적으로 너무 늦게 정책 전환을 하거나 또는 북한이 원하는 지원방식을 고집함으로써 외부의 원조가 이루어지지 않음으로 인하여 북한의 붕괴가 필연적일 수 밖에 없다는 것이었다.[14] 그 예로는 북한의 경직된 협상태도, 주한미군 철수 등 비현실적 요구, 심각한 경제난, 식량난, 에너지난으로 인한 민심의 이반, 탈북자 급증, 고위층과 핵심엘리트들의 이탈현상을 들 수 있다.

이 경우 북한 지도부는 군부를 중심으로 한 강경파가 장악하게 되고 대남강경노선을 강화하는 한편, 외부로부터의 경제지원이 미

---

13) 북한의 붕괴가능성에 관한 전망은 처음 미국 조야에서 제기되었는데, 국무부, 국방부, 정보국의 견해가 상충되는 것이었다. 즉 1996년 미 정보국의 존 도이치 국장과 주한미군 사령부의 판단은 북한의 조기붕괴 쪽이었으며, 미 국무부의 견해는 조기붕괴에 관해 회의적인 입장이었다. 그러나 1997년부터는 미 정보국과 국방부는 북한의 군사적 위협을 그리고 미 국무부는 북한의 경제적 어려움과 붕괴가능성을 자주 언급하였다. 이러한 점을 감안하면 북한의 붕괴가능성에 대한 여러 가지 분석에 대하여 일희일비할 필요는 없었으며 이것도 미국의 대한반도 정책의 맥락에서 제기되는 것으로 보아야 했다.

14) 특히 주한미군 사령부는 미 국방부와 백악관에 대하여 '북한의 하부구조 붕괴유형'이라는 제목의 보고서를 제출한 바 있었는데, 여기서는 전쟁발발 가능성을 제외한 경우 북한의 붕괴가 식량난 등 자원고갈 단계, 대상을 선별해 자원을 공급하는 차별화단계, 생존을 위협 받음에 따라 각 지역별로 자구책을 마련하는 지역독립의 단계, 중앙정부의 억압단계, 내부의 저항단계, 폭력을 수반한 균열단계, 권력재편단계 등 7단계를 밟을 것으로 예측하고 1996년 당시 북한은 2단계에서 3단계로 넘어가는 초기 붕괴과정이 이미 시작되었다고 관측되었다. 『조선일보』(1996. 3. 25).

미한 가운데 북한의 체제가 자체 붕괴하거나, 점증하는 북한체제의 위기를 국지적 도발 또는 전면적 전쟁으로 해소하기 위한 모험주의가 현실화할 가능성이 있었다.[15] 이 시나리오는 대파국을 결과할 것이 분명하며, 특히 군사화가 극한으로 진행되어 온 한반도의 좁은 전장은 무력충돌로 인한 재산, 인명의 피해를 극대화할 뿐만 아니라, 전쟁 이후의 처리에 있어서 엄청난 부담을 한국 정부에 안겨 줄 것이 분명하였다.

다음으로 북한이 점진적으로 붕괴하는 경우를 보자면, 비록 한국을 비롯하여 미국, 일본 등의 경제적 지원이 있더라도 이것이 북한의 악화된 정치, 경제적 상황을 호전시킬 수 없으며, 따라서 서서히 북한이 체제와해의 상황으로 나아가는 것을 생각할 수 있었다. 이는, 정치적, 경제적, 이념적, 국제적 기반이 붕괴된다 하더라도 군사적 기반이 건재한 상황이라면 국내적 불만을 억누르면서 외부의 지원으로 근근이 체제의 수명을 연장할 수는 있지만, 궁극적으로는 권력층 내부의 분열과 무력충돌, 그리고 그 와중에서 발생할 수 있는 대량난민의 탈북사태 등으로 인한 국제적 긴장의 고조 등을 수반하면서 체제가 서서히 붕괴하게 될 것으로 보는 입장의 시나리오이었다. 과거 구 소련에 대한 미국의 지원, 구 동독에 대한 서독의 지원에도 불구하고 결국 구 소련과 동독이 붕괴하게 되었던 예를 보면 쉽게 이해될 수 있는 경우이다. 이러한 상황에서 한국은 북한에 대한 경제적 지원과 함께 군사적 대비를 일정 기간 병행해야 하며, 북한으로부터 난민이 대량으로 유입되는 경우 한국 정부가 사회경제적 부담을 모두 져야 하는 문제가 있었다.

마지막으로 북한이 적응에 성공하여 국가기반을 회복하고 체제

15) 삼성경제연구소, 『남북한 통일시나리오』(서울: 삼성경제연구소, 1996), pp. 35-38의 분석 참고.

를 존속하는 경우이다. 김정일이 강력한 군부의 후원 하에 외부로부터 대량의 원조를 획득하고 성공적으로 개혁, 개방을 성공적으로 달성하고, 체제전환과 함께 국제체제에 순조롭게 편입되는 경우가 이에 해당한다. 여기서 김정일로 한정하지 않고, 김정일을 제거한 지도부에 의한 북한을 상정하는 경우, 쿠데타와 역쿠데타를 통하여 북한이 급속히 붕괴할 가능성이 클 것으로 보였다. 이 경우 한국은 상당한 경제적 부담을 지기는 하겠지만, 안보적 위협에 대한 부담을 덜 수 있고 궁극적으로는 남북한 체제 수렴을 통한 점진적 통일을 달성할 수 있다는 점에서 북한의 입장이 국가기반 회복 후 한국에 적대적 입장으로 회귀하지 않는다는 보장이 있다면 한국에게 가장 매력적인 시나리오가 될 수 있었다.

이상에서 언급한 세 가지 중 어떠한 경우에 있어서도 한국은 상당한 부담을 질 수 밖에 없는 것은 사실이었다. 북한에 대하여 실질적인 지원을 제공할 수 있는 국가는 한국 이외에 다른 국가가 있을 수 없다는 점에서 그러하였다. 그 중에서도 가장 바람직한 경우는 세 번째 경우인데, 이 경우는 한국 등 외부로부터의 대규모 지원과 북한 자체의 자구노력이 절묘하게 병행, 조화되어야 한다는 조건이 있었다.

그러나 당시 북한 정권의 상황인식 상의 문제로 인하여 세 가지 경우 중 어떠한 것이 현실로 등장할지는 불확실하였다. 북한 정권은 북한의 국가기반 붕괴를 국제적 기반 회복을 통하여 일시에 회복할 수 있을 뿐만 아니라 삼대혁명역량 중 국제적 혁명역량을 강화할 수 있는 기회로 삼을 수 있다고 보았다. 이는 곧 통미봉남책으로 표출되고 있었다. 즉 한반도 분단 상황을 왜곡하여 부각시킴으로써 북・미 간의 직접 대화[16]를 이끌어 내어 국제적 정통성을 회복하고, 일본과의 수교회담이 성공할 경우 60억불 내지 100억불의 식민지 지배에 대한 배상금[17]을 받아 내어 북한의 경제적 어려움을 극복하며, 여기에 기존 중국과의 동맹관계 강화와 러시아와의 관계회복을 더하여 한국에 대한 포위를 달성하고 궁극적으로는 북한방식에 의한 한반도 통일을 이룩할 수 있다는 망상에 가까운 희망을 북한 지도부는 가지고 있었다. 따라서 한국의 입장에서는 북한의 항배에 따른 위협과 함께 이에 대비하는 국제적 노력을 병행해야 하는 부담을 지고 있는 셈이었다.

3. 한국의 대북정책 딜레마

북한으로부터 제기되는 위협의 성격이 군사안보적인 단선적 위협에서 정치, 경제, 사회, 군사, 안보 등 제반 분야에서 동시다발적으로 제기되는 복합적 위협으로 변화하게 됨으로써 이에 대한 한국의 대북정책도 또한 변화하지 않을 수 없는 상황이 되었으며, 이는 냉전기의 억지(deterrence) 위주의 정책에서 탈냉전기에는 억지와 경제적 지원이 병행되는 정책으로 전환해야 하는 상황이 되었

---

16) 북한이 미국과의 직접접촉과 외교관계 수립이라는 목표에 집착했던 이유는 70년대의 교차승인 구도를 달성하고자 하는 안보적 목표달성 이외에 미국 내 북한 자산에 대한 동결 해제, 국제테러국 리스트에서의 제외, 미국 자본의 북한 내 투자 증가 그리고 일본과의 수교회담에서의 유리한 환경 조성 및 국제적 정당성 회복 등의 보다 실익이 있는 목표가 있었기 때문이다.

17) 1989년 3월 30일부터 4월 5일까지 평양을 방문했던 다나베 전 사회당 서기장과의 회담에서 북한 노동당 서기 허담은 전후 배상을 요구하면서 대남청구권 5억불이 당시에 비하여 그 동안 화폐가치가 수십 배 변하여 100억불을 내놓으라고 해도 되지만 남한과의 인구비례를 고려하더라도 그 절반은 되어야 한다고 말한 바 있는데, 따라서 실질적인 규모는 30억~50억불은 제시되었다고 볼 수 있다. 이에 관한 일본 측 보도는 『産經新聞』(1989. 4. 7.)

다. 억지 위주의 정책은 북한의 무력도발을 억지하는 효과를 거둘 수는 있지만, 북한이 내부적인 취약성으로 인하여 발생할 수 있는 복합적 위협에 대한 대비에 한계를 가질 수 밖에 없었다. 또한 과거의 억지정책을 탈피한 기능적, 경제적 논리에 입각한 정책만으로는 북한이 경제원조를 군사적 목적으로 전용하여 전통적인 군사안보적 위협을 증가시킬 위험성이 높기 때문이었다.[18] 따라서 한편으로는 군사적 억지를 달성하면서 다른 한편으로는 북한의 내부적 취약성을 보완해 주는 이중적이고 모순적인 가치의 대북정책의 추진이 불가피한 상황이 된 것이었다.

그러나 이러한 모순된 정책구조는 북한의 상황으로 인하여 상당한 우려를 자아내고 있었는데, 이는 다음과 같은 이유에 근거한다. 첫째, 북한 경제의 구조적 속성 때문이었다. 북한의 경제구조는 당경제, 군경제, 인민경제로 구획화되어 있으며, 당・군 경제와 인민경제는 상호 배타적으로 운용되고 있었다. 군경제는 미사일 등을 생산하는 군수산업체체로 무기를 해외에 팔아 군의 경제를 유지하고 있었으며 비교적 기초가 탄탄하였다고 할 수 있다.

국방위원회 산하 제2경제위원회[19]는 군수부문을 담당하는 곳으로, 이를 정점으로 거대한 북한식 군산복합체를 형성하여 자원의

---

18) 이러한 우려는 여러 가지 상황에서 확인되고 있다. 최활주씨와 고영환씨의 미국 강연중 언급에 따르면 서방지원 식량과 약품이 군대 등에 우선 배분되고 있다고 주장되고 있으며, 강릉지역 침투 잠수함에서 발견된 유류품에 섞여 있던 미국에서 제공한 통조림 포장지에서 이는 확인된 바 있었다. 두 사람의 강연기사는 『경향신문』(1997. 9. 28) 참조.

19) 제2경제위원회는 7개국으로 구성되어 있는데, 제1국은 소총과 탄약류, 제2국은 전차 및 장갑차 등 기동장비, 제3국은 포병화기, 제4국은 유도무기, 제5국은 화학무기, 제6국은 함정류, 제7국은 항공기 및 통신장비를 각각 담당하고 있으며, 이를 통하여 각종 무기체계의 연구개발과 생산을 조정하고 통제하는 역할을 담당한다. 이동훈 외, 『북한학』(서울: 박영사, 1997), p. 265.

생산과 배분에 있어서 다른 부문에 비하여 우선적인 관리체계를 유지하며 육성되어 왔다. 제2경제위원회는 전국 각지에 사무실을 두고 군수물자의 생산계획을 수립하고 추진하며, 산하에 군수공장을 통제하는 한편, 정무원 산하의 일반공장에도 제2경제위원회용 생산시설을 보유하고 있었다. 북한은 강계26호공장을 비롯한 130여개의 전문무기공장 및 부품공장을 보유하고 있으며 전시에 군수물자생산으로 전환할 수 있는 전환공장을 지정하고 있었다. 군경제 부문은 군수공장 뿐만 아니라 인민무력부 총참보부 산하에 대외사업국, 외화벌이국 등을 두고 용악산무역상사, 매봉무역상사, 모란무역상사 등을 운영하여 군수물자와 무기의 대외거래 창구로 활용하였다.[20)]

또한 이러한 연장선 상에서 북한의 경제규모에 비하여 과도한 군수산업 기반을 보유하고 있었다는 점을 들 수 있다. 물론 북한의 경제발전 방식이 군수산업 위주의 중화학공업의 발전에 중점을 두었던 이유는 북한의 경제개발의 목표가 급속한 성장보다는 경제를 통한 혁명의 발전에 있었기 때문이었다.

[표 7-1]에서 보는 바와 같이 북한은 1960년대 초반부터 군수산업 기반을 지속적으로 육성하여 왔다. 그리하여 1990년대에는 북한 공업의 67%가 군수산업과 직간접적으로 관련되고 있었으며, 이는 북한경제의 25%~40%에 해당하는 대규모였다.[21)] 한편 북한의

20) 이러한 군경제체제는 무역과 금융의 독점적 운용을 가능케 하였다. 즉 용악산무역상사는 북한의 무기수출입을 독점하고 있었으며, 용악산은행도 북한에서 자금보유도가 매우 높은 은행 중의 하나로 알려져 있었다. 동아일보사, 『북한대백과-신동아 95년 1월 별책부록』(동아일보사, 1995), pp. 317-318.

21) 군수산업의 중요성은 산업비율 뿐만 아니라 인력배치 상황에서도 알 수 있는데, 미 태평양사령부의 보고서에 따르면 1992년 현재 북한의 군수산업종사 핵심기술인력은 5만명 정도로 일본의 4만 5천, 한국의 4

수출상품의 대외경쟁력이 극히 한계가 있는 점을 감안한다면, 북한의 군수산업은 군사적 목적 뿐만 아니라 경제산업적인 면에 있어서도 중요한 비중을 가지고 있었다. 이 점은 1980년대 무기수출액이 총수출에서 차지하는 비율이 약 15%~36%의 비중이라는 미 군축국(ACDA)의 자료에 의하여 뒷받침되었다.22)

이러한 하부구조의 조건 위에 군부의 정치권력 장악이라는 상부구조적 조건도 또한 충족됨으로써 북한은 병영국가화할 위험을 가지고 있었다. 북한 권력서열에 있어서 군부인사들이 급상승하고 있었다는 것은 앞서 언급한 바와 같다. 또한 김정일은 "당과 정은 엉망이지만 군대의 사상무장은 매우 좋으며, 민간이 군의 정치사업을 배워야 한다"고 언급하였을 뿐만 아니라23) 1997년 김정일 생일 공동축하문에서는 "군대는 곧 인민이고 국가이며 당"이라고 언급함으로써24) 북한체제 생존의 마지막 보루가 군부임을 인정하였다. 이처럼 정치권력이 군부에 의하여 장악되고 있는 상황이라면 외부로부터의 경제적 지원이 있다 하다라도 그것이 비군사적 목적에만 사용될 것이라는 확신은 거의 불가능하였다. 왜냐하면 북한은 체제의 속성상 군대에 대한 자원 배분의 우선순위가 높을 뿐만

만, 대만의 4만보다 높으며, 인구비례로 볼 때, 한국의 2.5배 이상의 인력을 군수산업에 집중하고 있었음을 알 수 있다. United States Pacific Command, *Asia-Pacific Economic Update*(Hawaii: U.S. Pacific Command, 1995), p. 58.

22) U. S. Arms Control and Disarmament Agency, *World Military Expenditures and Arms Transfers 1990*(Washington, D.C.: U.S. G.P.O., 1991), p. 111.

23) "1996년 12월 김일성 종합대학 창립50돐 기념 김정일 연설문," 『월간조선』(1997년 4월호), pp. 306-317.

24) 『조선일보』(1997. 10. 16). 또한 당시 북한을 방문했던 대우그룹의 김우중 회장은 북한의 권력을 김정일과 군부가 반반 공유하고 있다는 인상을 받았다고 밝힌 바 있다.

아니라 자원의 배분에 직접적으로 군부가 개입하는 상황이 되었기 때문이었다.

[표 7-1] 북한의 산업구조 추이

(단위: %)

구 분	1960	1965	1970	1975	1980	1987	1990
농 업	28.9	24.4	21.5	21.8	21.0	20.0	26.8
공 업 (중공업)[a] (경공업)[b]	41.3 (53.0) (47.0)	51.5 (-) (-)	57.3 (66.0) (34.0)	63.0 (66.0) (34.0)	63.6 (-) (-)	60.0 (69.0) (31.0)	56.0 (67.3) (32.7)
기 타	29.8	24.1	21.2	15.2	15.4	20.0	17.2

a: 기계 및 금속공업, 화학과 석유화학, 전력, 석탄, 광업 등이 포함.
b: 방직, 신발, 식료, 일용품, 제지공업 등이 포함.

출처: 황의각, "남북한 경제구조와 역량," 박기덕.이종석(편), 『남북한 체제비교와 통합모델의 모색』(성남: 세종연구소, 1995), p. 277.

따라서 한국의 단순한 경제논리 및 햇볕론에 입각한 대북지원은 이후 위험한 부메랑이 되어 되돌아올 가능성을 배제할 수 없었다. 즉 북한의 내부붕괴를 저지하여 그로 인하여 파생되는 다차원의 복합적 위협을 제거하기 위한 대북지원이 오히려 북한의 군사적 능력을 제고하여 한국에게 군사안보적 위협으로 되돌아 올 가능성이 큰 구조를 북한은 가지고 있었다. 실제로 1994년 북・미 간의 제네바 합의에 따라 북한의 원자로 가동 중단에 따른 대체에너지로 지원되었던 중유 50만톤 중 일부가 군사용으로 전환되었다는 의혹이 제기되었는가 하면 1995년 8월 한국을 비롯한 국제사회에서 북한에 제공한 수재민 지원목적의 양곡이 군량미로 전용되었다는 우려[25]가 있었다. 당시 미국의 내셔널프레스클럽 강연에 초청되어 미국을 방문했던 탈북귀순자들인 최활주와 고영환에 의하면 이러한 내용은 거의 사실이라는 것이 밝혀졌다.

그러한 의미에서 당시 북한이 겪고 있는 식량문제의 실체에 대해서도 의심하지 않을 수 없었다. 과연 주민들의 식량문제는 심각하며 북한이 해결할 수 없어 국제사회에 도움을 요청하고 있었던 것인가? 아니면 북한이 체제안보 차원에서 교묘한 선전전을 통하여 주민을 이용한 기만전술을 구사하고 있었던 것인가? CNN, CBS, ABC 등이 앞다투어 보도하고 있는 북한의 기아사태가 다른 사람들에게는 그다지 심각하지 않은 것으로 받아들여졌던 이유가 무엇인가?[26]

뿐만 아니라 남북한 직교역과 경제협력, 그리고 식량지원 등의 정책이 북한을 긍정적인 방향으로 변화시키지도 못했다는 점도 우려를 증폭시켰다. 1990년대 들어 북한은 한국과의 직접대화를 거부하고 대남비방을 계속하면서 간접교역과 위탁가공무역을 지속적으로 추진하여, 그 규모가 1990년에는 1400만불, 1991년에는 1억 1000만불, 1992년~1994년에는 1억 9000만불, 1995년에는 2억 9천만불로 급증한 바 있는데, 이는 북한의 21억 1000만불의 총교역

25) 『동아일보』(1995. 1. 9), 『동아일보(1995. 1. 26).

26) 당시 북한을 방문했던 김우중 대우그룹 회장은 북한의 식량사태가 그다지 심각한 정도는 아니라고 밝힌 바 있으며, 유종하 외무장관도 국정감사에서 북한이 1997년의 식량난을 넘긴 것으로 보고한 바 있었다. 객관적으로 볼 때 주민들의 경우는 식량부족을 개인적인 수준에서 해결할 수 있는 가능성이 있지만 식량배급을 통하여 주민을 통제해야 하는 북한체제의 특성상 이러한 정치적 목적의 식량이 부족한 것이고 또한 체제유지를 위한 군용물자를 확보하는 것이 시급한 것으로 판단되었다. 북한의 실량난의 허와 실에 관해서는 『조선일보』(1997. 10. 17) 참조.

규모에서 중국, 일본에 이어 3위에 해당하는 규모였다.[27] 하지만 북한의 변화는 요원한 것으로 보였다. 한반도에너지개발기구(KEDO)의 발족과 북한에 대한 경수로 제공과정, 북한에 대한 쌀 15만톤 제공, 4자회담을 통한 평화체제 구축 제의 등은 언제나 북한의 일방적 의사소통으로 곤란을 겪거나 문제에 봉착하거나 결렬되기가 일쑤였다.

이러한 딜레마, 즉 북한으로부터의 위협의 성격이 변화함에 따라 정책 전환을 통하여 북한에 대한 경제적 지원과 협력을 강화하는 가운데 북한의 일방적인 태도에 의하여 한국이 의도한 정책목표가 달성되지도 못하고, 또한 북한으로부터 오히려 군사안보적 위협을 받을 가능성이 큰 상황에 대한 냉정한 판단이 서야 보다 효율적이고 국민감정에 맞는 방향으로의 정책전환이 이루어질 수 있을 것이었다.

III. 북한문제에 대한 기존의 대응방식

북한문제를 다루는 데에 있었서 독자적 대응방식, 쌍무적 대응방식, 다자적 대응방식을 생각할 수 있다. 우선 한국정부의 독자적 대응방식의 경우를 보자.

1. 한국의 독자적 대응방식

기존의 남북한 관계를 '수인의 고민 게임'(Prisoner's Dilemma

27) 통일원, 『통일백서 1995』(서울: 통일원, 1995), p. 289.

Game)을 빌어 설명하자면 북한은 언제나 배반을 선택하였고 결과적으로 남북한이 공히 배반을 선택하는 결과를 가져왔다. 이 게임에 있어서 두 행위자가 협력을 선택하는 것이 최선이며 그 결과 돌아오는 몫이 가장 큼에도 불구하고, 우선 자기측이 협력하고 상대가 배반을 선택할 경우의 피해를 최소화하기 위한 방어적 동기와 상대가 협력을 선택할 경우 자기 측이 배반을 선택함으로써 상대방과의 상대적 격차를 극대화하려는 공격적 동기가 함께 작용한 결과 상호배반을 선택할 수밖에 없는 결과가 나오게 된다.[28)]

지난 반세기의 남북한 관계는 이러한 배반의 선택이 점철된 대결로 이루어져 왔다. 그 결과 북한은 10만 수준으로의 감군을 주장하면서도 100만이 넘는 대군을 건설하였으며, 전쟁이나 무력도발 이전에는 항상 평화공세를 폈다. 이러한 상호배반의 구조를 깨기 위하여 남북대화를 계속하여 왔으나, 항상 교착과 공허한 제안의 반복이었다. 또한 이를 '반복적 수인의 고민 게임'(Iterated Prisoner's Dilemma Game)[29)]으로 설명하는 경우에도 남북한에는 '미래의 그늘'보다는 '전쟁의 그늘'이 더 크게 작용하여 게임이 계속된다는 보장도, 배반에 대한 제재도, 그리고 반복에 의한 학습도 없는 상황을 지속해 왔다.

---

28) Glenn Snyder, "'Prisoner's Dilemma' and 'Chicken' Models in International Politics," *International Studies Quarterly*, vol. 15, no. 1(1971), p. 68.

29) 이 게임은 적대적 행위자 간에서도 협력을 가능케 하는 조건을 도출할 수 있는 모형으로서 특히 반복에 의한 효과와 기대를 중요한 요소로 하고 있는데, 특히 게임이 한번으로 끝나는 것이 아니라 언제까지나 계속될 것이라는 확신을 주는 것이 중요하다. 이에 관한 대표적인 연구로는 다음을 참조할 것. Robert Axelrod, *Evolution of Cooperation*(New York: Basic Books, 1984); Robert Axelrod and Robert Keohane, "Achieving Cooperation Under Anarchy: Strategies and Institutions," *World Politics*, vol. 38, no. 1(1985), pp. 226-254 등.

그렇다면 남북한 관계는 기본적으로 수인의 고민이나 반복적 수인의 고민의 구조가 자리잡고 있지 않거나 또는 협력에 대한 보상이 너무 적거나 배반의 피해가 너무 큰 상황이 존재하는 것으로 볼 수 밖에 없다. 사실 그러하다고 할 수 있다. 남북한 간의 전략게임은 언제나 군사안보적인 측면이 우세하여 내일을 기약할 수 없는 일회성 게임으로 흘렀고, 또한 북한이 언제나 배반을 선택한다 하더라도 이에 대한 제재가 거의 불가능하였다. 이러한 상황에서 7.4 남북공동성명, 남북적십자회담, 남북한 총리회담, 남북한체육회담, 남북고위급회담 등의 과정에서나, 또는 6.23선언, 8.15선언, 한민족공동체통일방안, 비핵화공동선언, 남북한기본합의서 등의 제의와 합의에서나 부분적인 협력은 있었지만 양측의 기본적인 입장의 변화를 기대하는 것은 거의 불가능하였다. 따라서 북한문제를 한국이 독자적으로 다루는 데에는 한계가 있음이 분명히 드러났다고 할 수 있다.

2. 한 · 미 간 공조에 의한 쌍무적 대응방식

한 · 미 간의 공조에 의한 쌍무적 대응방식의 경우를 보면, 한국정부에 의한 독자적 대응방식의 경우보다는 일방적 배반에 부담이 수반되지만, 오히려 북한은 한 · 미 공조의 틈새를 공략하여, 한국에 대해서는 배반을 선택하면서, 미국과는 협력을 위한 조건을 제시하고 북 · 미 간 직접대화의 길을 확보하기 위한 전략전술을 구사함으로써, 북한이 여지를 확보하는 결과를 가져왔다. 과거 냉전기에 북한이 벌였던 푸에블로선 나포사건, 8.18 판문점 도끼만행사건 등은 한반도 문제를 북 · 미 간 문제로 환원하기 위한 술책이었으며, 계속적인 주한미군 철수 주장, 한반도에서의 새로운 보장체제 구축을 위한 회담 제의와 그에 뒤이은 한반도 정전체제 무력화 기도, 4자회담의 전제조건 제시 등은 모두 한국을 배제하고 미국과의 1 : 1 관계를 쟁취하기 위한 북한 방식의 노력이었다고 할 수 있다.

물론 한・미 간의 공조에 의한 쌍무적 대응방식에 의하여 거둔 효과가 없었던 것은 아니다. 우선 북한 핵시설을 국제원자력기구의 통제하에 두게 된 점을 들 수 있다. 물론 북한의 과거 핵문제를 유보했다는 문제점을 안고 있지만, 더 이상의 핵계획을 용인하지 않았다는 부분적인 효과는 있었다. 다음으로 북한에게 미국과의 외교채널을 허용했다는 부작용은 있었지만, 북한을 부분적으로 개방으로 이끄는 계기가 되었다. 제네바 합의를 통하여 한・미 양국은 북한의 폐쇄사회를 제한적이나마 개방함으로써 향후 그로 인한 긍정적인 효과를 기대할 수 있게 되었다. 셋째, 제네바 합의가 이행되는 과정에서 남북한관계 개선에 보다 긍적적인 효과를 기대할 수 있었다는 점이다.30) 신포지구에 건설 중이었던 경수로 현장에는 한국의 관리와 한국전력 측 직원이 상당수 파견되었다. 물론 이들에게는 치외법권적인 보호가 부여되고 있었다. 이를 통하여 수천명의 한국기술자가 왕래하여 북한 사회에 변화의 씨앗을 뿌릴 수 있을 것이라는 기대를 가질 수 있었다.

그러나 이러한 방식의 경우 한국 국민들의 정서에 상당한 상처를 입히게 됨으로써 한국에서 협력을 이끌어 내는 데에 문제가 발생할 가능성이 있었다. 실질적으로 한국인 기술자들이 상당수 방북한 것도 사실이고, 또한 한국형 경수로가 제공되는 것도 사실이

30) Michael Sheehan, “The Threat Posed by North Korean Strategic Weapon Systems and the ROK's Policy Options,” 『북한의 변화전망과 대응 안보전략』(제9회 화랑대국제심포지움 논문집, 1997), pp. 1-81 ~ 1-84.

었다. 하지만 한반도에너지개발기구(KEDO)의 의장국은 미국이며, 또한 비용 중 거의 대부분을 한국이 부담하면서도 북한에게 계속 트집을 잡히며, 원치 않는 약자의 입장에 서는 것을 한국인들이 언제까지 용인할 수 있는지 확신할 수 없었다. 또한 이러한 방식은 미국의 한・미 공조에 대한 확고한 신뢰가 전제되어야 하는데, 1998년 당시 남북한 문제의 주도권을 미국이 행사는 과정에서 미국의 입장이 한국정부의 주장을 옹호하기 보다는 비판하는 쪽으로 변화하고 있었다. 물론 이러한 현상은 북한문제에 대한 한・미 간의 시각 차이에 기인하는 것이기는 하지만 또한 한・미 간의 힘의 차이와 이익의 차이를 반영하는 것이기도 했다.

그렇다면 북한은 왜 한국의 단독적인 대응방식보다 상대적으로 고분고분하게 나왔던 것인가? 수인의 고민 게임의 논리로 설명하자면, 북한이 배반을 선택할 경우 한국의 단독대응시보다 제재를 받을 가능성이 크며, 또한 북한의 입장에서는 미국과의 게임이 포함되는 양자와의 관계는 미래의 그늘을 보장받을 수 있었기 때문이라 할 수 있다. 뿐만 아니라 북한에게 제공되는 에너지와 한국형 경수로는 북한이 협력을 통하여 얻을 수 있는 충분한 보상을 구성하고 있었기도 하기 때문이었다.

3. 다자주의적 대응방식

북한문제에 대한 다자주의적 대응방식은 한・미 간의 동맹관계를 유지하면서 한반도 문제를 보다 국제화시키는 방식으로 보다 많은 행위자가 참여하는 형태가 된다. 1998년 당시까지 한국이 미국과 합의하여 제의한 방식은 4자회담이었다. 4자회담은 북한의 정전체제 무력화에 대응하여 '한반도의 항구적인 평화협정을 이룩하는 과정을 개시하기 위한 것'으로서 1996년 4월 16일 소위 '4.16 제주선언'31)을 통하여 한・미 간의 합의에 의하여 공동으로 제의되는 형식을 취하였다. 그 구도는 기본적으로 남북한 주도에 의한 평화체제 수립을 지향하면서도 아무런 전제조건 없이 남북한과 미국, 중국이 4자회담을 통하여 항구적인 평화협정을 체결하는 것이며, 남북한 간의 대화와 협상을 통한 평화체제를 미국과 중국이 국제적으로 보장하는 소위 '2+2방식'을 띠고 있었다.

이를 한국정부에서는 '4-2 방식'으로 이해하였다. 즉 4국이 회담을 진행하되 궁극적으로는 남북한 간의 합의가 핵심이 된다는 것이었다. '2+2방식'이든 '4-2방식'이든 그 구조가 중요한 것이 아니라 남북한과 그 실질적인 후원국인 미국, 중국이 한반도 문제를 조율한다는 점에서 의미가 있었다고 할 수 있다.32)

4자회담이 한반도문제의 국제화를 위한 시도이기는 하지만 기본적으로 한국의 역할이 북한이 생각하는 것보다 많으며, 또한 남북한 관계가 주축을 이루고 있었다. 따라서 북한은 4자회담 성사 시

---

31) 공동발표문 전문은 『조선일보』(1996. 4. 17) 참조.

32) 4자회담 제의배경에 관한 새로운 주장이 제기된 바 있는데, 전 워싱턴 포스트 기자인 Don Oberdorfer의 *The Two Koreas: A Contemporary History*, revised edition(New York: Basic Book, 1999)에 의하면, '2+2'형식은 이미 1995년 7월 김영삼 대통령이 워싱턴 한국전기념관 제막식 참석을 위하여 미국을 방문할 당시, 미국정부에 대하여 제시했던 안이었으며, 8.15 기념일에 북한에 대하여 제의하려는 계획을 가지고 있었다. 그러나 식량을 싣고 간 한국선박이 북한에 의하여 홀대받는 사건이 생겨남으로써 국내보수세력의 반발을 의식해서 미국과의 상의없이 사장시킴으로써 미국관리들의 반발을 샀다고 한다. 그리고 일본을 방문하는 클린튼을 제주로 불러옴으로써 국내총선에서 유리한 고지를 점하기 위하여 미국정부에 제안한 것이 바로 4자회담 구상이었다는 것이다. 결국 미국은 한국에 대한 카드로서, 그리고 김영삼 대통령은 총선을 위한 카드로서 4자회담을 이용한 결과가 된다. 요약기사는 『중앙일보』(1997. 9. 26) 참조.

배반에 대한 제재에 부담을 보다 많이 지게 되며, 한국에 대한 배반은 곧 4자회담에 대한 배반으로 연결될 수 있는 구조적 함정을 경계하고 있었던 것으로 보인다. 즉 다자주의에 의한 대응방식은 북한에게 보다 많은 제재의 가능성을 열어 놓을 수 있고, 그렇기 때문에 보다 확실한 보상이 보장되지 않으면 선불리 4자회담에 응하기 곤란하였다. 만일 미국이 4자회담 진행과정에서 한발 뒤로 빼는 경우 중국도 그럴 수 밖에 없고, 그러한 상황 하에서 북한이 한국정부를 직접적으로 상대해야 하는 부담을 지게 되어, 구조는 다자주의적이지만 실질적으로는 남북한의 직접관계로 환원되는 상황에서 제기되는 문제점을 북한이 감당하기 어려운 점이 있었다. 특히 한국 정부와 한국 내 여러 의견들의 경우는 한국 주도의 평화협정체제 구축의 가능성에 상당한 기대를 걸고 있었기에, 북한의 입장에서는 거북하였을 수도 있었다.

문제는 여기에서 그치지 않았다. 4자회담에서 한・미 간의 의견조율의 어려움은 한・미 간 공조에 입각한 쌍무적 대응에서 가지고 있는 문제점에서 조금도 벗어나지 않았다. 즉 미국의 입장에서는 상당한 양보를 해서라도 북한을 회담장으로 끌어들이는 것이 1차적인 목표일 수 있지만, 한국의 입장에서는 회담의 성공적 진행과 타결이 궁극적 목표였다. 따라서 어설픈 양보가 가져올 기정사실화의 위험에 민감할 수 밖에 없었다. 그리고 4자회담은 북한의 장래에 대한 어떠한 예측도 불확실한 상황 하에서 확실한 대안을 제공할 수 없는 한계를 가지고 있었다. 그렇기 때문에 4자회담의 성사가능성에 대한 회의는 가시지 않고 있었다.

IV. 새로운 관리방식의 필요성

1. 남북한 내부사정의 불확실성

북한의 장래에 대한 여러 가지 예측이 난무하고 있었지만 그 어느 것도 확신을 제공하기에는 미흡했다. 당시 북한이 유지하고 있는 국가적 기반 중 군사적 기반 만이 제대로 작동되고 있었는데, 이는 북한의 내부사정에 따라 한국에게, 그리고 동북아 각국에게 상당한 위협과 부담을 줄 가능성이 있었다. 북한이 급속하게 붕괴하는 경우 대량난민이 발생하면서 동북아 각국에게 정치, 경제, 사회적인 혼란을 야기할 수 있었으며, 또한 군사적 도발을 하는 경우 북한이 의도하는 대로 진행될 가능성은 거의 없지만, 어쨌거나 상당한 피해를 결과할 것이 분명했다.

이러한 불확실한 상황을 감당할 수 있는 한국의 능력에도 한계는 분명히 있었다. 부침을 계속하면서도 한국은 상당한 정도의 경제적 성과를 이룩하였다. 그러나 당시 한국의 경제적 침체는 단순한 경기순환주기에 의한 조정이라고만 볼 수 없는 심각한 위기의 징후를 나타내고 있었고, 급기야 경제가 IMF의 관리체제로 들어갔다. 통일비용에 대한 많은 논의가 있지만 통일로 가기 이전에 한국은 북한을 담을 수 있는 경제적 능력을 당시보다 훨씬 강화하지 않으면 안 되는 것으로 판단되었다. 왜냐하면 한국보다 훨씬 경제력이 강한 서독의 경우도 통일비용을 엄청나게 지불하고도 구 동독지역을 완전 통합하는 데에 성공하지 못하고 있었기 때문이다.

2. 동북아 국제관계의 변화

탈냉전 이후 동북아 국가들 간의 관계는 그 이전에 비하여 엄청난 변화를 겪었다. 우선 소련이 해체된 이후 중국은 러시아와의 관계를 개선하면서 과서 소련패권주의에 대항하여 미국과 접근하던 태도를 바꾸어 전략적 삼각관계의 중심을 러시아로 옮긴 바 있었다. 이는 미국을 중심으로 한 단다극체제의 국제질서에 대한 대안을 모색하기 위한 시도로 보였다. 미국은 일본과의 관계를 보다 긴밀히 하면서 특히 안보관계에 있어서 상당한 밀착관계를 발전시켰다. 즉 일본에게 THAAD체제의 도입을 허용하면서 장차 미국을 대신하여 동북아지역을 관리할 수 있는 국가로 일본을 지목하는 듯한 인상을 풍겼다. 이에 따라 중국과 일본 간에는 상당한 정도의 신경전이 벌어지고 있으며, 또한 군비경쟁적 양상이 나타나고 있었다.33)

한편 미국은 신안보선언 이후 일본과의 관계를 긴밀히 하면서 미・일 방위가이드라인을 개정함으로써 일본 자위대의 국제적 개입의 길을 열어주면서도, 중국과의 우호관계 유지 및 확대에 신경을 쓰고 있었다. 그리하여 미・중 간 안보회의의 운용을 검토하고 있었으며 이는 머지않은 장래에 실현될 가능성이 높았다. 미국은 일본에게 신뢰를 부여하면서도 중국과의 경쟁관계를 지속시킴으로써 이 지역에 대한 세력균형정책을 고수할 것으로 생각되었다.

일본은 미국과의 관계에서 충분한 안보상의 이익을 얻으면서도 미국과 중국이 동북아를 주도하는 상황을 막기 위하여 노력하고

33) 김주홍, "새로운 국제군사질서와 동북아 국제정치군사관계," 유종선 외 공저, 『신국제질서의 도전과 대응』(울산대학교 출판부, 1996), pp. 222-223.

있었다. 일본은 미・중 간 안보대화를 미・일・중 안보대화로 확대하여 동북아3각체제의 일원으로 자리 잡기 위한 정책을 추진하고 있었던 것이다.

러시아의 경우는 아직 국내적 상황이 안정되지 않아서 동북아문제에 깊이 관여하지 못하고 있었다. 그러나 북한과의 관계를 구소련 수준으로 회복하기 위한 움직임을 보이고 있었으며, 한반도 문제를 해결하기 위한 4자회담에서 러시아가 제외되고 있는 데에 대하여 상당한 불만을 표시했었다.

각국 간의 관계의 변화는 냉전기의 남방3각-북방3각의 대결구도에서 이제 다변적이고 경쟁적 협력관계로 전이된 것이 분명했으며, 위에서 언급한 움직임은 새로운 질서를 모색하기 위한 움직임으로 해석할 수 있었다. 한반도의 상황과 북한 문제는 바로 이러한 변화의 와중에 처해 있었으며, 따라서 그러한 변화에 의하여 영향을 받을 수 밖에 없었다.

사실 북한문제를 다루는 과정에서 한국과 미국 간의 마찰도 엄밀하게 따지자면 동북아 지역에 대한 한・미 간의 시각 차이에서 기인하는 것이었다. 이미 미국은 클린튼 행정부에서 세계전략을 냉전기의 '봉쇄와 억지'(containment and deterrence)에서 '개입 및 확대'(engagement and enlargement)로 전환하여 국제질서형성에 있어서 적극적으로 개입하고 미국의 이익확대를 위하여 노력하고 있었다. 제네바 합의로 미국의 핵확산금지에 대한 이익이 달성된 이후 북한문제는 억지나 봉쇄가 적용되는 대상이 아니라 이미 개입 및 확대가 적용되고 있는 문제로 성격이 변화되었던 것이다. 그렇기 때문에 여전히 봉쇄와 억지가 중요하게 생각되는 한국의 입장에서는 미국의 정책이 못마땅할 수 밖에 없었고, 또한 미국에서는 한국의 입장이 너무 경직되어 있다는 평가가 나오게 되었던 것이다.

어쨌든 이러한 변화의 과정에서 북한문제는 이제 미, 중, 일 3강국에 의하여 재단될 가능성이 높아지고 있었으며, 한반도 전체가 3강국의 흥정의 대상이 될 위험성도 배제할 수 없는 상황이 다가오고 있었다. 따라서 한국은 선택의 기로에 서게 되었던 것이다. 국제적 변화를 적극적으로 수용할 것인가 아니면 한국이 북한문제를 주도해야 한다는 기존의 입장을 고수하면서 관련당사국들과 마찰을 감수할 것인가의 선택이 강요되었다.

3. 새로운 북한문제 관리방식의 방향

김영삼 행정부에서의 남북한 양자주의와 4자회담이 한계에 부딪힌 상황에서 새로이 정권을 담당하게 된 김대중 대통령 정부가 출범하게 된 1998년의 상황은 아래와 같았다.

북한의 장래가 불확실한 상황에서 북한에 대한 어떠한 보장도 사실상 의미가 없었다고 할 수 있다. 한국이 홀로 북한의 운명을 떠맡는다는 것도 당시 한국의 능력으로는 불가능하였다. 또한 한반도를 둘러싼 주변정세의 변화의 방향은 북한문제를 고리로 한반도가 주변국가들의 흥정의 대상으로 변화될 위험성을 내포하고 있었다. 이러한 경우 한국의 선택은 보다 새로운 방향으로 모색되어야 했다.

우선 북한의 운명에 대한 예단을 갖지 말아야 할 것이었다. 북한이 처한 국가기반의 붕괴상황은 한국정부의 책임이 절대로 아니었다. 북한 자체의 정치경제적 모순과 국제적 변화에 대한 적응실패로 인하여 자초한 ‘거대한 실패’(Grand Failure)의 한 부분일 뿐이었다. 북한체제의 존속여부 또는 회생여부는 북한정권의 몫이었다. 다만 북한의 변화가 한국에 미치는 악영향에 대한 대비를 하는 것이 곧 북한 자체의 운명변화에 대비하는 것이었다.

여기에는 북한을 죽일 것이냐 살릴 것이냐 하는 판단이 포함되어야 했다. 체제 모순과 경제적 어려움을 겪고 있는 북한을 죽이기 위한 방법은 여러 가지가 있을 수 있었다. 한국 내의 합의만 이룰 수 있다면 북한을 급속한 군비경쟁으로 끌어들여 얼마 남지 않은 경제력을 고갈시켜 버리는 방법도 있었다. 그러나 이 방법은 한국의 배후국으로부터 찬성을 얻을 수 없을 것이었다. 또한 북한의 붕괴가 가져 올 수 있는 정치적, 사회적, 경제적 부담을 고려한다면 북한을 서서히 죽게 하거나 또는 살아나게 하는 것도 대안으로 의미가 있었다. 따라서 단기적으로는 북한을 살리는 것이 한국의 정책목표가 될 수 있었다. 다만 북한이 살아나는 경우 북한의 발톱, 즉 한국에 대한 공격수단의 제약은 반드시 필요했다.

또한 북한에 관하여 미국과 중국이 벌이고 있는 경쟁의 성격을 파악하고 대비하여야 했다. 당시 미국은 이미 북한에 대하여 개입 및 확대를 적용하기 시작하였다. 이는 한반도에 두 개의 친미정권이 성립되는 경우를 생각할 수 있게 하였는데, 이에 대하여 중국은 많은 불안감을 가지고 있었다. 전통적으로 한반도는 대륙세력과 해양세력의 힘이 교차하는 전략적 요충으로서 중국의 입장에서는 '순치지간'으로 볼 만큼 중요한 지역이다. 따라서 북한이 과도하게 미국 쪽으로 기우는 경우 이를 제어할 가능성이 높았다.

북한에 대한 관심은 미국과 중국 만 가지고 있는 것은 아니다. 일본의 경우는 한반도에 경쟁적인 두 개의 정부가 존재하는 것이 일본의 이익에 부합할 뿐만 아니라, 북한이 일본과 수교할 수 있는 여건이 되는 경우 미국보다 먼저 북한을 선점함으로써 경제적인 이익을 보려는 계산을 가지고 있다. 또한 러시아는 비록 미국, 중국에 비하여 발언권은 약하지만 4자회담에 있어서 자국이 소외되고 있는 점에 대하여 상당한 유감을 가지고 있었으며, 북한에 제공되는 원자로를 러시아형으로 하자는 제안을 한 적도 있을 만큼 북한 문제에 대하여 적극적이었다.

북한문제에 관하여 깊은 관심을 가지고 있는 주변국들 간의 경쟁 상황에서 한국에게 기회가 생길 수 있었다. 즉 주변국들의 이해관계를 적절하게 조절하면서 한국이 원하는 안보적, 경제적 이익만 얻을 수 있다면 북한문제의 반은 해결될 수 있는 것이다. 따라서 외세에 편승하여 북한문제에 접근하거나 또는 외세에 이끌려 한반도의 운명을 재단당하는 선택을 피하기 위해서는 '용외세'의 관점에서 북한을 새롭게 볼 필요가 있었다. 국제적 접근을 강조하는 이유는 실제로 동북아문제나 한반도 문제에 있어서 진전을 가져온 것은 남북한 간의 관계가 아니라 국제적인 환경이었다는 점 때문이다.[34]

새로운 북한문제 관리방식의 핵심은 북한문제를 여러 단계의 보장장치로 묶는 것이다. 상황이 다르기는 하지만 독일이 통일되는 과정에서 통일독일의 복수에 대한 주변국들의 우려에서 나온 방식이 통일독일을 여러 단계의 보장장치로 묶는 것이었다. 북한에 대한 지원방식과 함께 북한에 대한 통제방식을 동시에 국제적으로 보장해 들어간다면 이는 명분도 있고 북한의 입장에서는 체제위협에 관해서는 어느 정도 안심할 수 있는 상황이 될 것이며, 그 이후 북한 체제의 소생여부는 북한의 책임에 달리게 될 것이었다. 문제는 이를 어떠한 모양과 내용으로 담는가 하는 것이었다.

그런데 김대중 행정부는 출범하면서 더욱 더 남북한 양자주의

---

34) Hyock Sup Lee and Reinhard Drifte, "The Internationalization of the Korean Security Issue: A Way Forward?" *Korean Journal of Defense Analysis*, vol. 7(1995), p. 174.

쪽으로 나아가기 시작하였다. 김대중 대통령은 대북정책의 기조로 '햇볕정책'을 제시하면서 한국 국회의 합의를 우회하여 대북정책을 추진하기 시작하였다. 이미 상황은 당자국들이 양자주의 한계를 4자회담으로 풀어보려고 했었고 그마저도 진전이 어려운 상태였다. 따라서 2000년 남북정상회담까지 성사시키면서 진행되었던 김대중 정부의 집권기간 중 대북정책은 남북관계에서 기능적 분야에서의 진전은 이루었지만 한반도의 안보와 평화에 있어서 핵심적인 북핵문제나 정치군사분야에서의 진전은 이루지 못하게 되었던 것이다. 그러한 의미에서 김대중 행정부의 양자주의 접근은 실패했다고 할 수 있었으며, 봉착하게 된 또 다른 한계는 바로 2차 북핵위기였던 것이다.[35)]

35) 제1부 제1장, 제2장, 제3장 참조.

제8장
한반도 군비통제
- 딜레마와 대안 -

I. '낀 존재'의 고민

2005년 9월 북한핵문제 해결을 위한 베이징 6자회담 4차회의가 타결됨으로써 한반도 군비통제를 본격적으로 고려해야 할 가능성이 높아지게 되었다. 과거 1991년과 1992년 남북기본합의서와 한반도비핵화선언이 합의되는 과정이나 2000년 6.15 남북정상회담 시에, 한반도의 실질적 평화를 보장하기 위한 한반도군비통제를 이룩할 수 있는 절호의 기회를 흘려보냈던 전철을 밟지 않기 위해서는 보다 철저한 대비가 필요하다고 하겠다.

한반도 군비통제 문제는 단순하게 군사적 분야에서만 고려될 수 없는 국가전략과제이다. 그럼에도 불구하고 한국 정부에서는 이 사안을 정책우선순위에 있어서도 중요도를 낮게 평가하고 있는 것으로 보인다. 문제는 그러한 현상이 한국의 자발적 정책선택의 결과가 아니라는 데 있다. 북핵위기의 전개과정에서 한반도 군비통제가 북핵문제와 재래식군비통제로 양분화되어 전자의 해결이 후자의 전제조건이 되었다.

이 장에서는 한반도 평화를 달성하는 과정에서 군사적 긴장을 완화하고 정치적, 경제적 차원에서의 안정적 남북관계를 담보할 수 있는 한반도 군비통제의 방향을 찾는 데에 목적을 두고 있다. 한국은 이 문제와 관련하여 북한과 미국 사이에 '낀 존재'와도 같다. 북한은 한국과는 교류협력에만 관심을 보일 뿐, 안보협력이나 군비통제와 같이 정치군사적 사안에 있어서는 애써 외면해 오고 있다. 미국이 북핵문제가 심각해짐에 따라 군비통제에 있어서 한국에게 자율성 유보를 요구하여 한국은 한·미 공조의 입장에서 이를 따르고 있다.

중요한 것은 이 과정에서 미국과 북한의 정책변화로 인하여 한국의 입지가 줄어들고 한반도군비통제의 가능성이 증발해 버림으로써 한반도문제의 국제화과정에서 한국의 역할과 비중이 형해화할 위험이 높아지고 있다는 점이다. 한국이 한반도문제의 해결과정에서 소외되면 이후 한반도평화체제 구축과정이나 남북한 관계에 있어서 중대한 문제가 발생할 수도 있기 때문에, 예방적 조치로서, 그리고 한국이 중심에 서기 위한 방안으로서, 한반도 군비통제 문제를 한국이 주도적으로 이끄는 것이 필요할 것이다. 그리하여 기존의 군비통제와 관련된 연구들의 정향을 분석하고, 한국의 입지가 좁아들게 된 원인을 도출하여 그 타개방향을 제시하며, 또한 한반도군비통제와 한반도평화체제와의 연관성에 관한 논의를 통하여 한반도 군비통제의 과제에 대한 대안을 찾아보기로 한다.

II. 개념과 방법론

군비통제는 일반적으로 잠재적 적국 간에 전쟁가능성을 줄이고 전쟁발발 시 그 확산의 범위와 파괴를 제한하고 평시에 전쟁을 대비한 정치적, 경제적 기회비용을 감소시키기 위한 다양한 형태의 군사적 협력이라는 쉘링과 핼퍼린의 정의[1]에서 출발한다. 이러한 정의는 1950년대 말에 제기된 것으로서 여러 가지 한계를 가지고 있다. 예컨대 군비통제의 주체에 있어서 적대국가에 한정하고 있는 점이나 또는 그 수단 및 범위에 있어서의 불분명성 등 더 설명되어야 할 부분이 많은 정의라고 할 수 있다. 그리하여 군비통제의 대상은 무기와 병력의 생산, 유지 및 배치 그리고 사용에 관련된 자원과 그 준비를 통칭하는 것[2]으로 해석하는 것이 현대적 경향이다.

문제는 이러한 군비통제의 범위가 한반도에서는 확장될 수 밖에 없다는 것이다. 이는 북한이 안고 있는 체제적 문제와 연관되어 있다. 탈냉전 과정에서 국가로서의 정치적, 경제적, 이념적, 국제적 기반이 흔들리게 된 북한으로서는 군사적 기반에 의존하여 체제를 유지할 수 밖에 없는 입장이었고, 그 과정에서 군사력의 비대칭성을 추구하는 정책으로 나아가게 되었던 것이다. 따라서 한반도군비통제 문제는 북한의 체제전환의 문제와 직결되어 있다. 그래서 좀 더 확장된 개념의 군비통제의 개념이 유용할 것인 바, 군사력의 절대감축이나 폐기를 목적으로 하는 군비축소에 비하여 객관적인 전력은 물론 주관적 협력을 포함하는 보다 정치적인 개념[3]이라는 정의를 차용하고자 한다. 이에 따라 한반도군비통제의 영역은 특

1) Thomas C. Schelling and Morton H. Halperin, *Strategy and Arms Control*, 2nd edition(Washington, D. C.: Pergamon and Brassey's, 1985), p. 2.

2) Patrick M. Morgan, "Elements of a General Theory of Arms Control," in Paul R. Viotti(ed.), *Conflict and Arms Control: An Uncertain Agenda* (Boulder, CO: Westview Press, 1986), p. 283.

3) Desmond Ball, *Strategy and Defense*(Sydney: George Allen & Unwin, 1982), p. 236.

정한 무기체계의 동결, 감축, 폐기, 특정 군사활동의 제한 및 군사력의 전개 조정과 통제, 주요 군사물자의 이전 규제, 특정무기의 사용 제한 또는 금지, 우발적 전쟁의 방지, 군사적 투명성 확보를 통한 신뢰구축조치 등[4]을 포함하는 광범위한 것이 될 수 밖에 없다.

군비통제는 군비경쟁과 상대적인 개념이다. 그렇다면 한반도 군비경쟁의 요인을 개선하면 군비통제가 달성될 수 있는가? 이 논리에서 어쩌면 한반도 군비통제의 숙제를 풀 수 있는 단서를 찾을 수도 있다. 군비경쟁은 외부적 요인과 내부적 요인에 의하여 촉발되고 강화된다. 외부적 요인으로 들 수 있는 것은 작용-반작용 모델[5]에서 설명하는 바와 같이 국가들 간의 경쟁적 상호작용이다. 이 모형에 의하여 북한의 군비증강을 설명하려면 어떠한 요인에 의하여 북한의 위협인식이 증가하고 그로 인하여 군비확장을 정책적으로 선택하게 되었는가를 설명할 수 있어야 한다.

탈냉전을 겪으면서 북한이 처한 상황은 국내외적 체제위협이었다고 할 수 있다. 한국의 경제는 계속적으로 성장함으로써 연간 군사비 지출 면에서 북한을 훨씬 앞서기 시작하였으나, 북한은 경제가 파탄나게 되어 군사비를 증가시킬 수 있는 여력이 없었다. 또한 탈냉전을 겪으면서 동구권 사회주의국가들의 몰락으로 인하여 사

---

4) Josef Goldblat, *Arms Control: A Guide to Negotiations, and Agreements* (Oslo: International Peace Research Institute, 1994), p. 3.

5) 이 모델의 대표적인 것으로는 리처드슨의 군비경쟁모형이 있는데, 이에 관해서는 Lewis F. Richardson, *Arms and Insecurity: A Mathematical Study of the Causes and Origins of War*, edited by Nicolas Rashevsky and Ernesto Trucco(Pittsburgh: Boxwood Press, 1960) 참조. 리처드슨의 경우 군사비의 상호작용만을 주목한 것은 아니다. 그는 군비경쟁으로 인한 경제적 부담이라는 내용으로 국내적 요인에 관한 고려를 하고 있지만 넓게 보면 리처드슨이 강력정치에 대한 비판으로 제시한 분석모형이기 때문에 상호작용을 중시하고 있는 것이다. 이에 관해서는 김주홍, 『리처드슨의 군비경쟁이론에 대한 비판적 고찰』(서울대학교 박사학위논문, 1994) 참조.

회주의 국제시장을 상실한 것과 중국과 소련이 무역에서 경화결제를 요구하게 되어 경제적, 국제적 기반이 상실된 것, 그리고 급기야 1996년 러시아와의 군사동맹이 파기된 것 등은 북한에게 커다란 위협이 되었다. 뿐만 아니라 2001년에 출범한 미국의 부시 행정부의 경우 이전의 클린튼 행정부에서의 대북 정책과는 달리 대북 강경책을 동원함으로써 이에 대한 북한식 대안이 핵개발을 비롯한 전략적 비대칭성을 추구하는 정책이었다.

이 시기 한국의 경우도 미국의 군사전략의 변화로 인하여 3단계 감군안[6])이 발표되고 미국의 방위비 분담요구가 강화됨에 따라 군사비를 증액할 수 밖에 없었다. 특히 북한이 추구하는 핵 및 미사일 등 대량살상무기(WMD) 개발에 대응하기 위한 방안으로 한국은 군사비를 증가시킨 것으로 보인다. 미국 행정부가 1995년 2월의 '동아시아 전략보고서'[7])에 따라서 감군을 중단하고 해외주둔 10만 명의 규모를 유지키로 함으로써 감군계획은 일정기간 보류되었다. 하지만 미국은 1997년에 발표된 「4개년국방보고서」(QDR: Quadrennial Defense Review Report 1997)에서 군사부문에서의 기술혁명을 적용하여 21세기에도 최강의 미군을 유지할 방침을 밝히고, 병력규모는 줄이면서 전투력은 증강하는 정보전략군, 기술군을 지향할 방침을 천명함으로써[8]) 해외주둔 미군의 규모를 줄일 것으로 예측되기도 하였기 때문에, 한국으로서는 부담을 질 수 밖에 없었다.

---

6) 이는 미국의 정책보고서 1990년 East Asia Strategy Report에서는 감군을 규정한 바 있다. U. S. Department of Defense, *A Strategic Framework for the Asian Pacific Rim: Report to the Congress 1992* (Washington, D. C.: U. S. G.P.O., 1992) 참조.

7) U. S. Department of Defense, *United States Security Strategy for the East-Asia Pacific Region* (Washington, D. C.: U.S. G.P.O., 1995) 참조.

8) U. S. Department of Defense, *Quadrennial Defense Review Report* (May, 1997) 참조.

한편 군비증강은 내부적 요인에 의하여 나타난다. 내부적 요인으로는 조직과정에서의 경직성, 군산복합체 등 국내세력의 힘, 기술적 발전과 전략의 변화 등을 들 수 있다.[9] 90년대에 북한이 군비를 확장하고 핵군비를 추구하게 된 내부적인 요인들은 소위 '국방경제병진정책'을 추진하는 과정에서 구조화된 북한의 군수산업의 비중을 감당하기 위한 관성이 작용했을 것이며, 동시에 경제력이 뒷받침되지 못하는 상황 하에서 노후화된 무기체계의 열세를 만회하기 위한 방책으로서 전략적 비대칭성을 추구했을 것으로 판단된다. 특히 김일성 사망 이후 소위 '고난의 행군'을 내세우며 체제단속을 해온 김정일 후계체제가 선군정치와 강성대국론으로 체제강화를 달성하기 위한 방편의 일환으로 대량살상무기 보유를 시도하고 군사력을 증강하게 되었던 것이다.

군비증강이 내부요인과 외부요인이 동시에 작용하는 것으로 볼 때, 군비통제로의 길은 이러한 요인들을 여하히 관리할 수 있는가에 달려 있다고 하겠다. 외부요인에 대한 성공적 관리는 결국 남북

---

9) 예산 및 조직과정에서의 경직성에 관한 것으로는 Stephen Majeski, "Mathematical Models of the U. S. Military Expenditures Decision-Making Process," *American Journal of Political Science*, vol. 27, no. 3(1983), pp. 485-514 및 Graham T. Allison and Frederic A. Morris, "Armaments and Arms Control: Exploring the Determinants of Military Weapons," *Daedalus*, vol. 104, no. 3(1975), pp. 99-129을 참조할 수 있으며, 군산복합체 등 사회세력론에 입각한 분석으로는 Mathew A. Evangelista, "Why the Soviets Buy the Weapons They Do," in Nils P. Gleditsch and Olav Njolstad(eds.), *Arms Races: Technological and Political Dynamics*(London: Sage, 1990), pp. 295-313을 참조할 수 있고, 또한 기술과 전략에 의한 자폐증을 지적한 것으로 Dieter Senghaas, "Arms Race Dynamics and Arms Control" Bulletin of Peace Proposal(1979), reprinted in Gleditsch and Njolstad(eds.), *Arms Races: Technological and Political Dynamics*(London: Sage, 1990), pp. 15-30을 참조함. 이 부분에 관해서는 김주홍(1994), pp. 107-124에 상술하고 있음.

한과 미국의 상호관계의 동학에 의하여 결정될 것이며, 내부요인의 통제는 각 국의 개별적 입장에 따를 것이다. 여기에 한반도군비통제의 어려움이 있는 것이다.

III. 한반도군비통제의 진전상황과 문제점

1. 한반도군비통제의 진전상황

한반도군비통제의 첫 번째 예로는 1972년 7.4 공동성명을 들 수 있을 것이다. 이 성명에서 남북한은 "쌍방이 남북 사이의 긴장상태를 완화하고 신뢰의 분위기를 조성하기 위하여 서로 상대방을 중상 비방하지 않으며 크고 작은 것을 막론하고 무장도발을 하지 않으며 불의의 군사적 충돌사건을 방지하기 위한 적극적인 조치를 취한다"는 데 합의하고 이를 위하여 "서울과 평양 사이에 상설 직통전화를 놓는다"는 데 합의하였다.[10] 이는 최초의 남북한 신뢰구축을 위한 조치였지만, 통일원칙에 대한 해석의 차이와 남북한 각각의 국내정치적 변화의 흐름[11] 가운데 더 이상 진전되지 못하였다.

그리고 1990년대에 이르러 한반도군비통제에 관련한 확연한 변화가 나타났다. 1980년대 말과 1990년대 초 탈냉전 과정에서 한반

10) 7.4 남북공동성명, 제2항 및 제5항 참조.

11) 박정희 정권은 10월 유신으로, 김일성 정권은 사회주의헌법 개정으로 각각 체제와 권력을 강화하는 방향으로 국내정치가 변하게 되어 7.4 공동성명 자체가 형해화하였다. 이와 관련해서는 서대숙, "정권의 수립과 변천과정," 최명(편), 『북한개론』(을유문화사: 1994), p. 80 및 최완규, "전환기 남북한의 국내정치의 통일게임," 『한국과 국제정치』, 제11권 2호(1995 가을-겨울), pp. 10-11 참조.

도군비통제에 변화의 움직임이 나타나게 되었으며, 그 이후의 상황의 전개과정에서 북한은 상당한 실리를 얻은 것처럼 보였다. 우선 북한은 핵문제에 있어 주한미군의 핵무기 철수를 얻어냈다.12) 그리고 북한은 미국의 핵 불사용과 불위협 보장을 받아 내었을 뿐만 아니라, 장거리 미사일 개발을 카드로 미국의 경제제재 해제와 식량지원을 요구하는 협상을 할 수 있었다.

재래식 군사 분야에서는 팀스피리트 연습이 영구히 중단되게 되었다. 1991년 12월 31일 남북한 간 핵문제 전문가회담에서 북한이 IAEA 핵사찰 수용과 남북한 간 사찰을 논의하기 위한 남북 핵통제위원회의 가동을 받아들이는 것을 조건으로 한·미 양국이 이를 1992년 취소시킨 이래, 1993년 북한의 남북한 간 핵사찰 거부를 이유로 한·미 양국이 1993년 재개하였을 뿐, 1994년부터는 북·미 제네바회담의 진전에 걸림돌이 된다는 이유로 취소되었다가 1995년부터는 실시되지 않았다. 다만 한국만이 비핵화의 구속에 묶였고, 남북기본합의서의 이행을 위한 구체적인 논의는 중단되고 핵문제에 걸려 재래식 군비통제 논의도 중단되었다.

---

12) 핵과 관련한 미국의 정책은 소위 전략적 모호성을 극대화하는 'NCND'(확인도 부인도 하지 않는다)이지만 한반도 비핵화 선언을 가능케 하기 위하여 핵무기를 명시적으로 철수하였다. 이러한 미국의 조치는 한반도에만 관련되는 것이 아니라 당시에 소련과의 SNF(단거리핵군사력) 철수 합의를 이행하기 위한 맥락도 있는 것이었다. 한편 열린우리당 최 성 의원은 2005년 10월 9일 최근 미국 정보공개법(FOIA)을 통해 공개된 미 국무부 및 국방부 자료를 통해 주한미군이 지난 1958년부터 1991년까지 서울 용산, 도봉산, 오산 공군기지, 춘천 등 남한 내 16개 곳에 11종류의 핵무기시스템을 배치했거나 배치했던 것으로 추정된다고 밝히고, 미국은 지난 91년 11월 5일 미국 대통령이 '국가안보명령 64'를 승인함으로써 한국에 배치된 모든 핵무기를 미국 본토로 철수했다고 주장했다. 이와 관련된 정보는 『연합뉴스』(2005년 10월 9일)와 송홍근, "도봉산, 미 핵포탄 저장소였다," 『주간동아』, 제506호(2005. 10. 18), pp. 70-71 참조.

북한의 NPT 탈퇴로 촉발된 국제 핵확산금지조약 검토회의를 앞두고 위기를 타파하기 위해 클린턴 행정부의 대북 직접협상이 시작되었다. 이는 사실상 북한의 '통미봉남'(通美封南) 전략이 성공한 셈이었다. 왜냐하면 북・미간 직접 대화는 1993년부터 1998년 초까지 사실상의 남북한 관계 단절을 가져왔다. 그 후 핵과 미사일 문제에 모든 신경을 쏟은 미국 클린턴 행정부의 정책 때문에 한국은 재래식 군사위협을 거론할 채널을 가동할 수 없었다.

1996년 4월 미・북 핵협상 이후 북한의 한국 배제전략을 탈피하고 한반도에서 평화체제를 구축하고자 한・미 양국은 "2+2" 방식에 따라 북한과 중국도 참여하는 4자회담을 제안하였고 제네바에서 6차례 회담을 개최하였으나, 그 성과는 별로 없었다. 북한은 주한미군 문제를 협상하자고 주장했고, 한・미 양국은 이 의제 채택을 거부함으로써 진전이 없었다. 주한미군 의제 채택 문제는 남북한군비통제 협상에서 가장 큰 난제일 수 밖에 없었다.

하지만 신뢰구축 분야에 있어서는 어느 정도의 진전이 있었다. 신뢰구축조치는 무력분쟁으로 발전할 수 있는 오해의 소지를 줄여, 상호신뢰를 조성하는 관계를 정립하고 기습과 조기경보가 불가능한 공격을 저지하는 기제를 제공함으로써 상호불신의 벽을 극복할 수 있다[13])는 장점이 있다. 2000년 6월 남북 정상회담 이후에는 다소간의 변화가 나타났다.[14]) 6.15 남북공동선언 이후 개최된 2000년 9월의 남북국방장관회담 이후 합의된 내용들은 과거와는 달리

13) Steven L. Corby, "Arms Control, Confidence-Building Measures, and Verification," in Edward C. Luck(ed.), *Arms Control: The Multilateral Alternative*(New York: New York University Press, 1983), p. 199.

14) 이에 관해서는 다음의 자료가 도움이 된다. 문성묵, "남북 간 군사적 신뢰구축 현황과 향후과제 - 남북장성급회담을 중심으로," 『한반도 군비통제』, 제37권(2005. 6), pp. 155-184.

어느 정도 실행되었고, 이러한 조치들이 남북한 신뢰구축에 기초를 마련하였다. 특히 2004년 5월과 6월에 개최된 남북장성급회담에서 합의된 사항들은 군사분야에서의 실질적인 합의사항 실천이었다는 의미를 담고 있다. 그러나 대체로 아직은 초보적 수준에 머물고 있으며 북한의 입장 변화에 의존적인 구조를 탈피하지 못하고 있다.

2000년 9월 기대 속에서 남북한 간 국방장관 회담이 분단 사상 최초로 개최되었다. 남한은 군사문제를 북한 측과 본격적으로 다루기를 원했으나, 북한은 경의선 복원에 따른 군사문제만 다루자고 함으로써 포괄적인 군비통제 문제가 다루어지지 않았다. 그리고 북한은 국방장관회담이 경의선 복원문제만 다루어야 한다고 하면서 군사실무회담을 받아들였다.

남북군사실무회담은 2000년 11월 28일 첫 회담 이후 2003년 12월 23일까지 본회담 9회, 수석대표회담 10회 등 총 19회의 회담이 개최되었다. 경의선 철도관련 군사적 보장과 금강산 육로관광, 개성공단 건설 등과 관련된 문제들을 합의하였으며 결국 12월 23일에는 '남북관리구역 경비초소 설치 및 운영에 관한 합의서'가 체결되어 남측은 2004년 8월 12일부터, 북측은 2005년 4월 4일부터 경비초소를 운영하기 시작하였다. 또한 장관급회담에서 쌓은 관계를 바탕으로 2004년 6월 14일에 장성급 군사회담이 개최되어 '서해상에서 우발적 충돌방지와 군사분계선 지역에서의 선전활동 중지 및 선전수단 제거에 관한 합의서'를 통해 초보적인 군사적 신뢰구축에 합의했다. 하지만 북한 선박의 NLL 침범에 대한 대응을 둘러싸고 한국 내에서 논란이 일어나면서 모처럼의 군사적 신뢰구축의 의미가 퇴색되고 말았다.

한편 한반도 핵군비통제는 6자회담에서 논의되었다. 6자회담은 교착상태에 빠진 4자회담을 대체하여 북한핵문제를 해결하기 위하여 2003년 8월 첫 회의가 열리고 2004년 6월 3차회담이 끝날 때까지 별다른 진전을 보이지 못하다가 2005년 7월 26일부터 8월 7일까지, 그리고 9월 13일부터 17일까지 개최된 4차회의에서 6개항의 공동성명이 합의되었다. 물론 북한은 2.10 '핵보유선언'에 근거하여 주장해 오던 '동북아군축회담', '한반도비핵지대화' 주장을 철회하였다.

한반도군비통제와 관련된 사항은 제1항에 집중되어 있다. 우선 북한이 모든 핵무기와 현존하는 핵계획을 포기하고 조속한 시일 내에 NPT와 IAEA에 복귀한다는 데 합의하였다. 이에 대하여 미국은 한반도에 핵무기의 부존재를 확인하고 핵 및 재래식 무기에 의한 북한에 대한 공격 및 침략의사가 없음을 밝혔다.

또한 한국은 자국 영토에 핵무기를 접수·배치하지 않는다는 약속과 함께 영토 내 핵무기 부존재를 확인하였다. 그리고 1992년의 남북한 비핵화공동선언의 준수, 이행을 명시하였으며, '적절한 시기에' 경수로 제공과 관련한 논의의 가능성을 열어놓았다.

그리고 4항에서 한반도 평화체제 협상을 위한 별도의 포럼 개최에 합의하였다. 이로써 '한반도비핵화공동선언'이 복원되었으며, 핵군비통제를 위한 방향은 잡힌 것이다. 문제는 한반도비핵화를 위한 실행계획[15)]인데, 여기에는 여전히 북한의 선핵폐기냐 동시폐기냐의 문제가 남는다. 그리고 합의 직후 북한에서 제기한 경수로 제공문제와 관련한 분란의 가능성도 여전히 해결되지 않았다.

---

15) 이와 관련해서는 조성렬, 『한반도 비핵화와 평화체제 구축의 로드맵: 6자회담 공동성명 이후의 과제』(통일연구원, 2005. 9) 참조.

2. 문제점

1990년대 초까지 남북한은 300여회에 달하는 군사적 문제를 포함하는 제의를 주고받았지만, 이는 공식적인 통로가 아닌 기념사나 축사 등을 통해 이루어졌다. 이 또한 대부분이 실행을 위한 구체적인 조치도 없어서 일방적인 것에 지나지 않았었다.[16] 1990년대 초 남북기본합의서 체결 이후 남북한 간에 진전이 있어 보이던 재래식 군비통제 논의가 중단된 데에는 몇 가지 이유가 있다.[17] 첫째, 북한의 핵문제가 한・미 양국이 보는 제일 중요한 안보문제로 등장함에 따라 미국은 한국 정부가 핵문제를 가장 우선적으로 다루어 줄 것을 주문하였고, 한국은 핵문제의 진전 없이는 재래식군비통제나 정치・경제적 관계를 진전시키지 않겠다고 하였기 때문이다. 한・미 양국은 북한이 남북한 상호 핵사찰 등 핵문제의 해결에 미국의 넌・워너 법안에 의한 주한미군 2단계 철수 방안을 연계시켰고, 한국은 1993년도 팀스피리트 연습 재개를 조건부로 내세웠다. 그 결과 북한은 동 연계에 대해 강력하게 반발하였고 남북한 회담은 결렬되었다. 둘째, 북한이 1993년 초 한・미 양국의 팀스피리트 연습 재개 발표에 불만을 표시하면서 국제원자력기구에 의한 핵사찰까지도 거부하고, 급기야는 핵확산금지조약(NPT)을 탈퇴하겠다고 선언하면서 모든 남북한 대화 채널은 닫히고 말았다. 셋째, 북한은 일방적으로 기본합의서와 그 부속합의서를 위반하고 말았다. 남한에 대한 비방 선전을 재개하였고, 한국의 영해에 간첩

---

16) 양성철・조덕현, "남북한 군비통제 제안 분석 및 평가," 『한국정치학회보』, 제21권 1호(1987), pp. 97-108.

17) 한용섭, "남북관계 진전과 한반도군비통제," 『한반도군비통제』, 제36권 (2004. 12), pp. 74-75.

선과 잠수정을 남파하는 등 위반행위를 저질렀다. 이로써 남북한 간 상호 군사위협 제거를 목표로 했던 재래식 군비통제 회담은 완전히 중단되고 말았다.

그보다 더 근본적인 문제는 북한 측이 우선 남한으로부터 경제원조를 받을 것은 받고, 군사나 평화문제는 미국 측과 협상을 하겠다는 입장을 갖고 있는 것이다. 한국 정부 또한 대북한 경제지원을 원활하게 하는 문제를 먼저 다루고, 국방장관회담은 경제협력을 촉진하는데 기여하는 방향에서 제한적으로 초보적 군사적 신뢰구축 문제만 다루려고 시도했다.

한편 미국 정부는 평화체제 문제나 평화협정 문제를 북한과 직접 협상하는 것을 거부해 왔다. 조명록 특사의 미국 방문 때 북·미 평화협정 문제가 북한측에 의해 제기되었지만, 양측은 항구적인 평화장치로써 정전협정을 대치하기 위해 4자회담 등 여러 가지 수단을 강구하기로 합의하였다.[18] 미국 정부는 평화협정 체결은 남북한이 주가 되고 미국은 보조적 역할을 한다는 입장을 견지했다. 그런데 부시 행정부의 등장 이후 미국의 대북 개입 정책에는 변화가 생겼다. 부시 행정부의 주요 인사들은 클린턴 전임 행정부의 대북 정책을 당근 위주의 북한 달래기식인 근시안적인 정책이라고 비판했으며, 군사적 위협의 감소 없이 북한에게 일방적인 지원만 하는 정책에 대해서는 매우 비판적이었다. 동시에 클린턴 행정부가 핵과 미사일 중심으로 북한과 협상해 온 데 대해서도 비판적인 입장을 취했고, 앞으로 한반도에서는 재래식 군사위협도 포괄적으로 다루어야 하며, 이를 위해서 미국이 일정한 역할을 하고자 희망했다. 이로 인해 한반도에서는 오히려 재래식 군비통제를

18) U. S. Department of State, *U.S.-D.P.R.K. Joint Communique* (Washington, D.C., October 12, 2000).

위한 기회가 열릴 수도 있었으나, 2002년 10월 북한의 핵개발 프로그램 문제로 핵문제가 전면에 대두됨에 따라, 재래식 군비통제의 희망은 사라졌다. 물론 여기에는 9.11 테러 이후 미국의 전략이 변화하게 됨에 따른 대북강경책으로의 선회가 있었다.

IV. 한반도군비통제의 딜레마

1. 비대칭성

한반도군비통제에 있어서 가장 곤혹스러운 부분이 바로 비대칭성 내지 불균형성 문제이다.[19] 한반도군비통제 있어서 첫째로 문제가 되는 것은 인식에 있어서의 불균형성이다. 남한의 경우는 북한 그 자체가 위협의 주체이며 인식의 대상인데 반하여, 북한은 주한미군을 위협의 주대상으로 인식한다. 결국 군비통제를 위한 객관적 조건, 즉 무기체계와 병력수, 그리고 긴장관계가 존재해도 남북한 간에 인식대상이 상이함으로 인하여 한반도군비통제의 필요조건을 충족하지 못하고 있다. 다음으로 군사력의 내용에 있어서 불균형성이 문제이다. 특히 군사력의 내용에 있어서 북한은 한국보다 경제력에서 훨씬 뒤지고 있을 뿐만 아니라 국제경제적으로도 파산에 가까운 상황에 처해 있기 때문에 전략적 비대칭성과 무기체계의 비대칭성을 추구하여 핵무기, 미사일, 생화학무기 등 대량살상무기(WMD) 증강에 주력해 왔다.

그리고 한・미 간에는 한・미 연합방위체제가 존재하고, 특히

---

19) 같은 논지는 이규열, "대북 군비통제추진을 위한 정책적 과제," 『국방논집』, 제41호(1998년 봄), pp. 6-9 참조.

주한미군이라는 현재하는 군사력의 존재는 이러한 비대칭성에 복잡성을 더하고 있다. 따라서 한반도군비통제 문제가 남북한 간에서만 해결할 수 없는 근본적이고도 구조적인 조건이 존재하는 것이다. 또한 지정학적 내지 지전략적 차원에서의 불균형도 존재하고 있다. 한반도군비통제가 바로 미국, 중국, 일본, 러시아 등 주변국과 연관이 있고, 또한 이들 국가들로부터의 영향력을 고려하지 않고서 추진될 수 없는 문제이다. 이렇게 볼 때, 한반도군비통제에 있어서 미국의 존재는 반드시 고려하지 않으면 안 되는 사항이다.

이와 관련하여 남북한 간에 제시해 온 군비통제방안 또는 의제제안을 살펴보면 분명한 차이를 확인할 수 있다.[20] 시기적으로 구분해 볼 때, 1990년 이전과 그 이후로 대별할 수 있다. 1990년 이전에 북한은 주로 급진적이고 구조적인 군비축소를 제안하였지만, 실현가능성은 결여되어 있었다. 이에 반하여 남한은 점진적이며 신뢰구축을 위한 조치들을 제안하였다.

이를 보다 세분하여 북한의 주장을 보면 다음과 같다. 1960년대에는 북한이 급진적이고 공격적인 평화공세적 의미의 군축제의를 해 왔다. 그 내용은 주한미군 철수, 남북한 10만 감군, 남북한 평화협정 체결 등이었는데, 국제적으로 인도차이나 지역의 정세불안이 가중됨에 따라 대남무력 도발이 강화되기도 하였다. 이에 비하여 남한은 5.16 쿠테타 이후 경제재건에 매진하면서 대북문제에 적극적이지 못하였다.

1970년대로 들어서면서, 남북한의 경제력이 거의 비슷한 수준이 되었을 때 7.4 남북공동성명이 성사되게 되는데, 북한은 데땅트의

---

20) 이와 관련해서 다음을 종합적으로 참고함. 통일원, 『남북한 통일・대화 제의 비교』, 제1권, 제2권, 1945-1991(서울: 남북대화사무국, 1991); 통일원, 『남북한 군축제의 관련 자료집』(서울: 남북대화사무국, 1994).

심화, 월남 패망 등과 관련하여 주한미군 철수, 병력 10만으로의 감군, 북·미 평화협정 체결, 한국 내 핵무기 철수 등을 제안하였다. 이에 비하여 남한은 상호비방금지, 무력도발금지, 군사적 충돌을 방지하기 위한 적극적 조치, 남북한 상호불가침협정 체결 등을 주장하여 단계적이고 기능주의적인 제안을 하였다.

1980년대에 들어서 남한은 본격적으로 군사적 신뢰구축 조치와 관련된 제안을 하였다. 그 내용은 비무장지대 군사시설 철거, 군사교류 및 훈련 참관, 직통전화 개설, 당국자 회담 등이었다. 이에 비하여 북한은 3자회담을 제의하면서 미국과의 평화협정체결, 남한과의 불가침선언, 한반도 비핵지대화, 한·미 군사훈련 금지 등을 제안하였다. 대체로 이 시기까지 북한의 태도는 정치외교적 선전·선동을 강화하고 주한미군의 존재를 부각시키면서 한·미 연합방위체제를 와해시키기 위한 제안을 반복해 왔다고 할 수 있다.

1990년대로 접어들어 탈냉전을 겪으면서 세계는 독일, 예멘 등 분단국가들의 통일을 목도하게 되었다. 남북한 간에도 남북기본합의서가 체결되고 한반도비핵화 공동선언이 채택되었다. 이 과정에서 북한은 한반도의 군비통제의 방향을 주한미군 철수와 팀스피리트 훈련 중지를 전제조건으로 신뢰구축과 군축의 동시 실현을 내세우면서, 단계적 병력감축, 핵무기 즉각 제거, 북·미 평화협정 체결, 남북한 불가침선언 채택 등을 주장하였다. 이에 반하여 한국은 신뢰구축으로부터 군비제한, 군축으로 이어지는 점진적이고 단계적인 접근방식에서 통일국가의 적정군사력 수준으로 상호균형감축, 방어형 전력으로의 부대 개편, 공동검증단과 상주감시단 교환 등을 제안하였다. 이 시기에는 합의된 남북기본합의서와 한반도비핵화 공동선언에 따라서 남북군사공동위원회, 핵통제공동위원회를 구성하고 본격적인 군비통제로 들어가려 하였으나 북한의 핵개발 의혹이 불거지면서 1991년~1992년의 군비통제의 호기를 놓치게 되었던 것이다.

이 시기 북한이 핵개발에 나서게 된 이유가 무엇인지에 관해서는 다양한 해석이 가능하다. 하지만 군비통제 시각에서 보면, 북한이 경제적 열세와 국제관계에서의 고립을 탈피하기 위한 방책의 일환으로 무기체계의 비대칭성을 추구한 결과로 보인다. 그리하여 한반도군비통제는 퇴색되어 핵군비통제와 재래식군비통제가 분리되고, 일정한 국면에서 한국이 소외되는 결과도 가져왔다. 북한이 이러한 비대칭성을 최대한 활용하여 계속적으로 한국을 우회할 가능성은 언제나 있다. 남북 간 교류협력 특히 경협에 의하여 이득을 취하면서도 군비통제에 있어서의 협력은 계속 거부하고 있는 북한의 태도에서 그러한 이중성을 간파할 수 있다. 이러한 딜레마를 극복하지 않으면 한반도군비통제는 실효성을 담보할 수 없을 것이다.[21]

2. 9.11 테러와 미국의 전략변화

9.11 테러는 미국의 전략개념에 커다란 변화를 가져 왔다. 1997년에 발표된 「4개년국방보고서」(QDR: Quadrennial Defense Review Report 1997)에서는 군사부문에서의 기술혁명을 적용하여 21세기에도 최강의 미군을 유지할 방침을 밝히고, 미국이 병력규모는 줄이면서 전투력은 증강하는 정보전략군, 기술군을 지향할 방침을 천명함으로써[22] 해외주둔 미군의 규모가 줄어들 것으로 예측되기도 하였다. 그러나 9.11 테러 이후 미국의 전략개념은 백팔십도 바뀌었

21) 황진환, 『협력안보시대에 한국의 안보와 군비통제』(봉황, 1998), pp. 91-96.

22) U. S. Department of Defense, *Quadrennial Defense Review Report* (May, 1997) 참조.

다. 미국은 2001년 9월에 발표된 「4개년 국방검토 보고서」(QDR: Quadrennial Defense Review Report 2001)를 통해 자신들에게 가해질 미래 위협의 불확실성을 지적하고, 또한 2001년 9.11 테러[23]로 인해 부각된 미국 본토에 대한 위협을 강조하는 한편, 다양한 위협 주체와 위협수준으로 인한 위험을 우려하였다. 특히 미국은 QDR을 통해 대량살상무기와 같은 비대칭적 전쟁수단을 포함한 광범위한 능력을 갖춘 적들의 미래 도전을 상정하고 있다.

특히 QDR은 미래 아시아 지역의 불안정성에 주목한다. 단기간 내에 미국과 견줄 만한 경쟁국이 등장할 가능성은 그리 크지 않지만, 미국의 핵심적 이익이 걸린 지역의 안정을 위협할 만한 지역세력의 등장은 가능하며, 아시아 지역에서의 군비경쟁 가능성에 주목하고 있다. 또한 중동에서 아시아에 이르는 지역에서 대량살상무기(WMD)를 개발・획득할 수 있는 잠재력을 지닌 세력들이 등장하고 있는 추세에 대해서도 우려하고 있다.[24]

또한 「핵태세 검토보고서」(NPR: Nuclear Posture Review) 역시 미국의 새로운 안보전략을 반영하고 있다. 이 보고서는 의회에 보고된 것인데, 여기서 미 행정부는 핵무기가 미국 및 동맹・우방국들의 방위에 있어 결정적 역할을 하고 있다는 점을 인정하면서도,

---

23) 이 보고서에는 9.11 테러가 미친 충격을 권두에 지적하고 있다. 그 원문은 다음과 같다. "On September 11, 2001, the United States came under vicious, bloody attack. Americans died in their places of work. They died on American soil. They died not as combatants, but as innocent victims. They died not from traditional armies waging traditional campaigns, but from the brutal, faceless weapons of terror. They died as the victims of war - a war that many had feared but whose sheer terror took America by surprise." U. S. Department of Defense, *Quadrennial Defense Review Report* (September, 2001) p. III.

24) U. S. Department of Defense(September, 2001), p. 4

미래의 다양한 잠재 위협에 대비하기 위해서는 핵전력과 비핵전력, 그리고 방위능력의 혼합이 필요함을 강조하고 있다. 또한 잠재 적국들의 탄도미사일 공격에 대한 방위능력 향상에 있어 미사일방어(MD: Missile Defense)의 효용성을 함께 언급하고 있다.[25] NPR의 또 다른 특징은 대량살상무기 확산우려국을 향후 주요 위협세력으로 설정하였다는 것이다. 문제는 북한이 잠정적 핵공격 대상국이며, 특히 이라크, 이란, 시리아, 리비아 등과 함께 적대적 5개국에 분류되고 있다는 것이다. NPR은 이들 국가들이 즉각적, 잠재적, 돌발적 상황에 개입할 수 있는 국가로, 테러리스트들을 지원하거나 체류시키고 있고, 대량살상무기나 미사일 개발 프로그램을 진행시키는 국가로 인식하고 있으며, 북한과 이라크를 지속적인 군사적 관심을 기울여야 할 대상으로 분류한 바 있다. 특히 북한에 대하여 미국에게 핵군비경쟁을 부추기는 존재로 인식하고 있으며 핵공격 시 핵재앙을 경고할 대상으로 보고 있다.

「국가안보전략보고서」(NSS: National Security Strategy for the United States of America)는 9.11 테러 1년 차에 나온 안보보고서로서 안보전략의 기본정신이 망라되고 있다.[26] 이 보고서에서는 목표가 안전이 아니라 더 살기 좋은 세계로 만드는 것이라고 주장한다.[27] 그리고 이러한 전략은 궁극적으로 미국적 가치, 즉 안보, 경제성장, 민주주의를 확산하는 것으로 보고 있다. 특히 주목할 만

---

25) *Nuclear Posture Review*(Excerpts) Submitted to Congress on 31 December, 2001. www.imi-online.de/download/Nuclear_Posture_Review.pdf(검색일 2005. 4. 15).

26) 박기련, "9.11테러 이후 미국의 군사전략 변화: 목표, 수단, 방법 측면," 『국제정치논총』, 제44집 4호(2004), p. 99.

27) White House, *The National Security Strategy of the United States of America* (Washington, D.C. : The White House, 2002), pp. 1-2.

한 점은 잠재적 위협국들에 대한 선제공격 가능성을 강력히 시사하고 있다는 점이다. 악당국가들과 테러리스트들의 목표를 감안할 때, 미국이 과거와 같은 사후대응 태세에만 의존할 수는 없다고 보고 있다.[28)]

이와 같이, 부시 행정부 출범 이후 발표된 미국의 각종 안보·국방계획 및 전략들은 상당 부분에서 공통분모를 지니고 있다. 이는 테러 및 악당국가들의 대량살상무기 공격에 대비한 미국 본토 방어 능력 강화, 세계적 차원의 미국 이익 보호를 위한 해외 전력 투사 능력 향상, 다양한 지역분쟁에 대한 동시 대비 능력 제고, 필요시 과감한 선제공격 고려 등으로 집약될 수 있다. 이러한 신안보전략에 따라 미국은 대한반도 전략과 대북정책에도 기존 노선과는 다른 접근을 시도하였다. 즉 부시 행정부는 클린턴 행정부 시대의 연착륙(soft-landing) 기조에서 탈피하여 보다 강경한 수단의 선택까지를 포함하는 과감하고 공세적인 대북정책을 전개하고, 한국에 대해서도 미국의 정책에 대한 적극적 수용 혹은 지지를 명시적·묵시적으로 요구하게 되었다.

신안보전략 상의 관점에서 북한은 미국에 잠재적 위협을 가할 수 있는 유력한 후보국들 중의 하나이며, 이로 인해 미국의 대북정책은 이러한 위협을 사전 억제하거나 근본적으로 제거하는 데 두어질 수 밖에 없다. 북한으로부터 제기될 수 있는 미래의 위협을 제거하려는 미국의 목적은 대화나 협상 등 평화적 수단에 의해서도 달성될 수 있을 것이나, 때로는 외교적 압력이나 군사적 시위·제재와 같은 강압적 수단을 바탕으로 추구될 가능성도 얼마든지 있는 것이다.[29)]

---

28) White House(2002), p. 16.

29) 차두현, "주변국의 대한반도 정책과 남북군비통제 영향분석 - 남북정상

미국의 신안보전략은 한・미 관계에도 상당한 영향을 미쳤다. 미국은 2003년부터 시작된 미래 한・미동맹정책구상(FOTA: Future of the ROK-US Alliance Policy Initiative) 협의를 통해 주한미군 재배치, 한반도 방위관련 특정 임무의 한국군 이양, 용산기지 이전 등 그 이전에는 다루어지지 않았던 의제들을 논의하기를 희망하였다. 2004년에는 주한미군 일부전력의 이라크 이동 및 2008년까지 3단계에 걸친 주한미군 감축계획 합의 등 주한미군 규모와 관련된 구상까지를 구체화시켰고, 2005년에는 용산미군기지 이전과 새로운 안보대화인 전략정책구상(SPI: Strategic Policy Initiative)로의 이행에 합의하였다.

이러한 한・미동맹 및 주한미군의 조정은 2003년 11월 공식화된 '글로벌방어태세 검토'(GPR: Global Defense Posture Review)[30]의 연장선상에서 추진되는 것으로, GPR은 미국 신안보전략의 논리적 귀결이라 할 수 있다. 새로운 안보위협에 맞서 증대된 군사적 소요를 충족시킬 수 있으려면 경량화되고 기동화된 미군 전력의 재조정이 필요하며, 유사시 한 지역에서 다른 지역으로 미군 전력을 신속히 이동하여 활용[31]할 수 있는 '전략적 유연성'(strategic flexibility)이 필수적이기 때문이다. 미국의 신안보전략과 GPR은 기존의 우방과 동맹국들에게는 더 큰 부담과 기여의 요구를 의미한다. 미국의 세계전략이 주요 전장 중심에서 동시다발적인 지역

회담 이후의 상황전개를 중심으로," 『한반도군비통제』, 제36권(2004. 12), pp. 45-46.

30) 이 내용은 다음을 참조함, Douglas J. Feith(Under Secretary of Defense for Policy), "Transforming the United States Global Defense Posture," Excerpts of the Speech presented to the Center for Strategic and International Studies, Washington, D. C., December 3, 2003. www.defenselink.mil/speeches/2003/sp20031203-0722.html(검색일, 2005. 7. 15).

31) 국방부, 『전자국방백서 2004』(국방부, 2004), p. 15.

분쟁에 대한 신속한 대응과 잠재적 위협세력의 사전 견제·제거로 이동됨에 따라 미국의 지역·세계 차원에서의 군사작전에 대한 참여 등 동맹의 역할 범위 확대가 요구되는 반면, 해당국들의 자국 방위에 대한 1차적 책임은 더욱 증가할 수 밖에 없는 것이다. 이러한 정책방향은 2000년 이후의 한·미 관계에도 그대로 적용되었다고 할 수 있다.

여기서 북한의 도발을 저지하고자 하는 동맹국으로서의 미국의 방위의지는 확고한 것으로 평가된다. 다만 미국은 미군의 희생이 예상되는 지상군을 통한 직접 지원보다는 첨단기술을 활용한 공중방어, 원거리 방어무기, 스트라이커 기동부대, 그리고 탁월한 공군력 등 전반적인 군장비의 현대화를 실현하여 간접지원을 택하고자 하는 것으로 분석된다.[32)]

3. 북한 체제의 자폐성(autism)

북한 체제의 자폐성은 한반도군비통제에 심각한 딜레마를 제공하는데, 여기에는 선군정치와 강성대국론, 그리고 군사경제병진책 등이 있다. 우선 선군정치에 의하여 북한은 군사우선주의가 더욱 강화되고 있다. 북한의 '선군정치'는 1997년 10월 7일 중앙방송 정론을 통해 김정일이 "경제사정이 아무리 부담이 크더라도 선군후로(先軍後勞)하라"고 한 것에서 공식화되었으나, 1994년 7월 김일성 사후 김정일이 군 최고사령관으로서 북한을 통치하면서 본격화되었다고 할 수 있다. 김일성 사망 이후 북한 군부의 영향력이 노동당에 비해 상대적으로 강화되었으며, 1996년에는 4월 25일 인민

---

32) 홍관희, "동북아 전략환경 변화와 남북군사관계전망," 『한반도 군비통제』, 제36권(2004. 12), pp. 10-12.

군 창건일과 7일 27일 '조국해방전쟁승리기념일' 등 군 관련 기념일이 공휴일이자 국가적 명절로 지정되었다. 1998년 로동신문은 "군대를 기둥으로 하여 혁명을 완성해 나가야 하며 군대를 본보기로 온 사회와 혁명대군을 정예화하여야 한다"고 주장하였다.[33]

이처럼 군사를 우선시하는 것을 가리켜 북한에서는 김정일의 선군정치로 부르며 찬양하고 있다.[34] 이러한 선군정치는 2000년대 들어 더욱 강조되었다. 김정일 국방위원장은 "인민군대 강화에 최대의 힘을 넣고 인민군대의 위력에 의거하여 혁명과 건설의 전반 사업을 힘있게 밀고 나가는 특유의 선군정치"를 강조하고 경제건설보다 중요한 것은 군대를 강하게 만드는 것이라고 보고 군사우선정책의 정당성을 강조하고 있다.[35] 이러한 경향은 금년 노동당 창건 60주년 기념행사에 있어서도 마찬가지로 지속되었다.

선군정치의 등장 배경은 몇 가지 측면에서 설명할 수 있다. 첫째, '선군정치'는 북한이 90년대 중반 '고난의 행군'시기를 거치면서 군의 정치・경제・사회적 선도역할이 중요하게 되었는데, 이를 반영하여 군의 역할증대로 위기를 극복해 보려는 의도라고 할 수 있다. 체제수호의 마지막 보루로서 군의 중요성을 인식한 김정일이 1997년 10월 당 총비서 취임을 계기로 새로운 통치방식으로 내세운 것이다. 군은 대외적으로 북한체제를 수호하는 조직이고 과도기에 그러한 역할은 더욱 강조될 수 밖에 없다.[36]

---

33) 『로동신문』(1998. 3. 9).

34) 『로동신문』(1998. 8. 22) 및 『로동신문』(1998. 10. 10) 등 참조. 북한에서는 선군정치는 김정일이 김일성의 업적과 경험을 계승하여 조건에 맞는 독자적 정치방식으로 심화, 발전시킨 것으로 찬양된다. 김현환, 『김정일장군 정치방식 연구』(평양출판사, 2002), p. 243.

35) 『로동신문』(1998. 10. 19).

36) 김철우, 『김정일장군의 선군정치』(평양출판사, 2000), pp. 43-44.

둘째, 경제회생에 있어서 군의 역할에 대한 기대가 선군정치로 나타난 것이다. 사실 국가경제 시스템이 붕괴된 상황에서 1990년대 중반 '고난의 행군'시기에 국가의 명령체계가 마비되고 당·국가체제가 정상적으로 작동되지 않는 상황에서 군의 참여는 불가피하였다. 북한은 '인민군대 따라배우기' 운동을 전체사회에 보급하는 등 군의 역할을 강조하였다. 이는 북한군이 독자적 경제체제를 가지고 있기 때문에 가능했을 것으로 보인다.

셋째, '선군정치'는 또한 대외적 성격이 강한 것으로 보인다. 현재 북한이 보유하고 있는 가장 유용한 대외 협상수단은 핵무기와 미사일 등 군사적 위협이다. 북한 군부는 대외적으로 자신들의 위세를 보여줌으로써 군부를 배경으로 한 협상을 통해 더 많은 것을 얻을 수 있다고 믿는다. 김정일의 국방위원장 재추대를 앞두고 있었던 '대포동1호' 미사일 발사가 이와 같은 북한의 정책을 반영한 것이라고 볼 수 있다.

결론적으로 선군정치는 북한이 국가로서 그 정치적, 경제적, 이념적, 국제적 기반이 붕괴됨에 따라 군사적 기반에 의존하여 체제를 유지할 수 밖에 없었던 상황의 반영이라고 할 수 있다. 문제는 이와 같은 상황에도 불구하고, 군의 정치적 역할 증대에는 한계가 있다는 점이다. 선군정치에도 불구하고, 당을 우회하여 군대만으로는 어떠한 일에서도 성공할 수 없기 때문이다.

북한의 자폐증 그 두 번째는 강성대국론이다. 강성대국론은 1998년에 본격 등장한 이념이다. 1998년 2월 김정일의 자강도 현지지도 및 8.15를 전후하여 '강성대국'이라는 용어가 제시되었다. 이어 8월 22일 노동신문 정론 '강성대국'이 발표되고,[37] 같은 해 8

37) 『로동신문』(1998. 8. 22).

월 31일 '광명성 1호'를 발사하고서 이를 강성대국으로 진입하는 신호탄인 것처럼 의미를 부여하는 등 대대적으로 선전하기 시작하였다.[38)]

북한이 주장하는 강성대국 건설론은 3가지 측면으로 제시된다. 첫째는 사상·정치의 강국 건설이고, 둘째는 군사의 강국 건설이며, 셋째는 경제의 강국 건설이다. 북한은 사상의 강국이란 "주체사상에 기초한 당과 혁명대오의 공고한 사상의지적 통일단결이 이룩된 나라"를 말하며, 군사의 강국은 "강력한 공격수단과 방어수단을 다 갖춘 무적필승의 강군, 전민 무장화, 전국 요새화가 빛나게 실현되여 그 어떤 원쑤도 범접할 수 없는 난공불락의 보루"를 뜻하고, 경제의 강국이란 "사회주의 건설을 다그쳐 경제를 활성화하고 자립경제의 위력을 높이 발양시키면 우리 조국은 모든 면에서 강대한 나라로 빛을 뿌리게 된다"는 의미라고 설명하고 있다.

한편 북한은 2001년 신년 공동사설에서 '신사고'에 기초하여 강성대국 건설을 위한 모든 부문, 모든 분야에 '종자론'을 관철할 것을 촉구하였다.[39)] '신사고론'은 강력한 국가경제력을 확보하기 위해 새 세기의 요구에 맞게 사고방식, 투쟁기풍 등에서 근본적인 혁신을 이루어야 한다는 것으로 과거 다른 나라의 낡은 틀과 관례를 전면적으로 재검토하고 '우리식' 대로의 방법론을 강조하고 있다.

---

38) 이러한 정치적 제스쳐는 김정일이 4년 간의 초상을 끝내고 국가의 최고권력자로서 등장하면서 북한 군부와 주민들에게 새로운 지도노선을 제기하기 위함이었는데, 이는 북한 헌법개정과 병행되었다. 이후 북한은 1998년 9월9일 북한정권수립 50주년 기념 노동신문사설 '위대한 당의 령도 따라 사회주의 강성대국을 건설해 나가자'라는 제목의 사설을 통해 강성대국을 선전하고 1999년 1월 1일 당보, 군보, 청년보 공동사설을 통하여 이를 더욱 구체화하였다. 이와 관련해서는 『로동신문』(1998. 9. 9)와 『주간북한동향』, 415호(통일원, 1999. 1), pp. 40-49 참조.

39) 『로동신문』(2001. 1. 4)과 『주간북한동향』, 520호(통일원, 2001. 1) 참조

북한이 강성대국론을 내놓은 배경에는 대내적으로 김정일 시대의 출범에 즈음하여 주민들에게 희망을 줄 수 있는 새로운 정치이념이 필요하고, 대외적으로는 북한 정권이 건재함을 과시해야 할 필요성이 있다는 점 등이 작용했던 것으로 보인다.

북한의 자폐증의 세 번째는 북한의 군수중심의 경제체제이다. 북한은 다른 공산주의국가들과 마찬가지로 스탈린주의를 받아들여 자급경제를 이룩하기 위한 경제정책으로 중공업 위주의 군수산업을 역점을 두어 육성하였다.[40] 북한은 '자립적 민족경제'를 전면적으로 구현하기 위한 수단으로 중공업 우선주의에 기초한 불균형 성장전략을 채택하였다. 북한은 기본적으로 생산수단을 생산하는 중공업 부문의 선차적 발전을 통해 생산력을 제고하고 동시에 농업과 경공업의 발전도 보장할 수 있다고 주장했었다. 그러나 실제적으로는 경제정책 집행과정에서 중공업 우선 정책이 추진되었다. 그리고 스탈린이 그러했듯이 노력동원방식에 의한 급속한 경제발전을 경험하기도 했다.

북한의 산업구조는 구소련 등 다른 사회주의 국가들처럼 급속하게 중공업 부문 위주의 편중된 구조로 재편되어 갔으며, 1950년대 후반~1960년대 초반 사이 단기적으로도 비교적 높은 경제성장률을 기록하게 되었다. 즉 공업부문이 전체 국민총생산에서 차지하는 비중이 1946년에는 23.2%에 불과했으나, 1956년 40.1%, 1960년 41.3%, 1970년 57.3%, 1980년 63.6%, 1987년 60%로 확대되어 나가는 가운데, 공업총생산에서 중공업부문이 차지하는 비중이

40) 북한의 경제사전에는 "사회주의 공업화의 중심은 중공업의 선차적 발전에 있다. 기계제작 공업을 핵심으로 하는 강력한 중공업을 창설하여야 자립적 공업체계를 확립하며 인민경제의 전면적 기술재건도 실현할 수 있다"라고 한다. 『경제사전』, 제1권, (평양 : 사회과학출판사, 1985), pp. 715-716.

1949년 51.7%, 1980년 69.0%, 1987년 67.3%로 크게 확대되어갔던 것이다.41)

북한은 인민경제의 완전한 자립성을 구축하기 위해 사회주의 경제건설에 필요한 최소한의 필요 원자재 및 자본재를 수입하기 위한 보완적 차원에서 대외무역관계를 전개하고 그것도 대부분 구소련 및 중국과 이루어지는 대외경제관계를 수립하였다. 수출은 원자재 및 자본재 수입에 필요한 외화획득의 방편으로만 활용하였다. 그리고 이를 위해 지속적으로 내부자원의 활용을 높이는 운동을 벌였는데, 1960년대 중반 이후에는 원자재 국내조달비율을 60%에서 70%로 끌어올리는 운동을 벌이기도 하였다. 그 결과 북한의 대외무역 의존도는 최근에 이르기까지 10% 내외에 머물러 있었으며, 1970년대 세계 석유위기와 같은 대외경제환경의 변동에도 크게 영향을 받지 않을 수 있었다.

그러나 이러한 경제는 체제상의 모순으로 인하여 성장에 한계가 오게 되고 급기야 경제가 몰락하게 된다. 지나치게 폐쇄적인 자립경제발전노선은 북한경제를 폐쇄경제형으로 만들었고, 국제경제환경 변화에 동태적으로 대응할 수 없는 경제체질을 갖추게 하였다. 즉 1990년대 이후 사회주의경제권의 붕괴라는 국제경제환경 변화에서 살아남을 수 있는 경제체질을 갖지 못하도록 만들었던 것이다. 그 뿐만 아니라 자립경제의 구축을 위해 동시에 추진된 중공업우선주의 불균형 성장전략은 북한과 같은 후진경제가 비교적 쉽게 외화를 벌어들일 수 있는 소비재공업 부문의 낙후도 가져왔다.

또한 경제발전과 군사력 강화를 동시에 추구하는 군사・경제 병진 노선은 1966년 10월 노동당 중앙위원회 전체회의를 통해 공식

---

41) 민족통일연구원, 『남북한 국력추세 연구』(1993. 12), p. 246, p, 248.

적으로 채택되었다. 이 노선이 채택되면서 이후 북한 총예산에서의 군사비 비중은 급격하게 증가하였다. 1966년까지만 해도 북한 예산에서 군사비의 비중은 약 10% 정도였으나, 1967년~1971년간에는 30% 이상 증액되었다. 그리고 북한의 군사비가 1972년 이후부터는 세계적인 데탕트 추세와 남북대화의 시작으로 예산의 14%~17% 사이로 편성되었다고 한다. 그러나 실질적으로는 다른 예산에 은폐되어 축소 발표되어 왔다.[42)]

북한의 산업은 소련과 마찬가지로 '군산복합형'으로 발전되어 나갔다. 특히 중화학공업이 기계·화학공업을 중심으로 군수산업에 계열화됨으로써 군수산업과 민수산업 간 구별이 어려울 정도로 되었다. 그 뿐만 아니라 군수산업은 민수산업을 관리하는 제1경제위원회와 별도로 구성된 제2경제위원회에서 관리함으로써, 북한경제구조를 제1경제(민간경제)와 제2경제(군수경제)로 단절시키는 구조로 만들었다. 전반적 산업생산에서 군수산업이 차지하는 비중이 어느 정도인지 구체적으로 파악할 수는 없지만 전문가들은 절반 이상이 될 것으로 추측하고,[43)] 이로 인해 북한 경제성장에 커다란 제약이 가해졌다고 보고 있다.

42) 함택영, "북한통계자료의 분석 및 추정: 경제총량 및 군사비를 중심으로," 경남대학교 북한대학원(편), 『북한연구방법론』(한울, 2003), p. 186, 구 소련의 경우도 군사비를 예산의 이곳 저곳에 숨기고 있는 것으로 서방에서는 판단하고 있었는데, 이는 북한의 경우도 마찬가지이다. 한국과 미국에서는 북한 예산에서의 실제적인 군사비 비중은 25%~30%인 것으로 보고 있다. 이는 국방부의 국방백서 각호에서도 확인되는 바이다.

43) 황진환(1998), pp. 126-127.

V. 과제와 대안

한반도군비통제는 이중적 구조를 가지고 있다. 남북한 간에 해결해야 할 문제가 있고, 또한 국제적으로 북・미 간 또는 다른 국가들 간 조합에 있어서 해결되어야 할 문제가 있으며, 이 두 가지가 한 데 얽혀 있을 수도 있다. 그리고 핵군비통제와 재래식군비통제도 한 데 얽혀 있다.

그런데 북한 핵문제가 불거지면서, 핵군비통제와 재래식군비통제가 분리되고 재래식군비통제는 전혀 진전을 보지 못한 채, 국제적 관심을 끌지 못하고 있다. 물론 6차회담을 통하여 한국이 북한 핵 군비통제에 참여하고 있는 것은 그나마 다행이라고 할 것이다. 한반도군비통제를 성공적으로 달성하는 일은 실질적으로 평화를 달성하고 통일을 담보할 수 있는 합리적인 방안이다. 따라서 가능하면 당사자원칙이 보장될 수 있는 논리와 방안을 모색해야 하며, 동시에 합의 가능한 모형을 개발해야 한다.

군비통제는 군비경쟁을 촉발하는 외부적 요인과 내부적 요인을 관리하는 것이 그 성공의 관건이다. 우선 외부적 요인은 국가들 간의 상호작용에 달려 있다. 문제는 기계적인 군비확장에 끌려들어가지 않도록 국가들 간의 정치적, 군사적 신뢰회복과 군사력과 국가정책에 있어서의 투명성을 확보할 수 있는 방안을 찾아야 하는 일이다. 이를 위하여 안보딜레마(security dilemma) 상황을 회피하려는 적극적 노력이 필요하다. 한반도군비통제의 경우 그것이 핵군비통제이든 또는 재래식군비통제이든 간에, 군사정보를 공개하고 군 인사를 상호교환하며 군사교리나 전략에 관한 논의를 함께하는 방식은, 유럽에서도 성공적이었던 예에 비추어, 가능할 것으로 보인다.

문제는 내부적 요인에 의한 군비확장이 이루어지는 경우이다. 이 경우 일반론적으로는 예산이나 조직의 경직성, 또는 군산복합체의 영향이나 기술발전에 따른 결과로서 군비확장을 뜻한다. 이러한 경우는 쉽게 통제될 수 없다는 문제점이 있지만, 자국의 군비수요를 판단하는 기준을 엄밀하게 관리하면 해결의 실마리를 찾을 수 있다.

하지만 한반도군비통제에 있어서, 딜레마는 해결하기가 쉽지는 않다. 한반도군비통제의 구조적 비대칭성 또는 불균형성이나, 9.11 이후 미국의 전략변화, 그리고 북한의 자폐성은 상당한 진통을 겪어도 돌파하기가 어렵다. 우선 마지막의 북한의 자폐성은 북한의 체제유지문제와 연관되어 있어서 북한의 양보를 얻어 내기가 거의 불가능할 것이다. 또한 9.11 이후 미국은 역사상 최초의 본토피격이라는 충격을 그 어떤 다른 수단에 의해서도 보상받을 수 없기 때문에 힘의 우위를 바탕으로 한 일방주의 외교를 계속할 것이다. 주한미군도 그 역할이 한반도 전쟁억지군에서 신속대응군으로 변화하고 있어서 북한의 요구에만 귀를 기울일 수 없는 상황이 되었다.

이렇게 요지부동인 것처럼 생각되는 딜레마적 요인들은 해소가 불가능한 것인가. 지금까지 1991년 남북기본합의서, 1992년 한반도비핵화공동선언, 1994년 제네바합의 등 다양한 경험을 했지만 성공하지 못하였다. 특히 제네바합의의 경우 미국은 북한이 빨리 망하던지(hard landing) 서서히 망하던지(soft landing) 둘 중 하나가 되기를 바랐지만, 그것은 중국이라는 요소를 과소평가 한 계산 착오였다. 북한도 은밀하게 핵개발을 다시 추진했지만, 이 또한 미국의 정보력과 추적능력을 과소 평가한 결과였다. 그리하여 북한은 1999년 클린튼 행정부와의 합의기회를 놓치고 제2의 고난의 행군을 할 수 밖에 없었다. 2005년 9월 6자회담 4차회의에서 약간의 성과가 있었지만, 그 방식도 성공까지는 지난한 과정이 남아 있다. 그래서 군수체제를 민수체제로 전환[44]하는 문제에 관하여 논의를 진행해 보는 것을 고려하는 것도 한 방법이다. 그렇게 되면 핵군비와 재래식군비를 통합할 수 있고 평화체제논의로 발전시킬 수 있는 조건이 되는 것이다.

물론 이 방법에는 북한의 자발적 협조가 전제되어야 하지만, 일단 북한이 동의 한다면 문제의 해결이 가능할 수 있다.[45] 현재 북한과 같은 경제체제로는 한반도군비통제도 동북아평화도 달성하기 어렵다. 북한과 같은 군수 위주의 경제체제를 민수 중심으로 전환하는 데에는 많은 비용과 노하우가 필요할 것이다. 그리고 그러한 방향에서 군비통제를 한반도 평화체제로 연결하면 북한 입장에서는 미국, 일본과의 관계정상화와 국제사회에의 편입이라는 성과를 얻을 수 있을 것이다. 물론 한국이 이들 국가들과의 공조[46]를 강화하면서 북한의 국제사회 편입을 위한 지원에 나서는 것도 좋은 방책이다. 특히 주한미군 문제에 관해서는 미국과의 긴밀한 협조 속에 신중하게 접근해야 한다.[47] 그런 의미에서 한반도군비통

---

44) 미국이 소련의 민수전환을 지원하기 위하여 Nunn-Lugar 법안을 통과시키고 재정적 지원을 한 예가 있다. 물론 이 경우 미국은 엄격한 지원조건을 전제로 지원하였는데, 여기에는 대량살상무기에 대한 자발적 통제 노력, 정상적인 방위 이상의 군비 금지 및 폐기되는 대량살상무기 대체 금지, 자금의 예산목적 외 사용금지, 미국의 검증허용, 소수민족 인권존중 등이 있었다. 러시아 예에 관해서는 박제훈, 『러시아의 군수산업 민수전환에 관한 연구』(서울: 대외경제정책연구원, 1993) 참조.

45) 윤덕민, "남북정상회담 이후 북한의 군비통제에의 접근 및 방향 분석," 『전략연구』, 통권 25호(2002), p. 69.

46) 미국과의 협력은 핵심적으로 중요한데, 특히 포괄적 군비통제를 달성하는 데 있어서 미국의 역할과 협력을 한국이 이용해야 한다. 김성한 "한반도군비통제와 한미협력," 『전략연구』, 통권 29호(2003), pp. 87-88.

47) 특히 북한이 주한미군 재배치 문제에 관하여 정략적으로 이용하지 말

제는 이제 한반도에서의 평화를 정착하고 실질적 평화를 담보할 수 있는 유일한 방법이라는 인식을 공유해야 하는 숙제가 관계당사국들에게 남아 있다.

물론 아세안지역포럼(ARF: Asian Regional Forum) 등과 같은 지역적 기구에 의한 해법을 추구할 수도 있고, 보다 넓은 의미의 동북아 군비통제의 시각에서 한반도군비통제에 접근할 수도 있다. 하지만 기왕에 6자회담에서 핵군비통제를 진행하고 있는 만큼, 남북한 간의 군비통제 틀을 재가동하는 작업을 서두르는 것이 현실적이고 지혜로운 길일 것이다. 여기에는 한국의 경제력에 기반을 둔 포괄적 개입정책이 필요하다. 그리고 한국은 북한이 일방주의를 포기할 수 있도록 설득하는 노력도 함께 기울여야 할 것이다.

도록 한국의 의지를 밝힐 필요가 있다. 같은 논지는 김태효, "미국의 한반도정책 변화와 주한미군 재배치," 『전략연구』, 통권 32호(2004), p. 114.

참고문헌 및 자료

강원식 외, 『한반도 평화체제 구축방안』(서울: 민족통일연구원, 1995).

『경제사전』, 제1권, (평양 : 사회과학출판사, 1985).

경남대학교 극동문제연구소, 『남남갈등: 진단 및 해소방안』(경남대학교 출판부, 2004).

국방부, 『국방백서 1994-1995』(서울: 국방부, 1994).

국방부, 『우리의 국방비』(서울: 국방부 전력기획관실, 1994).

국방부, 『전자국방백서 2004』(국방부, 2004).

국토통일원, 『북한최고인민회의 자료집』, 제2집, 제3집(서울: 국토통일원, 1988).

국토통일원, 『예멘통일관계 자료집』(서울: 웃고문화사, 1990).

김대중, 『공화국연합제』(학민사, 1991).

김명기, "분단한국의 정치문제의 법적 당사자," 『국제법학회논총』, 제33권 2호(1988).

김성한, "한반도군비통제와 한미협력," 『전략연구』, 통권 29호(2003).

김주홍 외 공저, 『동서독 통일의 전망과 통독움직임이 한반도에 미치는 영향』(서울: 세종연구소, 1990).

김주홍, 『리처드슨의 군비경쟁이론에 대한 비판적 고찰』(서울대학교 박사학위논문, 1994).

김주홍, "새로운 국제군사질서와 동북아 국제정치군사관계," 유종선 외

공저, 『신국제질서의 도전과 대응』(울산: 울산대학교 출판부, 1996).
김주홍, "미국의 2000 대통령 선거 이후 대한정책," 『미국과 한반도 평화: 미국 대선 이후 남북한 관계전망』(선문대학교 제4회 통일세미나, 2000. 11. 15 발표 논문).
김철우, 『김정일장군의 선군정치』(평양출판사, 2000).
김춘옥, "시사저널 인터뷰: 예멘공화국 주재 유지호 대사," 『시사저널』(1991년 5월 9일).
김태효, "미국의 한반도정책 변화와 주한미군 재배치," 『전략연구』, 통권 32호(2004).
김현환, 『김정일장군 정치방식 연구』(평양출판사, 2002).
남북대화사무국, 『남북한 통일.대화 제의비교: 1945-1986』(서울: 국토통일원, 1986).
대한무역투자진흥공사, 『북한뉴스레터』(서울: 대한무역투자진흥공사, 1996. 7).
동아일보사, 『북한대백과 - 신동아 95년 1월 부록』(동아일보사, 1995).
문성묵, "남북간 군사적 신뢰구축 현황과 향후과제 - 남북장성급회담을 중심으로," 『한반도 군비통제』, 제37권(2005. 6).
민족통일연구원, 『남북한 국력추세 연구』(1993. 12).
박기련, "9.11테러 이후 미국의 군사전략 변화: 목표, 수단, 방법 측면," 『국제정치논총』, 제44집 4호(2004).
박제훈, 『러시아의 군수산업 민수전환에 관한 연구』(서울: 대외경제정책연구원, 1993).
백종천, "한반도 평화체제 구축방안," 정책과제보고서 95-03(성남: 세종연구소, 1995).
백종천 외 공저, 『변화하는 세계 달라지는 국방』(서울: 진영사, 1996).
백진현, "휴전체제의 평화체제로의 전환: 문제점과 대책," 주요국제문제분석(서울: 외교안보연구원, 1994).
백진현, "정전체제의 평화체제 전환방안," 『미・북관계의 개선과 남북관계 발전방향』(서울: 통일원 남북대화사무국, 1994).
삼성경제연구소, 『남북한 통일시나리오』(서울: 삼성경제연구소, 1996. 5).
서대숙, "정권의 수립과 변천과정," 최명(편), 『북한개론』(을유문화사, 1994).
서병철, 『통일을 위한 동.서독 관계의 조명』(서울: 지식산업사, 1988).
서병철, 『주요국제문제분석: 독일 통일의 가능성과 문제점』(서울: 외교안보연구원, 1990. 2. 14).
송홍근, "도봉산, 미 핵포탄 저장소였다," 『주간동아』, 제506호(2005. 10. 18).
양성철 · 조덕현, "남북한 군비통제 제안 분석 및 평가," 『한국정치학회보』, 제21권 1호(1987).
여인곤, 『러 · 북관계의 변화 전망과 한국의 대응방안』(서울: 민족통일연구원, 1995).
연하청, "사회주의 경제개혁," 최명(편), 『북한개론』(서울: 을유, 1994).
올브라이트 저/ 백영미 외역, 『매들린 올브라이트』(황금가지, 2003).
월간조선, "1996년 12월 김일성 종합대학 창립 50돐 기념 김정일 연설문," 『월간조선』(1997. 4).
유석렬, 『북한의 체제위기와 한반도 통일』(서울: 박영사, 1997).
윤덕민, "남북정상회담 이후 북한의 군비통제에의 접근 및 방향 분석," 『전략연구』, 통권 25호(2002).
이규열, "대북 군비통제추진을 위한 정책적 과제," 『국방논집』, 제41호(1998년 봄).
이동훈(외), 『북한학』(서울: 박영사, 1997).
이시형 · 정현수, 『화해협력시대의 남북한관계론』(인간사랑, 2004).
이장희, "동서독 통행협정에 관한 연구," 『통일문제연구』(서울: 국토통일원, 1990).
이춘근, 『북한 핵문제: 발단, 협상과정, 전망』(성남: 세종연구소, 1995).
정옥임, "미국의 안보전략과 대한반도 정책," 이승철 외 공저, 『21세기 동북아 국제관계와 한국』(나남, 2004).
제성호, "북한의 대미 평화협정 체결 전략: 내용, 의도 및 문제점," 『한반도 평화체제 구축방안 모색』(서울: 민족통일연구원, 1995).
제성호, "한반도 평화체제 구축방안," 『국가전략』, 제2권 1호(1996년 봄-여름).
조성렬, 『한반도 비핵화와 평화체제 구축의 로드맵: 6자회담 공동성명 이후의 과제』(통일연구원, 2005. 9).
중앙정보부, 『동서독자료집』, 제1권(1972).
차두현, "주변국의 대한반도 정책과 남북군비통제 영향분석 - 남북정상회담 이후의 상황전개를 중심으로," 『한반도군비통제』, 제36권(2004. 12).
최완규, "전환기 남북한의 국내정치의 통일게임," 『한국과 국제정치』, 제11권 2호(1995 가을-겨울).
통계청, 『남북한 경제사회상 비교』(통계청, 1996).
통일대비특별정책연수단, 『독일통합실태연구 1992』(서울: 통일원, 1992).
통일부, 『김대중 대통령 베를린선언: 한반도 평화와 통일을 향한 남북 화해·협력 선언』(통일부, 2000. 3. 9).
통일부, 『2001년 북한신년 공동사설 분석』(통일부, 2001. 1. 1).
통일부, 『대북정책추진 현황』(2002. 12).
통일부, 『6.15 5주년 남북관계 추진현황』(통일부, 2005. 12).
통일원, 『남북한 통일·대화 제의 비교』, 제1권, 제2권, 1945-1991(서울: 남북대화사무국, 1991).
통일원, 『예멘 통일관계 자료집 II』(서울: 강문인쇄사, 1991).
통일원, 『1990년도 북한경제의 종합평가』(통일원, 1991. 8).
통일원, 『남북한 경제현황 비교』(서울: 통일원, 1991).
통일원, 『월간북한동향』 154권(서울: 통일원, 1994. 4).
통일원, 『북한의 평화협정체결제의 관련자료집』(1994. 12).
통일원, 『남북한 군축제의 관련 자료집』(서울: 남북대화사무국, 1994).

통일원, 『통일백서 1995』(서울: 통일원, 1995)

하영선, “신세계질서와 동북아평화체제,” 하영선 편, 『탈근대 지구정치학』(서울: 나남, 1993).

한국개발원, 『남북한 기본관계 발전을 위한 기본구상』(한국개발원, 1991. 10).

한용섭, “남북관계 진전과 한반도군비통제,” 『한반도군비통제』, 제36권(2004. 12).

함택영, “북한통계자료의 분석 및 추정: 경제총량 및 군사비를 중심으로,” 경남대학교 북한대학원(편), 『북한연구방법론』(한울, 2003).

허종호, 『주체사상에 기초한 남조선혁명과 조국통일리론』(평양: 사회과학출판사, 1975).

헬무트 콜 지음/김주일 역, 『나는 조국의 통일을 원했다』(서울: 해냄, 1998).

황의각, “남북한 경제구조와 역량,” 박기덕 · 이종석(편), 『남북한 체제비교와 통합모델의 모색』(성남: 세종연구소, 1995).

황장엽, 『개인의 생명보다 귀중한 민족의 생명』(시대정신, 1999).

황진환, 『협력안보시대에 한국의 안보와 군비통제』(봉황, 1998).

홍관희, “동북아 전략환경 변화와 남북군사관계전망,” 『한반도 군비통제』, 제36권(2004. 12).

石井祐一, “イェメン石油情報,” 『月刊 中東硏究』, 90年1月號, no. 338(東京: 日本中東調査會).

中東調査會 硏究班, “エコノミ: 南北イェメンと石油,” 『月刊 中東硏究』, 90年 6月號, no. 343(東京: 日本中東調査會).

“アラブ臨時首腦會談最終宣言(1990. 5. 30 バグダ-ド),” 『月刊 中東硏究』, 90年 7月號, no. 344(東京: 日本中東調査會).

中東調査會, “野口大使に聞く: 統一イェメンと灣岸戰爭,” 『月刊 中東硏究』, 91年 8月號, no. 357(東京: 日本中東調査會).

www.chosun.com/svc/news/www/viewArticle.html?id=200012200443 (2003년 10월 7일 검색).

『경향신문』
『내외통신』.
『동아일보』.
『로동신문』
『서울신문』.
『세계일보』.
『연합뉴스』
『일일북한방송』
『조선일보』.
『주간북한동향』
『중앙일보』.
『한겨레신문』
『한국일보』.
『朝日新聞」』.
『産經新聞』
『世界週報』.
『讀賣新聞』.
『日本經濟新聞』.

Adomeit, Hannes, "Gorbachev and German Unification: Revision and Thinking, Realignment of Power," *Problems of Communism*, vol. XXXIX, no. 4 (July-August 1990).

Allison, Graham T., and Frederic A. Morris, "Armaments and Arms Control: Exploring the Determinants of Military Weapons," *Daedalus*, vol. 104, no. 3(1975).

Axelrod, Robert, *Evolution of Cooperation*(New York: Basic, 1984).

Axelrod, Robert and Robert Keohane, "Achieving Cooperation under

Anarchy: Strategies and Institutions," *World Politics*, vol 38, no. 1 (1985).

Baker III, James A., "America in Asia: Emerging Architecture for a Pacific Community," *Foreign Affairs*, vol. 70, no. 5(Winter 1991).

Ball, Desmond, *Strategy and Defense* (Sydney: George Allen & Unwin, 1982).

Bank of Korea, *Estimates of North Korea's GNP*(Seoul: Korean Government, June 1995).

Bidwell, Robin, *The Two Yemens*(Boulder, Colo.: Westview, 1983).

Brinton, Crane, *The Anatomy of Revolution*(Edward Cliffs, N. J.: Prentice-Hall, 1952).

Carter, Ashton B., William J. Perry and John D. Steinbruner, "A New Concept of Cooperative Security," Brookings Occasional Paper (Washington D.C.: The Brookings Institution, 1992).

Congressional Research Service, *North Korea: Military Relations with the Middle East*(Washington D.C.: The Library of Congress, Sept. 27, 1994).

Copley, Gregory R.(ed.), *Defense & Foreign Affairs Handbook, 1990-1991* (London: International Media Corporation, 1990).

Corby, Steven L., "Arms Control, Confidence-Building Measures, and Verification," in Edward C. Luck(ed.), *Arms Control: The Multilateral Alternative*(New York: New York University Press, 1983).

Deutsch, Karl W., *Political Community and the North Atlantic Area* (Princeton: Princeton University Press, 1957).

Edwards, Lyford P., *Natural History of Revolution*(Chicago: Chicago University Press, 1927).

Evangelista, Mathew A., "Why the Soviets Buy the Weapons They Do," in Nils P. Gleditsch and Olav Njolstad(eds.), *Arms Races: Technological and Political Dynamics*(London: Sage, 1990).

Feith, Douglas J. (Under Secretary of Defense for Policy), "Transforming the United States Global Defense Posture," Excerpts of the Speech presented to the Center for Strategic and International Studies, Washington, D.C., December 3, 2003. www.defenselink.mil /speeches/2003/sp20031203-0722.html (검색일 2005. 7. 15).

Gaddis, John L., *The Long Peace: Inquiries in the History of the Cold War* (New York: Oxford University Press, 1987).

Galtung, Johan, "A Structural Theory of Integration," *Journal of Peace Research*, vol. 5, no. 4(1968).

Gause III, F. Gregory, "Yemini Unity: Past and Future," *The Middle East Journal*, vol. 42, no. 1(Winter 1988).

Goldblat, Josef, *Arms Control: A Guide to Negotiations, and Agreements* (Oslo: International Peace Research Institute, 1994).

Grewe, Wilhelm G., "Peace Treaties," *Encyclopedia of Public International Law*, vol. 4(Amsterdam: North Holland Publishing Company, 1982).

Independent Commission on Disarmament and Security Issues(Palme Commission), *Common Security: A Blueprint for Survival*(New York: Simon and Shuster, 1982).

International Institute for Strategic Studies(IISS), *The Military Balance 1990-1991*(London: IISS, 1990).

Ismael, Tareq Y., and Jacqueline S. Ismael, *The Democratic People's Republic of Yemen*(London: Frances Printer, 1986).

Joffe, Josef, "Once More: the German Question," *Survival*, vol. XXXII, no. 2(April 1990).

Johnson, Chalmers, "Rethinking Asia," *The National Interest*, no. 32 (Summer 1993).

Kim, Joo Hong, "Toward Peace and Stability on the Korean Peninsula: Prospect for North-South Relations," in Dong-Sung Kim *et. al.*(eds.), *Fifty Years After: The Post-Cold War Northeast Asian Security*

Environment (Seoul: Korea Association of International Studies, 2000).

Krohn, Axel, "The Vienna Military Doctrine Seminar," *SIPRI Yearbook 1991: World Armaments and Disarmament*(Oxford: Oxford University Press, 1991).

Lee, Hyock Sup, and Reinhard Drifte, "The Internationalization of the Korean Security Issue: A Way Forward?" *Korean Journal of Defense Analysis*, vol. 7(1995).

Macridis, Roy C., "French Foreign Policy: The Quest for Rank," Roy C. Macridis(ed.), *Foreign Policy in World Politics*, 7th edition(Englewood Cliffs, N.J.: Prentice-Hall, 1989).

Majeski, Stephen, "Mathematical Models of the U. S. Military Expenditures Decision-Making Process," *American Journal of Political Science*, vol. 27, no. 3(1983).

Morgan, Patrick M., "Elements of a General Theory of Arms Control," in Paul R. Viotti(ed.), *Conflict and Arms Control: An Uncertain Agenda* (Boulder, CO: Westview Press, 1986).

Oberdorfer, Don, *Two Koreas: A Contemporary History*, revised edition (New York: Basic Books, 1999).

Richardson, Lewis F., *Arms and Insecurity: A Mathematical Study of the Causes and Origins of War*, edited by Nicolas Rashevsky and Ernesto Trucco(Pittsburgh: Boxwood Press, 1960).

Schelling, Thomas C., and Morton H. Halperin, *Strategy and Arms Control*, 2nd edition(Washington, D. C.: Pergamon and Brassey's, 1985).

Senghaas, Dieter. "Arms Race Dynamics and Arms Control," *Bulletin of Peace Proposal*(1979), reprinted in Gleditsch and Njolstad (eds.), *Arms Races: Technological and Political Dynamics* (London: Sage, 1990).

Shambaugh, David, "The Insecurity of Security: The PLA's Evolving Doctrine and Threat Perceptions towards 2000," *Journal of Northeast*

Asian Studies, vol. 13, no. 1(Spring 1994).

Sheehan, Michael, "The Threat Posed by North Korean Strategic Weapon Systems and the ROK's Policy Options," 『북한의 변화전망과 대응안보전략』(제9회 화랑대 국제심포지움 논문집, 1997).

SIPRI, *SIPRI Yearbook 1991: World Armaments and Disarmament*(Oxford: Oxford University Press, 1991).

Smoke, R., "A Theory of Mutual Security," in R. Smoke and A. Kortunov(eds.), *Mutual Security: A New Approach to Soviet- American Relations* (Hampshire: Macmillan and Academic Professional, 1991).

Snyder, Glenn, "'Prisoner's Dilemma' and 'Chicken' Models in International Politics," *International Studies Quarterly*, vol. 15, no. 1(1971).

U. S. Arms Control and Disarmament Agency, *World Military Expenditures and Arms Transfers 1990*(Washington, DC.: U. S. G.P.O., 1991).

U. S. Department of Defense, *A Strategic Framework for the Asian Pacific Rim: Report to the Congress 1992* (Washington, D. C.: U. S. G.P.O., 1992).

U. S. Department of Defense, *United States Security Strategy for the East Asia-Pacific Region* (Office of International Affairs, Department of Defense, 1995).

U. S. Department of Defense, *Quadrennial Defense Review Report* (May, 1997).

U. S. Department of Defense, *Quadrennial Defense Review Report* (September, 2001).

U. S. Department of State, *Foreign Relations of the United States, 1952-1954, Korea*, vol. XV(Washington, D. C.: U. S. G.P.O., 1984).

U. S. Department of State, *U. S. - D.P.R.K. Joint Communique* (Washington, D. C., October 12, 2000).

United States Pacific Command, *Asia-Pacific Economic Update*(Hawaii:

U. S. Pacific Command, 1995).

Wang, Dajun and Jang Ye, "The Nuclear Issue of the DPRK," *Beijing Review*(July 4-10, 1994).

White House, *The National Security Strategy of the United States of America*(Washington D. C. : The White House, 2002).

Wright, David and Timur Kadyshev, "The North Korean Missile Program: How Advanced Is It?" *Arms Control Today*, vol. 24, no. 3(April 1994).

World Bank, *The World Bank Atlas 1989*(World Bank, 1989).

World Bank Energy Department, *Yemen Arab Republic: The Impact of Recent Oil and Gas Discoveries on the Macroeconomy and Energy Investment Options*, Report no. 6376-YAR(February 1987).

Nuclear Posture Review (Excerpts) Submitted to Congress on 31 December, 2001. www.imionline.de/download/Nuclear_Posture_Review.pdf (검색일 2005. 4. 15).

Review of the United States Policy Toward North Korea: Findings and Recommendations, Unclassified Report by Dr. William J. Perry, U. S. North Korea Policy Coordinator and Special Reporter to the President and the Secretary of State(Washington D. C.: U. S. G.P.O., Oct. 12, 1999).

U. S. President Bill Clinton's Address to the National Assembly(July 10, 1993).

The New Encyclopaedia Britannica, 15th edition, vol. 12(Chicago: Encyclopaedia Britannica, Inc., 1985).

"О соотношении численности вооруженных сил и воо-руж ений Огранизации Варшавского Договора и Сев-ероатл антического союза в Европе и прилегающих акваториях (유럽 및 인접수역에 있어서 NATO-WTO간의 군사력균형에 대하여),"

Правда(30 января 1989 года).

The Economist.

Financial Times.

International Herald Tribune.

The Middle East, no. 183(January 1990).

The Middle East, no. 189(July 1990).

The Middle East, no. 191(September 1990).

Los Angeles Times.

New York Times.

South China Morning Post.

Sunday Times.

The Times.

Wall Street Journal.

Washington Post.

Washington Times.

색인